윤석열 정부 지금

윤석열 정부 지금

발행일   2023년 5월 15일

지은이   권의종, 나병문, 백승희, 송인석, 오풍연, 윤영호, 정기석, 정세용, 정운천, 정종석, 조석남, 홍순영
펴낸이   손형국
펴낸곳   (주)북랩
편집인   선일영   편집   정두철, 배진용, 윤용민, 김부경, 김다빈
디자인   이현수, 김민하, 김영주, 안유경   제작   박기성, 황동현, 구성우, 배상진
마케팅   김회란, 박진관
출판등록   2004. 12. 1(제2012-000051호)
주소   서울특별시 금천구 가산디지털 1로 168, 우림라이온스밸리 B동 B113~114호, C동 B101호
홈페이지   www.book.co.kr
전화번호   (02)2026-5777   팩스   (02)3159-9637

ISBN   979-11-6836-893-4 03320 (종이책)   979-11-6836-894-1 05320 (전자책)

(주)북랩 성공출판의 파트너

북랩 홈페이지와 패밀리 사이트에서 다양한 출판 솔루션을 만나 보세요!

홈페이지 book.co.kr   •   **블로그** blog.naver.com/essaybook   •   **출판문의** book@book.co.kr

---

작가 연락처 문의 ▸ ask.book.co.kr

작가 연락처는 개인정보이므로 북랩에서 알려드릴 수 없습니다.

윤석열 정부의 개혁 입법 과제 심층 분석

윤석열 정부 지금

권의종, 나병문, 백승희, 송인석, 오풍연, 윤영호, 정기석, 정세용, 정운천, 정종석, 조석남, 홍순영 지음

이 책은 경제, 사회, 정치 등에서 윤석열 대통령이 펼쳐야 할 개혁과제를 다루며, 전문가 의견과 여론을 반영하여 바람직한 개혁을 이끌도록 명쾌한 대안을 제시한다. 새로운 한국의 미래를 어떻게 설계하는 것이 좋을지, 그 뜨거운 공론의 장으로 당신을 초대한다!

북랩

2023년 대한민국은 총체적 위기, 총체적 국가 전략이 필요하다

코로나19가 진행된 지난 3년 동안 빈부격차 커지고 소득에 따라 사회적 고립감 차이가 커

현재 우리나라뿐만 아니라 전 세계에서 신종 코로나바이러스 감염증(코로나19) 상황이 저물고 전염병이 전 세계적으로 크게 유행하는 '팬데믹'에서 풍토병화인 '엔데믹'으로 넘어가는 속도가 빨라지고 있다.

코로나19로 우리나라도 엄청난 변화를 겪었다. 코로나19가 진행된 지난 3년 동안 빈부격차가 커지고 소득에 따라 사회적 고립감 역시 차이가 벌어지고 말았다.

최근 한국 사회는 한마디로 총체적 난국에 빠져있는 느낌이다. 총체적 난국은 '어지러운 판국이 한 자리에 모여 합쳐졌다'라는

의미로 어떤 상황이 꽉 막히거나 답이 없을 때 주로 쓰는 말이다.

정치적으로는 여야 간에 대화와 소통이 단절된 가운데 서로가 적으로 간주하는 분위기가 팽배하다. 제1야당의 대표가 헌정사상 처음으로 검찰에 의해 기소되는 일이 일어나 사법부의 심판을 기다리고 있다. 내년 국회의원 총선거를 앞두고 여야는 민생을 챙기는 일보다도 서로가 더욱 많은 의석을 확보하기 위해서 혈안이 된 채 건곤일척의 싸움을 벌이고 있다.

경제적으로는 복합위기가 현실화하고 있다. 올해 1월 경상수지가 사상 최대 적자를 기록한 가운데 올해 상반기까지 경상수지 적자 흐름이 이어질 것이란 전망이 나왔다. 경상수지 적자가 원·달러 환율 상승 압박에 이어 물가 상승, 교역조건 악화 등으로 이어지는 악순환의 고리를 만들어 낼 우려가 커지고 있다.

더 우려스러운 것은 북한의 핵전략이다. 미·중간 패권 경쟁이 가속하는 가운데 북한은 이제 핵무기를 남한에 선제적으로 사용하겠다는 것을 공언하고, 이를 법제화하기까지 했다.

북한은 앞섰던 많은 핵 전략가들의 경고에도 불구하고 핵전쟁에서 승리를 거두고 살아남을 수 있다는 듯이 행동하고 있다. 남한이 북핵 앞에 '실존적 위협'을 맞고 있다는 것은 과장이 아니다.

윤석열 정부 지금

챗GPT가 지적한 한국 사회의 문제점
1위 경제적 불평등, 2위 고령화, 3위 노동시장

일반 국민을 대상으로 한 여론조사에서는 코로나 시기에 개인적으로 가장 어려웠던 점으로 48.9%가 '경제적 어려움(직장, 사업 포함)'이라고 답변했다. 서민들의 생활이 그만큼 팍팍해진 것이다.

통계청 '2022년 사회지표'에 따르면 소득 수준이 낮을수록 사회적 고립감을 더 느끼고 삶의 만족도가 낮은 것으로 집계됐다.

반대로 소득 수준이 높으면 사회가 안전하고 일이 가치 있는 것으로 보였다. 소득이 낮을수록 사회적 고립감이 높아지고 평등하지 못한 코로나 회복기가 온다는 점이다.

최근 한 언론사 조사 결과에 따르면 미국 오픈AI의 챗봇 '챗GPT'가 지적한 한국 사회 문제점 1위는 '경제적 불평등'으로 나타났다.

챗GPT에게 한국 사회의 문제점에 대해 질문한 결과 경제적 불평등(Economic Inequality), 고령화(An Aging Society), 노동시장의 경직(Labor Market Rigidity), 환경 문제(Environmental Issues), 북한의 위협(North Korean Threat) 순으로 총 5가지의 답변을 했다고 한다.

현재 세계는 대화형 AI서비스인 '챗GPT' 광풍이 일고 있다. 출시 두 달 만에 1억 명이 접속했고, 곧 2억 명 돌파를 눈앞에 두고 있다. 지금 모습은 1990년대 초 인터넷 검색이 처음 등장했을 때와 비슷한 양상이다.

최초로 대화형 AI 서비스를 선보인 오픈AI와 MS, 구글에 이어 페이스북의 모회사인 메타도 챗GPT와 유사한 방식의 AI 언어 모델을 공개하겠다고 밝혔다. AI 혁명이 본격 서막을 알린 가운데 총체적 국가 전략이 절실한 시점이다.

미국에서 챗GPT가 나오는 동안에 한국 정부와 우리의 빅테크들은 사실상 뒷짐을 지고 있었다. 초거대 AI라는 소리를 몇 년 전부터 들었는데, 결국 최초를 미국 기업에 뺏기고 말았다.

여아가 정쟁 중단하고 생활 정치를 실천해야…
미래를 열어갈 핵심 가치 중심으로 똘똘 뭉쳐야

지식과 기술도 중요하지만 방향과 집중력이 중요함을 새삼 일깨워주고 있다. 한국 빅테크의 '초거대 AI'는 너무 관념적이며, 실용적 비즈니스 감각이 필요하다는 지적이다.

한국이 '패스트 팔로어(fast follower)'가 아니고 '퍼스트 무버(first mover)'가 되려면 말로만 해서는 안 되고, 실패와 비난을 두려워하지 말고 최초로 시도해야 한다. 그러려면 정부와 기업의 자신감이 필요하며 이는 충분히 세계적인 첨단기술의 흐름을 이해하는

윤석열 정부 지금

데서 나온다.

종합적으로 우리나라는 '불평등의 위기, 소통의 위기, 경제와 민생의 위기, 평화의 위기' 등 4대 위기에 빠져 있다고 생각한다. 이제 서로가 대화의 물꼬를 트고 화해를 끌어낼 새로운 비전을 가진 통합세력의 출현이 필요할 때이다.

그렇다면 지금은 여야가 정쟁을 중단하고 이른바 생활 정치를 실천해야 한다. 낡은 좌우 이념의 대결을 넘어 미래를 열어갈 핵심 가치를 중심으로 똘똘 뭉치고, 패자와 승자, 약자와 강자가 함께 협의하고 함께 사는 세상을 만들어야 한다.

이를 위해 지난해 3월 국회사무처로부터 설립 허가받은 사단법인 서울이코노미포럼은 국회개혁입법과 금융소비자와 중소상공인 보호 및 증진, 농어촌 지방경제 활성화 등 다양한 경제사회 분야의 문제점을 분석하고 대안을 제시하는 역할을 해나가고 있다.

윤석열 대통령이 지난해 5월 10일 취임한 뒤 벌써 1년을 맞았다. 이에 서울이코노미포럼은 경제신문 금융소비자뉴스와 함께 '새 대통령에 바란다'라는 주제로 온라인포럼을 40회 개최했다.

이어 윤석열 정부의 개혁과제를 부문 별로 분석하고 대안을 제시하기 위해서 '새 정부 개혁입법 과제'라는 주제로 40여 차례 대형 기획 연재를 마쳤다.

'왕관을 쓰려는 자 그 무게를 견뎌라'…

우리나라 대통령과 정치인이라고 이를 비켜 갈 수 없어

서울이코노미포럼은 이 두 가지 기획물을 통해서 현재 한국경제와 사회가 안고 있는 문제점을 부문별로 파악하고 각각 대안을 제시했다. 이번에 발간한 '윤석열 정부 지금-개혁 입법 과제' 책자는 이 기획물에 실린 내용을 모아서 전재한 것이다.

'왕관을 쓰려는 자 그 무게를 견뎌라'- 이것은 영국의 대문호 윌리엄 셰익스피어가 '헨리 4세'에서 권력에 집착하는 왕을 꼬집기 위해서 한 말이다. 왕관을 쓰는 자는 명예와 권력을 가지게 되지만, 동시에 그만큼 '막중한 책임'이 따른다는 의미이다.

다모클레스(Damocles)는 기원전 4세기 전반 시칠리아 시라쿠스의 참주(僭主) 디오니시오스 2세의 측근이었던 인물이다.

'다모클레스의 칼(Sword of Damocles)'의 전설은 종종 위대한 힘이나 성공에는 큰 책임과 위험이 따른다는 생각을 설명하는 데 사용된다. 또 권력이나 성공이라는 자신의 위치에 너무 안주하거나 편안해지는 것에 대한 경고의 역할을 한다.

왕정 시대의 권력에도 막중한 책임감과 사회적 책무가 따랐다. 실제로 권력의 무게를 버티는 일이란 매우 험난하다. 우리나라 대통령이나 정치인들이라고 이를 비켜 갈 길은 사실상 없다.

우리는 이번에 발간한 '윤석열 정부 지금-개혁 입법 과제'가 우리나라의 혼란과 위기를 극복하고 부강한 국가의 완성, 경기회복 및 경제적 불평등 해소, 나아가 민생안정을 위한 작은 참고서가 되기를 희망한다.

이 책 제작에 참여한 사단법인 서울이코노미포럼의 권의종, 윤영호, 홍순영, 송인석, 조석남 공동대표와 이진구 수석입법전문위원의 노고에 감사하며 뜨거운 감사를 드린다.

2023년 5월
사단법인 서울이코노미포럼 이사장
정강식

차 례

제2장

윤석열 정부의 정치, 지금   139

제3장

윤석열 정부의 사회, 지금   241

제1장

윤석열 정부의 경제, 지금

역량 있는 경제전문가 등용을

대한민국 20대 대통령이 뽑혔다. 인수위가 구성되고 새 정부가
출범한다. 축하를 보낸다. 걱정도 된다. 작금의 경제 상황이 험난
하다. 경기 침체 지속과 코로나 팬데믹 확산, 공급망 차질과 물류
대란에 우크라이나 사태까지 겹치면서 대내외 불확실성이 커지
고 있다. 한 치 앞도 안 보이는 시계 제로다. 새 정부로서도 어디
서부터 어떻게 손을 써야 할지 난감할 것이다.

그래도 어쩌겠는가. 정면승부 하는 수밖에. 위기가 기회라지
않은가. 어려운 게 어디 지금뿐인가. 뒤돌아보면 한국 경제사는
고난과 극복의 역사였다. 지금 겪는 어려움쯤은 마음만 단단히
먹으면 능히 이겨낼 수 있다. 전쟁의 잿더미 속에서 한강의 기적
을 이뤄냈고, 최단기에 세계 10위권 경제 강국 반열에 오른 나라
다. 이를 세계가 부러워한다.

역대 정부들도 잘해보려고 다들 애썼다. 성과와 업적이 눈부시

다. 옥에 티도 있다. 아쉬운 점도, 반성할 점도, 잘못된 점도 분명 존재한다. 과거사가 된 만큼 지금 와서 그에 대해 이러쿵저러쿵 말하는 건 유익이 없다. 향후 더 좋은 결과를 얻기 위해서는 이를 타산지석, 반면교사로 삼는 게 지혜롭다. 새 대통령과 새 정부에 게는 기대가 크고 많은 이유다.

경제를 정책 실험장 삼지 말기를 바란다. 소득주도성장처럼 설익은 정책으로 시험에 빠뜨리는 잘못을 다시는 범하면 안 된다. 탈원전 프레임과 녹색 환상에 빠져 에너지 정책을 망가뜨리는 것 같은 시행착오도 더는 없어야 한다. 정책 결정에는 신중함이 필수다. 돌다리도 두들겨 건너는 조심성이 필요하다. 정책은 정부나 정치권의 전유물이 아니다. 국민과 전문가의 소리에 늘 귀 기울여야 한다.

정책 결정은 신중히 하고, 국민과 전문가 의견 경청해야

분야별로 전문가를 대거 기용해야 한다. 대선 후보 시절에는 다들 이를 철석같이 약속한다. 웬걸, 당선되고 나면 태도가 돌변하고 만다. 언제 그랬냐는 듯 제 식구 챙기기에 바쁘다. 고도의 전문성이 요구되는 경제 분야에서만큼은 역량 있는 전문가 등용이 긴요하고 절실하다. 정당이나 선거캠프 출신 인사 등 비전문가 투입으로는 복잡다단한 경제 문제를 해결하기 어렵다. 정 그들을 쓰고 싶으면 정치권에서나 소화하시라.

아마추어도 배워가며 일하면 될 거라는 발상만큼 무모한 게 없다. 부임 후 업무를 파악하고 조직을 장악하고 사람을 알 만하면

윤석열 정부 지금

임기가 끝난다. 망건 쓰다 장 파하는 꼴 되기 십상이다. 이런 비효율이 수장 바뀔 때마다 반복된다. 정부나 공기업이 전문성 없이 늘 그 모양 그 꼴로 유지되는 이유다. 특별한 경우가 아니면, 조직 내부에서 능력이 검증된 인재를 활용하는 게 낫다. 위험을 줄이면서 성과를 내고 일관성 있게 업무를 추진할 수 있는 그나마 방책이다.

만기친람(萬機親覽)을 거둬야 한다. 모든 정책을 청와대가 친히 보살피는 식이 돼서는 되는 일이 없다. 덩치만 컸지, 눈치나 살피고 예스맨 노릇을 하는 부처는 있으나 마나다. 부처에 자율성을 부여, 책임 행정을 구현하게 해야 한다. 창의성을 꽃피우고 전문성을 발휘토록 정부 조직 운영의 일대 혁신을 도모해야 한다. 다행히도 새 대통령 당선인은 대통령비서실 인원 감축 등 청와대 조직의 슬림화를 약속했다. 아직은 반신반의 상태이나 기대가 된다.

업무 재량권은 공기업에도 긴요하다. 책임만 있고 권한은 없는 지금의 공기업. 허수아비 신세다. 예산, 업무, 인력 운영 면에서 자율성을 찾아보기 어렵다. 기관 자체적으로, 기관장 스스로 할 수 있는 일이 없다시피 하다. 정부가 늘 감시하고 평가하며 수시로 온갖 지시를 내린다. 신입 직원 채용 방법까지 시시콜콜 간섭할 정도다. 그러잖아도 낙하산 인사와 빚 덤터기로 공기업이 공(空)기업 되고, 금융기관은 관치에 찌들어 있다.

인재를 널리 구하고, 만기친람 없애고 포퓰리즘을 경계해야

구구한 변명을 늘어놓는 정부는 보기도 싫다. 위기를 위기로, 잘못을 잘못으로 인정할 줄 아는 솔직함이 좋다. 정부도 신(神)이 아닌 이상 실수할 수 있다. 조심해도 실수는 나오게 마련이다. 문제는 실패 그 자체가 아니다. 실패를 인정치 않으려는 아집과 독선이 더 큰 해악이다. 뻔히 잘못된 줄 알면서도 억지로 변명하고, 국민을 가르치려 들고, 이를 합리화하기 위해 또 다른 무리수를 두는 게 고질이 됐다.

부동산정책이 그 같은 예다. 재화나 서비스 가격이 오르는 것은 기본적으로 공급 감소와 수요 증가, 두 가지 요인에 기인한다. 집값도 예외가 아니다. 정부는 이런 원리를 아예 외면하고 철저히 무시했다. 공급은 늘리지 않고 수요만 짓눌렀다. 그러고도 집값이 잡히지 않자 더 강한 억제책을 쏟아내는 악수를 뒀다. 그러기를 28차례. 이를 비웃기라도 하듯 집값은 천정부지로 치솟았다. 온 나라가 투기판이 되고 말았다.

포퓰리즘을 항상 경계해야 한다. 지도자를 선거로 뽑다 보니 유권자 눈치를 안 볼 수 없다. 민심을 살피는 건 정치의 당연한 책무이기도 하다. 민심은 국익과 충돌하기도 한다. 그럴 땐 여론의 역풍을 맞더라도 나라의 유익을 구하는 게 맞다. 2차 세계대전 당시 자유당과 보수당 모두로부터 큰 불신을 받으면서도 국민을 단합시키고 전장의 병사를 독려, 독일군의 영국 침공을 막아낸 윈스턴 처칠처럼 말이다. 그때 그가 의회에서 한 "나는 여러분께 피, 수고, 눈물, 그리고 땀밖에는 달리 드릴 것이 없습니다"라는 명연설은 역사에 남아 지금까지 전해온다.

　표를 얻고자 나랏돈을 함부로 써선 안 된다. 그 돈이 어떤 돈인가. 국민이 힘들게 벌어 낸 세금이고, 다음 세대가 뼈 빠지게 일해 갚아야 할 빚이다. 후대에 자산은 물려주지 못할망정 채무나 물려주는 나쁜 정부가 돼서 쓰겠는가. 지난(至難)한 경제 상황에서 숙제만 잔뜩 물려받은 새 당선인이 안쓰럽다. 하지만 그런 거 해결하라고 뽑아준 것 아닌가. 피와 눈물까지는 아니어도 수고하고 땀 흘리는 정부에는 국민도 힘을 보탠다. 건승을 빈다.

<2022년 3월, 권의종>

국민 우선 혁명적 기업규제 완화를

지난 18일 윤석열 대통령직인수위원회 첫 회의가 열렸다. 회의 일성은 "모든 기준은 국익과 국민이 우선이다."였다. 국정과제는 "4차 산업혁명 선도국가로의 도약", "규제 개혁을 통한 민간경제의 활성화"가 제시되었다. 옳고 바람직한 방향이다. 국익보다 진영, 경제보다 이념, 시장보다 정부를 중시했던 현 정부와는 사뭇 다르다.

문제는 실현 가능한 목표의 설정과 실천이다. 역대 어느 정부이든 장밋빛 국정과제를 제시했다. 그러나 과도한 목표는 정책 실패를 낳았다. 또 소득주도성장, 탈원전, 1만 원 최저임금 등처럼 심각한 경제 왜곡을 초래한 경우도 있다. 새 정부는 앞선 정부의 정책 실패를 반면교사로 삼아 실패를 반복하지 말아야 한다. 정책 실패는 국익을 해치고 종국에는 국민을 피폐화하기 때문이다.

새 정부 인수위의 국정과제 "국익과 국민이 우선이다"는 결국 국민의 삶을 윤택하게 하겠다는 것이다. 누가 할 것인가? 누구에게 하게 할 것인가? "정부!" 국가 주도 성장론의 관점이다. 시대착오적 발상이다. 4차 산업혁명 시대에 가능할 수 없고 가능하지도 않다. "기업!"이 맞는 답이다. 다시 말해 시장과 민간경제의 활성화이다. 이를 위해서는 규제 개혁이 우선이다. 인수위도 이를 우선 과제로 선정했다. 옳은 방향이다.

기업의 본질은 창의, 혁신, 도전이다. 이런 기업이 있었기에 산업혁명이 가능했고 인류는 성장의 역사를 쓸 수 있었다. 인류 역사는 정체의 역사였다. 서기 1000년 유럽 30개국 1인당 GDP는 420달러, 서기 1500년은 770달러였다. 서기 1년 100달러를 가정할 때 연간 성장률은 0.01%에도 미치지 못했다.

2020년 유럽연합 평균 1인당 GDP는 3만 4,234달러. 폭발적 성장이다. 수만 년의 인류사에서 성장의 역사는 길지 않고 이례적인 사건이다. 산업혁명 이후 기업, 기술혁신, 자본주의 결합의 산물이다. 미국 시라큐스대 마이클 노박 교수는 『민주자본주의 정신』에서 "기업은 부의 원천이고 신의 축복이다"라고 했다.

그러나 성장의 지속은 담보된 것이 아니다. 이례적인 사건이기 때문이다. 이미 선진국 잠재성장률은 계속 낮아지고 있다. 제로 성장률을 향하고 있다. 한국의 잠재성장률은 더 빠르게 낮아지고 있다. 방치하면 초근목피의 보릿고개 시절로 돌아갈 수도 있다. 새 정부가 기업하기 좋은 환경을 만들고 민간경제 활성화를 유도해야 하는 이유이다. 기업규제 완화가 그 답이다. 수많은 규제 완화가 이루어져야 하지만 시급한 세 가지를 살펴본다.

에디슨과 퀴리에게 주 52간 근무를 강제하였다면

무엇보다도 주 52시간 근무제를 개선해야 한다. 우리는 전기, 철도, 자동차, 항공기, 컴퓨터, 전화, 의약품 등 과학 문명의 엄청난 혜택을 누리며 살고 있다. 이 문명의 혜택은 어떻게 이루어졌나? 다름 아닌 과학자, 의학자, 기업인, 기술자들에 의해서이다. 숱한 날들을 침식을 잊은 채 꿈을 꾸고 도전할 수 있게 한 그들의 연구실, 실험실, 공장에 의해서이다. 그들에게 그곳은 노동의 장소가 아니었다. 꿈과 도전의 산실이었다.

만약 에디슨과 퀴리에게 주 52간 근무를 강제하였다면 인류는 지금도 어두운 밤을 보내고 있을 것이다. 방사선 진단과 치료도 없었을 것이다. 벨 전화기와 쿠퍼의 휴대전화 발명도 없어 지구촌이 하나의 세계가 되는 일도 없었을 것이다. 주 52시간 근무의 강제로 라이트 형제가 수천 번에 이르는 시험비행을 할 수 없었다면 인간이 하늘을 나는 기적은 일어날 수 없었을 것이다.

와트의 증기기관, 벤츠의 휘발유 자동차 발명도 없어 여전히 말과 소달구지에 의존하는 힘든 생활을 계속했을 것이다. 스티브 잡스와 빌 게이츠가 주 52시간 근무제에 묶여 밤을 지새울 수 없었다면 인류 역사를 통째로 바꾸고 있는 사무혁명, 정보혁명은 일어나지 않았을 것이다.

예술과 스포츠의 세계도 같다. 주 52시간 강제 하에서는 베토벤의 '운명교향곡', 방탄소년단, 박인비, 김연아, 손흥민, 류현진이 나올 수 없었을 것이다. 만약 중고등학교 학생들에게 주 52시간 공부를 강제한다면 어찌 될까? 대한민국 장래가 암담해질 것이다. 학생들에게 주 52시간 공부를 강제 못한 것은 천만다행이다.

중소기업에게 주 52시간 강제는 이들에 의한 기술혁신, 성장이 막히는 것이다. 저녁 6시면 불이 꺼지는 연구실, 실험실, 작업실도 문제이다. 자원 빈국 한국을 세계 10위 경제대국으로 일으킨 꿈과 도전의 산실이 무너지고 있다. 우리의 장래가 암담해짐을 뜻한다.

정산 기간을 1~3개월에서 1년 이내로 확대하는 선택적 근로시간제의 개선은 반드시 이루어져야 한다. 적립된 초과근로시간을 장기휴가로 사용하는 연간 단위 근로시간 저축계좌제도 도입되어야 한다. '노사 합의 시 근로시간 탄력 운용', '노사 자율에 의한 추가 근로의 허용' 등 근본적 제도개선이 이루어져야 한다.

주 52시간 강제는 소재, AI, ICT, 바이오산업을 육성하겠다는 정책과도 맞지 않는다. 연구실, 실험실, 작업실 그리고 위의 산업을 비롯해 4차 산업혁명 관련 기업에는 주 52시간 근무제의 적용을 아예 배제해야 한다. 24시간 불이 켜져 있는 실리콘밸리, 실리콘밸리의 대학, 연구기관, 기업들과 24시간 생사를 건 경쟁을 해야 하기 때문이다. 창조적 발명, 혁신, 도전에는 하루 24시간도 부족하다.

다음은 중대재해 처벌법의 개선이다. 경쟁시장에서 기업의 투자는 생사를 거는 행위이다. 실패는 모든 것을 잃게 한다. 제도경제학의 태두로서 노벨경제학상을 받은 더글라스 노스 교수는 국가에 의한 바람직한 제도의 제정을 강조하였다.

중대재해 처벌법, 의무규정은 모호, 처벌 규정은 과다

노스는 "국가가 실패하는 원인은 불합리한 경제 제도가 기업의 투자, 혁신 동기를 저해하기 때문이다", "국가는 규제로 인해 발생하는 기업의 거래비용을 낮추어 투자를 촉진해야 한다"라고 했다. 시장에서 기업 간의 경쟁은 종국적으로 거래비용을 낮추는 경쟁이다. 이 경쟁에서 지면 기업은 도태된다. 그래서 기업은 쉼 없는 기술개발, 과감한 투자 확대, 혁신적 비용 절감, 끝없는 시장 개척을 통해 거래비용 낮추기에 모든 것을 건다.

중대재해 처벌법은 도입논의 단계부터 의무규정이 아주 모호하고 처벌 규정이 너무 과하다(일단 사망사고가 발생하면 경영책임자가 징역형을 피하기 어렵다)는 지적을 받았다. 즉, 기업의 혁신적 도전적 투자활동을 저해한다는 것이다. 중대재해 처벌법의 모호성으로 법적 공방이 증대할 경우 중소기업의 줄 파산이 발생할 수 있다는 지적도 있었다.

그래서 기업은 "모호성에 대한 보완 입법이 필요하고 처벌보다는 산업재해 예방 중심으로 가야 한다"라고 호소해 왔다. 또 기존 산업안전보건법의 효과적인 활용에서 답을 찾자는 건의도 있었다.

반면 노동계는 이에 반대한다. 따라서 근로자의 생명과 안전을 지키면서 기업의 혁신적 투자활동을 위축시키지 않고 지속 성장을 가능하게 할 제도 보완이 시급하다. 규제 완화와 산업재해방지의 최적점을 찾는 것이다. 그것이 국가의 임무이니, 인수위의 책무이기도 하다. 그대로 방치하면 기업활동의 급격한 위축으로 이 또한 우리의 미래를 암담하게 할 것이 분명하다. 새 정부가 무엇보다 서둘러야 할 우선적 국정과제이다.

끝으로 최저임금제도의 개선이다. 아마도 최근 최저임금만큼 사회적 관심과 파장을 야기한 정책은 없었을 것이다. 현 정부는 출범 이후 초기 2년간 '최저임금 인상'에 총력을 기울였다. 1만 원 공약과 소득주도성장 정책에 따라 최저임금 인상률은 2018년 16.4%, 2019년 10.9%로 2년 연속 두 자릿수를 기록했다. 시장에의 충격은 컸다. 불황을 간신히 버티던 수많은 소기업, 소상공인들이 문을 닫고 직을 잃었다.

최저임금과 가장 밀접성을 갖는 편의점주와 아르바이트생들의 타격이 가장 컸다. 점주는 폐업했다. 아르바이트생은 내 기거나 주휴수당을 주지 않아도 되는 주 15시간 미만 초단기 일용직으로 전락했다. 당초 취지는 저임금 근로자의 소득을 늘려 소비를 활성화하고 경제를 살리겠다는 것이었다. 실패한 것이다.

이후 최저임금 인상 속도가 급격히 꺾여 2020년과 2021년 각각 2.87%, 1.5%에 그쳤다. 인상률이 널뛰기한 것이다. 경제 주체에게 불안정을 야기하고 경제에 악영향을 미쳤다. 최저임금 결정 방식을 개선해야 하는 이유이다.

최저임금법상 "최저임금은 근로자의 생활 안정과 노동력의 질적 향상을 위해 임금의 최저 수준을 보장하는 것"으로 정의된다. 그리고 매년 3월 31일 고용노동부 장관이 심의 요청안을 접수하고, 최저임금위원회가 심의 결정한다.

4차 산업혁명 재도약은 최저임금 결정 방식 재고로

20년 전 최저임금위원회 위원으로 수준 결정에 참여했던 일이 떠오른다. 4월 들어 매주 한 차례 오전 7시에 시작하는 회의는

3~4개월에 걸쳐 진행된다. 노·사·공익 간에 지루한 공방이 오간다. 인상률 결정의 토대가 될 데이터를 이용한 분석들은 무용지물이다. 노·사간 동결부터 100% 인상안이 맞선다.

결국 한쪽이 퇴장하고 공익이 여러 상황을 고려하여 결정한다. 당연히 분석적 결정이 아니다. 20년이 지난 지금도 변화하지 않았다. 급기야 소득주도성장이라는 시대착오적 정책을 뒷받침하려고 정치적 무리한 인상의 상황까지도 발생했다. 정책 실패의 결과를 낳았다.

4차 산업혁명을 통한 재도약과 지속 가능한 성장의 시대를 열기 위해 이제 낡은 최저임금 결정 방식을 바꿀 때가 되었다. 이 제도를 처음 시행했었던 때와 지금의 경제 환경이 너무 다르기 때문이기도 하다.

무엇보다도 노사 양측 각각의 입장에서의 합리적 최저임금 수준 결정 모델을 수립하고 실제 데이터를 토대로 한 분석 결과를 갖고 협의해야 한다. 또 산업, 지역 간 차별적 임금 수준도 검토해야 한다. 최저임금이 도입된 1988년과 비교해 산업이 훨씬 다양해졌다. 지역, 산업 간의 격차도 커졌다. 차등화가 불평등을 심화시킬 수 있다는 우려는 있다. 그러나 최저임금의 도입 취지는 빈곤층을 돕는 것이었다. 따라서 일자리가 부족한 산업, 기업, 지역이나 일자리가 필요한 고령층, 빈곤층에게 높은 최저임금이 장애가 될 수 있음을 인식해야 할 것이다.

호주, 일본 등에서 최저임금을 산업, 지역, 숙련도 별로 나누는 이유는 일자리 감소를 막기 위함이다. 기업·업종·지역에 따라 경기와 소득 수준에 차이가 있다. 최저임금을 유연하게 적용하면 일자리를 극대화할 수 있다는 것이다. 최저임금을 기업체의 여건과 관계없이 일괄적으로 적용하면 고용 창출 능력이 위축된다. 저소득 근로자들이 오히려 피해를 볼 수 있다는 관점이다.

최저임금 결정에 참고하기 위해 지방 소기업을 방문했을 때의 일화이다. 10여 명이 안 되는 아주머니들께 근로자대표 위원이 최저임금의 대폭 인상을 제안했다. 이때 아주머니들 대답은 "반대합니다. 우리는 사장님과 함께 똘똘 뭉쳐서 기업을 꾸려가고, 자식들 입에 풀칠하고 공부시키고 있어요. 최저임금 인상으로 우리 사장님이 감옥에 가고 우리 기업이 망하면, 위원장님이 우리 자식들 먹이고 공부시켜 주실 것인가요."였다. 최저임금의 일률적 인상이 답은 아니라는 현장의 목소리이다.

이제 소기업, 소상공인의 존립을 위협하고, 근로자의 생계를 위협하는 정치적인 그리고 불합리한 최저임금 결정이 다시는 있어서는 안 된다.

우리 기업들은 수많은 규제에 묶여 혁신적 도전적 투자를 활발히 못 하고 있다. 21일 윤 대통령 당선인과 6경제 단체장 간의 간담회 주제는 규제 완화였다. 기업하기 좋은 환경을 만들어 달라는 것이다. 대통령 당선인의 꿈도 국민의 꿈도 모두 함께 잘사는 나라이다.

자유시장경제에서 그 꿈은 기업의 창조적, 도전적, 혁신적 활동에 의해 이룰 수 있다. 혁명적 규제 완화가 답이다. 1인당 GDP 80달러의 최빈국을 세계 10대 경제 대국으로 키워낸 우리 기업들을 세계시장에서 마음껏 뛰게 하자.

〈2022년 3월, 홍순영〉

부동산 민심 달랠 시장정책을

20대 대선 결과는 민주당과 국민의힘 모두를 향한 민심의 채찍이다. 문재인 정부와 민주당을 호되게 심판한 동시에 "대승할 것"이라고 자신한 '예비 집권 여당' 국민의힘의 오만에도 경종을 울렸다. 윤 당선인에겐 '겸손한 통합 대통령'이 될 것을 명령했다.

윤석열 대통령 당선인의 최종 득표율은 48.56%. 이재명 전 더불어민주당 대선후보(47.83%)와 불과 0.73% 포인트 차이였다. 서울 강남 3구의 표차 29만4,493표에도 못 미치는 24만7,077표 차로 윤 당선인이 아슬아슬하게 대권을 거머쥔 것이다.

부동산정책 실패에 따른 민심 변화, 서울 표심

대선 승패는 결국 서울과 수도권에서 갈렸다. 부동산 분노 민심이 결정적이었다. 윤 당선인은 서울에서만 이 전 후보에게 31

만766표를 앞섰다. '강남 3구(서초·강남·송파)'를 포함해 자치구 25 곳 중 14곳에서 윤 당선인이 승리했다. 국민의힘이 지난 21대 총 선에서도 이겼던 보수 텃밭 강남 3구와 용산구에 더해 서울 양천, 마포, 종로, 영등포, 중구, 동작, 동대문, 성동, 광진, 강동까지 10 개 구가 이번에는 윤 당선인의 손을 들어줬다.

이들 지역은 고가 아파트 밀집 지역인데다 최근 집값이 많이 뛴 만큼 높아진 부동산세 부담에 정권 심판론이 강하게 작용한 것으로 풀이된다.

2020년 4월 21대 총선 때 4곳을 빼고 민주당에 싹쓸이 승리를 선사한 서울 민심이 싸늘하게 식은 것이다. 이는 민심이 정권의 무능을 오래 인내하지 않는다는 뜻이다. 문재인 정부는 28차례나 부동산정책을 발표하고도 치솟는 집값·전셋값을 잡지 못했다. 공 급 위주 정책은 너무 늦게 결정했다. 정권 인수를 준비하는 윤 당 선인이 깊이 새겨야 할 대목이다.

5년 만의 정권교체로 출범하게 될 윤석열 정부는 집값 폭등과 다층 규제로 혼란한 부동산 시장을 안정적으로 관리해야 하는 숙 제를 안고 있다. 이번 정권교체의 중요한 원동력 중 하나가 문재 인 정부의 '부동산 실정(失政)'이라는 평가가 지배적인 만큼 현 정 부와 차별화된 성과를 내기 위해 정책 역량을 집중해야 한다.

윤 당선인은 △5년간 전국 250만 가구 공급 △도심 양질의 주 택 공급 확대 위해 재건축·리모델링 규제 완화 △재산세와 종부 세 통합 △다주택자 양도소득세 중과 2년 유예 △생애 첫 주택 구 입자 대출 규제 완화 등을 공약으로 내걸었다. 규제를 완화해 시 장에 물량을 푸는 데 방점을 찍은 것이다.

다만 부동산 공약 실현을 위해서는 대부분 법 개정이 필요한데 결국 새 정부에서 '거대 야당'이 되는 더불어민주당의 협조를 어떻게 끌어내느냐가 관건이 될 전망이다.

다층 규제로 부동산 시장 혼란 수습을

재건축초과이익 환수제 완화, 재산세와 종부세 통합, 1기 신도시 재정비 특별법 등은 법 제·개정이 필수적이다. 특히 재건축초과이익 환수제는 2018년 문재인 정부에서 부활한 만큼 더불어민주당의 반발이 예상된다. 윤 당선인의 공약 실현에 필요한 것은 시간과 거대 야당과의 협치이다.

윤 당선인이 "정부 주도가 아닌 민간 중심의 경제로 전환하겠다"라고 밝힌 만큼 "부동산 시장 안정화에 공급보다 더 좋은 정책은 없다"는 숙제를 거대 야당과의 협치를 통해 실현 시켜야 한다.

서울 집값의 본질을 들여다보자. 서울 집값 상승 원인은 특목고 우선 선발권 및 자사고 폐지 방침 등 교육제도 변경에 따른 강남 선호 증가, 시중의 풍부한 유동자금과 부족한 대체 투자처, 좋은 주거지에 대한 투자 및 거주 선호 유지, 재건축초과이익 환수 시행에 따른 서울 내 공급 감소 불안감, 규제 강화로 인한 다주택자의 안정적 거래 위협, 정상적 거래 유지를 위한 매물 감소 등 다양하다.

다주택자만의 문제가 아니다. 따라서 다주택자를 대상으로 하는 추가 규제로 해결할 수 없는 문제다. 다주택자를 겨냥해 보유세를 강화하고 재건축 연한을 늘리는 조치로 서울 집값을 안정시키기는 어렵다. 오히려 시장 왜곡 현상이 더 심화할 수 있다. 신중해야 한다. 특히 조세로 집값 문제를 해결하려는 것은 더욱더 그렇다. 조세는 집값과 상관없이 조세 차원에서 논의해야 한다.

부활한 다주택자 양도소득세 중과(重課) 제도가 그렇다. 다주택자 보유를 막으니 지방의 아파트를 팔고 더 오를 강남의 '똑똑한 한 채'로 집중하는 경향이 나타난다. 재건축 조합원 지위 양도를 금지해 조합이 설립된 재건축단지의 거래를 차단하니 아직 조합이 꾸려지지 않은 재건축 대상 아파트에 매수세가 몰린다.

시장 수요 무시, 투기 규제 접근은 정책 실패

자고 나면 수천만 원씩 오르는 서울 아파트값 폭등은 분명 비정상적이지만 원인은 간단하다. 정부 정책이 수요 억제에만 초점이 맞춰져 매물의 희소성이 값을 끌어올리고 있다는 것이다. 서울 아파트에는 전국에서 돈이 몰려들면서 수요가 넘쳐 난다. 또 정부의 다주택자 집중 규제가 오히려 '똑똑한 한 채' 현상을 불러 서울 특히 강남 수요와 집값 상승을 더 부추기는 상황이다.

강남과 전쟁을 벌이는 이런 식의 부동산 대책은 결국 실패할 가능성이 크다. 과거 노무현 정부가 그랬는데 문재인 정부에서 또다시 되풀이되었다. 늘 강조되는 얘기지만 강남을 대체할 확실한 공급 대책 없이 강남만 찍어 눌러서는 시장의 내성만 키우고 전체 부동산 시장을 왜곡시킬 수밖에 없다. 장기적 관점에서 부동산 정책의 근본적인 재검토가 필요하다.

원칙에 따라 생각해보자. 가격은 수요와 공급의 결과다. 서울 집값이 고공 행진한다는 것은 공급보다 수요가 월등히 많은 상황을 알려주는 신호다. 수요를 분산하고 공급을 늘리지 않으면 가격 조정은 어렵다. 투자 및 거주 수요를 분산해야 한다.

획기적인 부동산 관련 투자상품을 만들어 지방에서 서울로 몰리는 투자 수요를 분산해야 한다. 서울 특히 강남권의 실거주가 아닌 주택을 사두는 여유 구매 수요도 줄어나가야 한다. 이와 더불어 양질의 주거지를 만들어 강남권으로 집중하는 거주 수요를 분산해야 한다.

인구 및 가구 변화를 감안해 필요한 곳에 공급을 확대하는 '주택정책'이 절실하다. 젊은 신혼부부와 서민층이 임대료 걱정 없이 거주할 수 있는 임대주택을 획기적으로 늘리고, 서울 강남 수준의 주거·교육 환경을 갖춘 첨단 스마트 신도시를 곳곳에 건설하는 방안도 추진해야 한다.

집값 상승을 주도하고 있는 서울 지역에 대한 공급 규제가 이어질 경우 가격 상승세는 지속될 수밖에 없다. 공급을 줄이는데 수요가 있으면 집값이 올라가는 건 당연하다.

'서울 집값', 규제보다 시장에 맡기고 수요를 고려한 맞춤형 정책 필요

문제는 집값도 못 잡고 서민들의 내 집마련 꿈만 멀어진다는 점이다. 공급 규제로 주택 물량이 적어 가격 상승이 지속되고 대출 규제로 주택 구입 자금을 마련하는 게 더욱 어렵기 때문이다. 게다가 더 강력한 규제는 예상치 못한 부작용을 초래할 수 있다. 정부의 규제 시그널은 자칫 시장 양극화만 심화시킬 수 있다.

규제로는 시장이 잡히지 않는다. 부동산 규제책이 서울 특히

윤석열 정부 지금

강남 선호 현상을 부추기는 역효과를 빚고 있다. 시장을 이기는 정책은 없다. 공급은 외면한 채 수요만 틀어막으려고 해서는 안 된다. 시장을 잡으려고 하지 말고 시장의 흐름에 맡겨야 한다.

문재인 정부의 부동산 정책 실패가 '투기와의 전쟁'을 앞세워 수요 억제에만 집중하며 규제를 남발하고 공급에는 소홀했기 때문이라는 점을 알고 있는 윤 당선인은 반드시 임기 5년 동안 전국에 250만 호의 주택을 대규모 공급하겠다고 공약했다. 이 가운데 수요가 집중된 수도권 물량은 130만~150만 호다. 윤 당선인이 부동산 대규모 공급 공약을 충실하게 이행하면 서울 집값은 안정화될 것이다.

새 대통령은 집값 누르기와 안정화에 대한 조급함을 버리고 거시적이고 장기적인 안목에서 긴 호흡으로 부동산 산업 육성에 역량을 집중해 보면 어떨까. 발상의 전환을 통해 양질의 주거지를 만들고 주택을 대처할 부동산 및 금융 관련 투자처를 만들기 위해 획기적인 규제 완화와 신산업 육성이 필요하다.

이미 선진 외국은 프롭테크 산업(*PropTech; 부동산(Property)과 기술(Technique)의 합성어, IT를 기반으로 하는 부동산 산업) 육성 정책이 활발히 진행 중이다. 그러나 우리는 여전히 집값에 매몰돼 산업 육성에 역량을 충분히 집중하지 못하고 있다. 프롭테크 관련 산업으로 투자처를 못 찾고 있는 국내 여유자금을 흡수하고 주택 구입 수요를 분산할 수 있다면 집값도 조금은 진정시킬 수 있을 것이다.

〈2022년 3월, 송인석〉

단기-중기-장기 부동산 정책 로드맵을

오는 5월 새 정부 출범을 앞둔 가운데 윤석열 표 부동산 정책이 시장에 어떤 영향을 미칠지 관심이 집중되고 있다. 출범하기도 전에 규제 완화 기대로 서울 강남권 등 일부 지역 집값이 들썩이는 조짐도 나타나고 있다.

윤석열 정부의 부동산 종합 정책 발표가 새 정부 출범 이후인 5월이 될 것으로 보인다. 당초 대통령직인수위원회는 새 정부 출범 전 부동산 대책을 발표할 예정이었으나 섣부른 발표가 부동산 시장에 혼란을 야기할 가능성을 고려해 신중을 기하는 것으로 보인다.

윤 당선인은 재건축·재개발 규제 완화, 부동산 세금 관련 규제 및 부담 완화, 임대차 3법 전면 재검토 등 현 정부의 규제 일변도의 부동산 정책을 확 바꾸겠다고 공약했다.

대선 승리의 견인차 역할을 했던 윤 당선인의 부동산 공약 실현을 위해 인수위 부동산 TF는 임대차 3법 폐지 검토, 다주택자 양도소득세 중과 1년 유예, 민간임대주택 활성화 등 공급, 수요 양 측면에서 부동산 시장을 정상화할 각종 정책을 상당 부분 정리했다고 한다.

당초 계획은 이번 주 중 주택 공급 및 재건축, 재개발 규제 완화 수준에 대한 내용을 발표할 예정이었으나 규제 완화 기대감에 강남을 중심으로 집값이 들썩이자 정책 발표 시기를 조율하며 속도 조절에 나서는 분위기이다.

실제로 대선 이후 한 달 동안 서울 강남·서초구에서 거래된 아파트 중 절반이 신고가를 경신했다. 때문에 부동산 정책의 큰 틀이 '규제 완화'보다는 '공급'에 방점이 찍힐 것이란 가능성이 언급된다. 250만 가구 주택 공급을 필두로 청년, 무주택자를 위한 내 집 마련 정책 등이 대표적이다.

공급을 위한 규제 완화냐, 부동산 시장 안정을 위한 속도 조절이냐, 윤 당선인이 공약에서 약속한 수준만큼 규제의 빗장을 풀 경우 자칫 시장을 자극할 수 있다는 우려가 있다. 작년부터 조정 받아온 주택 시장이 최근 다시 꿈틀거리는 가운데 윤 당선인의 새 정부가 시장 부작용을 최소화하는 부동산 정책들을 마련할지 주목된다.

윤석열 정부는 부동산 정책의 대전환을 예고한 상태다. 문재인 정부가 공급 대신 수요를 억제하는 정책을 주로 폈다면 윤석열 정부는 과도한 규제와 비합리적 세제를 확 바꾸는 동시에 공급을 확대한다는 방침이다.

표심에 사로잡힌 임기응변식 정책은 그만

문재인 정부는 부동산 투기 억제와 가계부채 축소를 위한 강력한 규제 정책을 실행한 결과 문 정부가 출범한 2017년 5월부터 지난 2월 말까지 서울을 비롯한 전국의 대도시 아파트 가격은 대부분 2배 정도로 상승했다. 따라서 공시가격이 오르면서 부동산 관련 세금도 상상을 초월할 정도로 많이 늘어났다.

이처럼 가파른 집값 상승과 세금 상승은 필연적으로 여러 가지 사회적인 문제를 가져온다. 일단 양극화가 가장 큰 문제다. 집을 가진 사람은 보유한 집값이 올라 이익을 보지만 각종 세금폭탄을 맞게 되고 집이 없는 사람은 집을 사기가 더욱 어려워진다.

집 없는 사람이 서울의 중간 가격대 집을 사려면 월급을 한 푼도 쓰지 않고 20년 1개월 동안 모아야 하는 수준에 이르렀다. 폭등하는 집값에 절망감이 쌓여 결혼과 자녀 낳기를 포기하는 2030세대가 늘어나는 것도 큰 문제다.

이러한 사회문제 때문에 국민의힘 홈페이지에 나와 있는 조사자료를 보면 윤 당선인의 새 정부 부동산 정책에서 가장 필요한 것으로 유주택자들은 부동산 세제 개선 특히 다주택자 양도세 중과 2년 유예 조치, 무주택자들은 LTV 80% 인상 등 내 집 마련을 위해 필요한 대출제도가 좀 더 좋은 방향으로 개선되기를 각각 원하고 있다.

또한 윤 당선인의 가장 기대되는 공약은 연령별로 50대 이상은 2022년 공시가격을 2020년 수준으로 환원하는 정책(15.6%)과 다주택자 양도세 중과 2년 유예 조치(14.8%), 50대 이하는 LTV 80%

인상으로 각각 나타났다.

이제 20일 후면 윤석열 당선인이 5년 동안 대통령직을 수행한다. 그동안 내놓은 부동산 관련 정책들이 모두 실현되기를 국민은 기대하고 있다.

특히, 윤 당선인은 모든 정책이 누구를 위한 정책인지 먼저 생각해야 한다. 그동안 문재인 정부와 같은 땜질식 처방의 정책은 이제 그만 내놓아야 한다. 표심 잡기에 사로잡혀 좌충우돌 공약 남발한 임기응변식 정책도 이제는 그만 내놓아야 한다. 적어도 단기, 중기, 장기 정책 로드맵을 만들어 국가와 국민을 위한 정책이 추진돼야 한다.

19일 전국경제인연합회가 한국 부동산학회와 함께 전문가 55명을 대상으로 실시한 '차기 정부 주택정책 관련 의견조사'에 따르면 대부분 전문가는(92.8%) 지난 5년간 시행된 주택정책이 미흡했다는 평가를 내렸다.

그 이유로 주택임대차보호법(24.2%), 재건축·재개발 규제 강화(21.1%), 다주택자 양도세 강화(18.9%), 부동산 대출 규제(10.5%), 주택 보유세 인상(9.5%) 등을 꼽았다. 같은 기간 주택가격이 크게 뛴 원인으로는 시장을 반영하지 못한 정책(49.1%), 저금리와 풍부한 유동자금(29.1%), 주거 선호 지역 공급부족(14.5%) 등이 거론됐다.

대선 공약 250만 가구, 주택 공급 로드맵을

이러한 지난 5년간 문재인 정부의 부동산 정책 실패로 제20대 대통령 선거는 여야 후보들의 표심 잡기에 사로잡혀 좌충우돌 공약 남발로 이어졌다. 한쪽에서 발표한 부동산 정책 반응이 좋으면 또 다른 한쪽에서는 그보다 더 센 정책을 발표함으로써 공약 남발이 된 것이다. 이렇게 발표된 정책들이 과연 실현 가능성이 있을지 의문이 든다.

국민은 문재인 정부의 잘못된 부동산 문제를 해결하겠다고 윤 당선인이 발표한 공약들이 모두 실현되기를 기대하고 있다. 정말 공약(公約)이 공약(空約)이 되지 않기를 기대하고 있다. 혹시라도 실현 불가능하다면 솔직하게 실천이 힘들다고 국민 앞에 밝혀야 한다. 그래야만 국민은 정부를 믿고 신뢰한다.

문제는 공약을 모두 실현하는 과정에 또다시 부동산 가격이 상승할 수 있어 사전에 이를 방지할 수 있는 대안을 준비하고 추진돼야 할 것이다. 그렇지 않으면 규제 완화를 주장한 윤 당선인의 집권 기간에 다시 부동산 가격이 급상승할 수 있다.

윤석열 당선인에게 바란다. 역사는 교과서라 했다. 윤 당선인은 역대 정부의 부동산 정책의 공과를 반면교사로 삼아야 한다. 문재인 정부 부동산 정책 실패 원인은 바로 공급의 때를 놓쳤다는 것이다.

이명박, 박근혜 정부 때 시장이 비교적 안정적이었던 것은 종부세나 양도세 중과, 강력한 대출 규제가 있어서가 아니라 공급을 우선순위로 해서 주택정책을 끌고 갔기 때문이다. 공급을 우선적으로 정책을 펴면 임대차 3법, 종부세, 양도세 중과 같은 규제가 사실상 필요가 없다.

모든 정책은 시장 상황과 조건에 따라 선후, 경중 조절이 필수적이다. 새 정부에서는 '선 공급 확대, 후 규제 완화 정책'이 이뤄져야 한다. 실질적인 공급 대책을 먼저 내놓고 적절한 규제 완화를 통해 시장을 정상화해야 실수요자들이 2~3년 기다리면 내 집 마련의 기회가 생길 것이라는 확신을 갖게 하고 구매심리를 진정시킬 수 있을 것이다.

국민은 윤 당선인이 후보 시절 내놓은 5년 내 250만 가구, 수도권 150만 가구 공급 공약을 얼마만큼 잘 지킬 것인가에 관심이 높다. 250만 가구 전체를 구체적으로 어디에 어떻게 공급하겠다는 것인지 주택 공급 로드맵이 있어야 한다. 약속만 지킨다면 5년 후 주택 시장은 지금보다 많이 안정화될 것이다. 그래서 대부분의 젊은 사람들과 무주택자들은 주택 공급을 늘리겠다는 공약에 기대가 크다.

시장에서는 규제 완화 기대감으로 재건축 시장이 들썩이는 것처럼 정책 전환이 단기적으로 집값 상승을 부추길 가능성에 대해 면밀히 대비해야 한다는 지적도 나온다. 지금처럼 부동산 정책의 뼈대가 세워지지 않은 상태에서 인수위원회를 통해 전해지는 파편적인 규제 완화 방안이 집값 상승 심리를 자극할 수 있다.

따라서 공급 대책을 포함한 공약을 이행하기 위한 종합 대책 마련이 급선무이다. 또한 급격한 집값 상승이나 하락은 여러 부작용을 야기하는 만큼 경계해야 하고 중장기적으로 물가상승률 범위 내의 안정적인 상승세를 기조로 집값을 관리해 나가야 한다.

〈2022년 4월, 송인석〉

퇴직금융인으로 중기 자금난 해소를

우리 역사에 위대한 대학자를 꼽으라면 퇴계(退溪) 이황을 빼놓을 수 없다. 조선 시대 최고의 사상가이자 교육자, 정치인이다. 1501년 경상도 예안현, 지금의 경상북도 안동에서 태어났다. 34살 늦은 나이에 문과에 합격했다.

관직 생활은 무난했다. 남보다 빠른 승진을 하지도, 주류에서 비켜 있지도 않았다. 주변에 이렇다 할 정적도 없었다. 대체로 평탄했던 것으로 전해진다. 이황의 관료 생활이 그랬다는 것이지 조선의 왕실과 조정이 평온했다는 뜻은 아니다.

조선 제11대 임금, 중종에게는 세자가 한 명 있었다. 모친 장경왕후는 세자 출산 후 7일 만에 산후병으로 숨졌다. 중종의 계비이자 세자의 계모인 문정왕후가 왕비가 됐다. 문정왕후는 중종 재위 말년에 경원대군을 낳았다. 자신의 소생인 경원대군을 왕위에 옹립하고 싶어 했다. 중종의 편애까지 더해지며 조정이 양분됐

윤석열 정부 지금

다. 세자를 지지하는 대윤(大尹)과 경원대군을 지지하는 소윤(小尹)으로 갈렸다. 이때 이황은 어느 편에도 속하지 않았다

중종 사망 후 세자가 임금의 자리에 올랐다. 제12대 인종이다. 대윤의 득세가 예상됐다. 하지만 병약한 인종은 재위 9개월 만에 세상을 떠났다. 이어 경원대군이 왕위에 오르니 그가 제13대 명종. 명종의 나이가 어려 문정왕후가 섭정에 나섰다. 소윤 세상이 됐다. 문정왕후와 소윤이 대윤에 정치적 보복을 감행하니, 이게 을사사화다. 당시 이황의 나이 46살. 그로부터 2년 후 문정왕후가 왕권 강화를 위해 사림파까지 탄압하는 과정에서 정치에 환멸을 느낀다.

부패하고 문란한 중앙의 관계를 떠나고 싶어 외직을 지망했다. 충청도 단양 군수, 경상도 풍기 군수를 역임했다. 지금도 그 지역에 가면 그와 관련된 일화가 무성하다. 백운동서원을 조선조 최초 사액서원, 소수서원으로 조성했다. 그가 세운 도산서당은 훗날 도산서원으로 발전했다. 관직에서 물러나서는 후진 양성과 학문 연구에 매진했다. 300명 넘는 제자를 길러냈고 그의 시조들은 이때 쓰인 것들이다. 왕성한 활동과 탁월한 업적은 그의 퇴직 이후에 이뤄졌다.

퇴직금융인은 '구직난', 중소기업은 '구인난'

이황의 행적이 그러했듯 퇴직은 종말이 아니다. 새로운 출발이다. 그런 점에서 우리 금융산업의 인력 운용은 안타깝기 그지없다. 오랜 기간 현장에서 잔뼈가 굵은 베테랑 금융인의 무더기 퇴

직 사태가 벌어진다. 점포 축소, 인력 구조조정, 비대면, 디지털화 등으로 정년도 다 못 채우고 평생을 몸 바쳐온 일터를 떠나고 있다. 명예퇴직이 봇물 터지듯 한다.

금융감독원에 따르면 2021년 국내 20개 은행의 해고·명예퇴직에 쓴 돈이 2조3,540억 원. 사상 최고치를 기록했다. 1년 새 2,000명 넘는 은행원들이 자리를 떠나면서 그에 따른 비용도 함께 불어나는 양상이다. 증권업계도 다르지 않다. 금융투자협회에 의하면 국내 59개 증권사의 지난해 말 명예퇴직금은 571억 8,292만 원으로 집계됐다. 같은 기간 증권사의 당기순이익이 9조 283억 원으로 역대 최대 실적을 경신한 것과 대비된다. '호황형' 퇴직이다.

금융인력의 퇴직은 개인적인 실직에 그치지 않는다. 국가 경제적으로도 커다란 손실이다. 축적된 경험과 지식, 노하우 등이 일거에 사장되고 만다. 인력 수급의 미스매치가 문제다. 중소기업에서 전문 인력 확보는 언감생심. 감히 꿈도 꾸기 어렵다. 기업을 꾸려가려면 가장 필요한 게 돈인데, 자금조달과 재무 관리에 정통한 고급 인력이 태부족한 상태이다.

기업의 돈 가뭄은 제도적 뒷받침이 충분치 못한 데에도 원인이 있다. 하지만 있는 제도도 몰라 못 쓰는 경우 또한 비일비재하다. 집안에 산해진미가 잔뜩 차려져 있는데 문밖에서는 쫄쫄 굶고 있는 거나 다를 바 없다. 금융기관은 대출처를 찾지 못해 실적을 걱정하고, 기업은 제도를 알지 못해 돈 가뭄에 시달리는 어이없는 일이 다반사로 벌어진다. 이럴 때 금융전문가가 살짝 귀띔만 해줘도 도움이 될 텐데. 그게 안 되고 있다.

퇴직금융인 인력 활용은 '일거양득'

퇴직 인력 활용은 일본이 발 빠르다. 퇴직자에 대한 호칭부터 다르다. '신(新)현역'이라 높여 부른다. △퇴직 전문 인력 기술지도 사업, △매니지먼트 멘토 등록제도, △신현역 매칭지원 사업 등을 제도화해 체계적으로 시행해 오고 있다. 기술 지도는 1991년 발족한 ATAC라는 기업의 전직 임원으로 구성된 기술 컨설턴트 그룹이 주도하는 민간 지원사업이다. 대기업 출신 숙련 기술 기능자를 지방 중소기업들에 파견해 기능과 노하우를 전수한다.

멘토 등록제도는 퇴직 전문 인력을 일본 경제산업성에 등록해 중소기업을 지원하는 사업이다. 기업에서 경영 애로점을 문의해 오면 정부와 중소기업 지원기관이 협력해 해결해 주는 지원 시스템이다. 신현역 매칭 지원은 대기업 은퇴 전문 인력의 노하우를 필요로 하는 중소기업에 연결해 기술개발, 생산 제조뿐 아니라 경영전략·기획, 판매·마케팅 분야의 경쟁력 향상에 도움을 준다.

일본이 하는 걸 우리라고 못 할 바 없다. 여건이 갖춰진 금융 퇴직자 활용부터 추진하는 게 순서일 수 있다. 실제로 당장 실무에 투입할 수 있는 전문 인력이 상당수 확보돼 있다. 전국 퇴직금융인협회가 양성한 금융해설사만도 천 명에 육박한다. 중소기업 경영지도사, 금융교육 강사, 컨설턴트 등의 인력풀도 탄탄하다. 이들을 잘만 활용하면 기업에 든든한 조력자가 되게 할 수 있다. 또 퇴직자에게는 '인생 2막' 설계의 기회가 돼 일거양득이다.

윤석열 정부의 출범을 계기로 차제에 금융 관련 제도와 서비스 운영에 대한 재검토가 필요하다. 여러 제도와 사업을 기관별로 제각각 시행하다 보니 효율이 떨어진다. 자금지원, 컨설팅, 멘토링, 상담, 교육사업 등을 연계·통합 운영하는 게 바람직하다. 학문의 기본에 충실하면서도 독보적인 성리학의 이론 체계를 완성한 이황처럼 말이다. 재미 삼아 사족을 달자면, 천 원권 지폐에 퇴계의 초상이 들어 있는 걸 보면 그도 전생에 금융과 인연이 꽤 깊었던 성싶다.

〈2022년 5월, 권의종〉

제2의 경제발전 5개년 계획 수립을

미국, 영국, 프랑스, 독일, 이탈리아, 캐나다, 일본. 주요 7개국 (G7)이다. 이들은 고도의 산업 및 경제전을 이룬 국가다. 그뿐 아니다. 이들은 국민의 발달 수준이나 삶의 질이 높은 나라이다.

최근에는 국민 소득, 교육 수준, 문맹률, 평균수명 등 인간의 삶과 관련된 여러 지표를 조사해 인간 발달 수준이 매우 높은 나라를 선진국이라고 부르기도 한다. 2020년 기준 인간개발 순위를 보면 노르웨이, 아일랜드, 스위스, 홍콩, 아이슬란드, 독일, 스웨덴, 오스트레일리아, 네덜란드, 덴마크, 핀란드, 싱가포르, 영국, 벨기에, 뉴질랜드, 캐나다, 미국 순이다.

한국은 오스트리아, 이스라엘, 일본, 리히텐슈타인, 슬로베니아에 이어 23위다. 이 개발지수에 따르면 한국도 선진국이라고 부를 수 있다. G7인 프랑스와 이탈리아가 각각 26위, 29위이기 때문이다.

경제협력개발기구(OECD) 회원국인 동시에 세계은행(World Bank)으로부터 고소득 국가로 선정된 국가는 2015년 기준으로 32개국이다. 한국은 여기에 역시 포함된다. 뉴스위크가 2014년 발표한 세계 최고 국가 30개국에도 한국이 들어 있다.

30개국은 핀란드, 스위스, 스웨덴, 오스트레일리아, 룩셈부르크, 노르웨이, 캐나다, 네덜란드, 미국, 덴마크, 일본, 독일, 뉴질랜드, 영국, 대한민국, 프랑스, 아일랜드, 오스트리아, 벨기에, 싱가포르, 스페인, 이스라엘, 이탈리아, 슬로베니아, 체코, 그리스, 포르투갈, 크로아티아, 폴란드, 칠레 등이다.

그러면 우리는 과연 선진국인가. 반도체와 조선 등 고도로 발전한 산업이 있고 1인당 국민 소득도 3만 달러를 넘은 만큼 선진국 반열에 들어섰다고 말하는 학자도 있다.

양극화 현상 심화로 중산층 쇠퇴

그러나 다수 국민은 우리가 선진국이라는 데 회의적이다. 양극화 현상이 심해지면서 중산층이 상당 부분 사라져 못사는 국민이 많아졌고 일자리가 늘지 않아 젊은이들이 결혼과 출산을 기피하는 사회이기 때문이다. 1인당 국민 소득은 늘어났으나 삶의 질이 높아졌다고 말하기 힘들고 인간다운 삶을 보장받지 못하는 국민이 많기 때문이기도 하다.

1987년 IMF 외환위기 때 다수 중산층이 몰락한 데 이어 2020년에 시작된 코로나19 위기로 다수 국민 삶이 팍팍해지면서 또 많은 중산층이 붕괴했다는데 이의를 제기하는 사람은 없다. 중산층이 두터워야 사회가 안정적이다.

그런데 극소수인 재벌 등 대기업 소유주와 의사 등만 잘 산다면 선진국이라 한들 무슨 의미가 있느냐는 것이 다수 국민 심정이다. 코로나19 위기로 중소상공인과 샐러리맨, 농어민 등 서민들 삶은 더욱 팍팍해진 것이다.

자살률 또한 우리가 선진국이라고 자부하는 것을 주저하게 한다. 우리의 자살률은 OECD 1위로 세계에서 최고 수준이다. 하루 평균 38명이 목숨을 끊는 것이 한국 사회 현실이다.(2019년)

젊은이들의 공직 선호 현상도 우리를 슬프게 한다. 전문가들에 따르면 대학생과 취업준비생 37%가 공무원 시험을 준비하고 있다는 것. 준비할 의사가 있는 젊은이를 합치면 거의 절반에 가깝다고 전문가들은 말한다. 공장과 실험실에서 연구와 생산을 하고 해외 현장에서 세일즈를 잘해야 잘살 수 있는 국가가 될 것이다. 그런데 청년들 다수가 공무원 시험 준비만 한다니 앞날이 걱정된다는 것이 전문가 해석이다.

그러면 선진국이 됐다는 자긍심을 가지려면 어떻게 하면 될까. 우선 교육 개혁이 필요하다. 우리 사회는 언제부터인가 부모의 부와 대학 시험, 각종 입사 시험 등 시험에 의해 미래가 좌우되는 사회로 변했다. 부모가 가난해도 능력이 있으면 사다리를 타고 올라갈 수 있도록 제도를 만들어야 한다.

성장률 3%대 올리는 국토 균형발전과 인구감소 방지 대책을

좋은 대학에 들어가야 출세할 수 있는 지금의 교육제도를 바

뛰야 한다. 시골에서 가난하게 태어났어도 능력이 있다면 돈을 벌 수 있고 능력이 있다면 출세할 수 있는 사회를 만들어야 한다. 실업자와 빈곤 노인 등에 대한 사회보장대책도 마련해야 한다.

다음으로 필요한 것은 정치개혁이다. 세계인들은 방탄소년단에 열광하고 축구선수 손흥민의 활약에 박수를 보낸다. 그러나 대화하고 협상해 국민이 잘 사는 데 힘쓰기보다 자신과 당의 이익을 위해 항상 다투고 서로를 욕하는 한국 정치에 점수를 주지는 않는다. 선거 제도 개혁 등 정치개혁을 통해 선진국에 걸맞은 정치를 해야 한다.

자타가 공인하는 명실상부한 선진국이 되기 위해서 가장 필요한 것 중 하나는 경제 성장이다. 대한민국의 1인당 국민 소득은 3만5천 달러(2021년)로 3050 국가(국민 소득 3만 달러 이상, 인구 5천만 이상)에 포함돼 아시아와 아프리카의 다수 국가는 우리의 경제 성장을 부러워한다. 그리고 대한민국은 이미 선진국 반열에 올랐다고 말하기도 한다.

그러나 선진국이 되기 위해서는 1인당 국민 소득이 4만 달러는 넘어야 한다는 것이 다수 경제학자 견해이다. 마침 오늘(10일) 윤석열 정부가 출범했다. 윤석열 정부는 빠른 시일 안에 제2의 경제발전 5개년 계획을 세워 2%대에 머무르던 경제성장률을 3%대로 끌어올렸으면 한다.

성장률을 3%대로 올리기 위해서는 국토의 균형발전과 인구감소 방지 대책 등을 마련하는 등 경제구조를 혁신해야 한다. 한국 경제의 지속적 성장을 가로막는 가장 큰 요인의 하나는 빈부격차의 심화인 만큼 빈부격차를 해소하기 위한 획기적 대책을 입안해 실시해야 한다.

〈2022년 5월, 정세용〉

한미 통화스와프 협정 체결을

테킬라는 멕시코 고유의 전통술이다. 멕시코 서부에 있는 할리스코주의 도시 테킬라(Tequila)의 이름을 땄다. 용설란의 일종인 아가이브 수액을 채취해 발효시킨 후 이것을 증류한 술이다. 용설란 줄기를 쪄서 분쇄한 뒤 즙을 짜 설탕, 효모를 넣고 발효시킨다. 이것을 여과한 뒤 2번의 증류를 거쳐 알코올 도수 40% Vol. 의 오드비를 만들어 낸다.

테킬라 중 최고로 꼽히는 테킬라 100% 아가베는 다른 명시가 없는 한 최소 51%의 용설란으로 만든 것을 의미한다. 블랑코나 실버는 따로 숙성 과정을 거치지 않고 병에 넣은 것이다. 골드 또는 호벤 오 아보카도는 참나무통에서 2개월 숙성시킨 것이다. 2개월~1년 숙성시킨 것은 레포사도, 2~10년간 숙성시킨 것은 아네호라는 명칭이 적용된다.

전통적으로 길고 좁은 글라스에 따라 서빙한다. 잔 받침에 라임 슬라이스와 소금을 곁들여 대조되는 향을 함께 즐길 수 있다. 마실 때는 왼손의 엄지와 검지 사이에 만들어지는 움푹한 곳에 소금을 올려 살짝 핥은 다음 술을 한 모금 마신다. 이어 동그랗게 썬 라임 조각을 빨아 먹는다. 원래는 지방 토속주로 고급술은 아니었다. 1960년 전후 세계적으로 유행한 '테킬라'라는 재즈에 의해 유명해졌다. 특히 1968년 멕시코올림픽을 계기로 세계 각국에 널리 알려졌다.

테킬라는 세계화에 성공했다. 미국에서도 가장 많이 소비되는 술로 자리매김했다. 미국 증류주협회(DSC)에 따르면 2021년 미국에서 테킬라의 시장점유율은 30.1%나 된다. 연간 매출액은 53억 달러, 우리 돈으로 자그마치 7조 원에 육박한다. 1970년 이후 1위 자리를 고수해온 보드카의 자리를 위협하는 정도다. 아직은 동유럽 원산의 증류주인 보드카가 점유율 42%로 수위를 지키고 있으나, 지금 추세라면 머잖아 순위가 역전될 수도 있다.

멕시코의 자존심 '테킬라', 외환시장의 오명(汚名)

멕시코의 자존심이자 상징어가 된 '테킬라'. 외환시장에서는 유명은커녕 오명(汚名)으로 인용된다. 1994년의 멕시코 경제위기 때문이다. 당시 심지에 불을 댕긴 건 미국의 가파른 금리 인상이었다. 미국 중앙은행(Fed)은 1994년 2월부터 1년 만에 6차례에 걸쳐 금리를 연 3%에서 6%로 두 배 올렸다. 달러 강세에 따른 자금 이탈이 멕시코의 금융 위기로 번졌다. 이런 현상을 두고 '멕시코의 전통술 테킬라에 취한 거 같다'해 '테킬라 위기'라 불리게 됐다.

테킬라 위기의 악몽이 재현되는 조짐이다. 미국이 자국의 인플레이션을 잡기 위해 기준금리를 올리고, 그에 따른 강(强)달러 현상으로 글로벌 금융시장이 흔들리고 있다. 최근 미국 중앙은행(Fed)은 통상적인 금리 인상 폭의 2배인 '빅스텝(0.5%포인트 인상)'을 밟았다. 올해 두세 차례 추가 빅스텝, 이른바 점보 스텝도 예고했다. 그러면 연말 금리 상단이 연 2.75%에 이른다. 연초 연 0~0.25% 수준이었던 미국 기준금리가 1년 만에 연 3% 선에 다가서는 것이다.

슈퍼 달러가 독주하는 양상이다. 미국의 통화 긴축에다 향후 경제 전망에 대한 불안감이 더해지며 달러 강세나 이어지고 있다. 유로화와 엔화는 물론이고 달러 대비 비교적 강세를 보이던 위안화마저 약세를 면치 못한다. 달러화의 '나 홀로 상승'이 장기화하면서 세계 경제와 금융시장에 어두운 그림자가 드리워지고 있다.

남 애기나 하고 있을 때가 아니다. 당장 내 코가 석 자인 상황이다. 우리 경제에도 이미 경고등이 켜져 있다. 한국 경제는 대외 개방 수준이 높아 환율이 급등하면 금융시장 변동이 커지고 수입 물가 상승으로 실물경제가 타격을 받는 구조다. 실제로 미국의 기준금리 인상 등 긴축 가속화, 중국 봉쇄령과 우크라이나 사태 장기화 등으로 경제에 위기감이 감돌고 금융시장이 요동친다.

미국 긴축과 달러 강세 대비해야

달러 대비 원화 가치가 끝없는 추락이다. 원·달러 환율이 1,300

원을 넘보고 있다. 금융 위기 여파가 남아있던 2009년 이후 13년 만에 가장 낮은 수준으로 곤두박질쳤다. 당분간 원화 가치가 더 하락할 거라는 관측이 무성하다. 외국인 투자자의 국내 증시 이탈이 계속되고 있다. 연속된 '셀 코리아' 강풍에 코스피가 2,500선대로 힘없이 주저앉았다. 2,500 붕괴도 시간문제라는 전망이 듣기 거북하다.

믿었던 무역수지마저 적자로 돌아섰다. 무역해서 먹고사는 나라에서 수입이 수출보다 많아졌다. 예삿일이 아니다. 수출로 벌어들인 외화로 수입에 필요한 외화를 감당치 못하는 상황에 이르렀다. 당장 외화 부족을 걱정해야 할 판이다. 보유한 외환도 넉넉지 않다. 국제통화기금(IMF)이나 국제결제은행(BIS) 등의 권고를 참조로 해 추산하면, 우리나라에 적정한 외환 규모는 6,810억 달러 수준이다. 현재 외환보유고는 4,493억 달러에 그친다.

대비를 서둘러야 한다. 미국이 긴축을 위해 기준금리를 올리는 것에 대응하여 우리도 금리 인상의 고육지책이 불가피하다. 부작용을 모르는 바 아니나 이를 따질 겨를이 없다. 외환위기 위험의 노출을 피하려면 외환시장 안정과 자본 유출을 막는 게 급선무다. 외화 유출을 방어할 보루를 쌓아야 한다. IMF로부터의 금융도 방법이나 마땅한 대안이 못 된다. 유리한 지원 조건을 얻어내기가 힘들 뿐더러 과거 금융 위기 때처럼 혹독한 구조조정 조건을 감내해야 한다.

그나마 현실적 대안은 한미 통화스와프다. 이도 쉽지 않다. 우리가 필요하다고 되는 게 아니다. 상대도 필요로 해야 한다. 미국은 글로벌 금융시장에 달러가 부족할 때 유동성을 푸는 수단으로 통화스와프를 이용했다. 지금은 미국이 유동성을 흡수하는 상황이라 가능성이 작게 평가된다. 미국과 상설 통화스와프를 맺은 나라는 유럽연합(EU)·일본·영국·스위스·캐나다 5개국뿐이다. 경위야 어찌 됐든 윤석열 정부가 풀어야 할 긴급 과제다. 테킬라 위기가 '막걸리 위기'로 재현되면 안 된다.

〈2022년 5월, 권의종〉

시장경제, 미래세대 기준의 부동산 정책을

원희룡 국토교통부 장관은 지난 16일 정부세종청사에서 열린 취임식에서 "정부 출범 후 100일 이내에 250만호+a의 주택 공급 계획을 발표하겠다"고 밝혔다.

윤석열 정부의 부동산 종합 정책은 규제 완화에 방점을 찍었다가 일부 지역 집값이 꿈틀하자 재개발·재건축 규제 완화를 내년 상반기로 미루는 등 규제유지로 신중 모드를 취했다. 그러나 6월 1일 지방선거를 앞두고 대선 공약(公約)을 지키지 않는다고 민심이 이반 하자 또 공급 확대로 선회하는 등 큰 틀이 맨날 바뀐다.

부동산 정책은 10년, 100년을 내다보고 만드는 정책이다. 정치 논리나 표심에 따라 바뀌면 안 되고 정책이 누구를 위한 정책인지 먼저 생각해야 하며 국민을 위해 정책을 만들어야 한다. 시세가 기준이 아닌 미래세대가 기준이 되어야 한다.

부동산 정책은 10년, 100년을 내다보고 만드는 대계…
시세를 보지 말고 국민을 보고 정해야

원 장관은 이날 "지역별·유형별·연차별 상세물량과 가장 신속한 공급방식을 포함한 구체적인 계획"이라며 특히 수요가 많은 도심 공급에 집중해 집값 안정의 초석을 마련하겠다고 강조했다. 시세를 보는 윤 정부는 문제가 적지 않다. 부동산 정책은 그때그때 시세에 따라 바뀌는 정책이 아니다. 부동산 정책은 공공성을 가지고 있다.

그러나 그 기준은 수요와 공급이 만나는 시장이 되어야 한다. 보이지 않는 손에 의해서 수요와 공급이 만나는 것이 가격이다. 그것은 정부가 정하는 것이 아니다. 부동산 정책은 가격을 보고 정하는 것이 아니라 국민을 보고 정하는 것이다.

원 장관은 집값 조금 오른다고 재개발·재건축 규제 완화를 내년 상반기로 미루고 "시장의 혼란을 방지하기 위해 마스터플랜을 수립해 질서 있게 실행해 가겠다"라고 말한다.

집값 오를 때마다 정책을 미룰 것인가? 1기 신도시 시민들만이 아니라 30년 이상 노후 아파트 사는 시민들은 녹물이 떨어지고 지붕이 무너지는 상황에서 재개발·재건축 규제 완화를 약속한 윤 대통령을 찍었다. 그런데 집값 오를까봐 약속을 지키지 않는다. 지금 당장에 집값 오르는 것이 10년, 100년 내다보고 주택정책을 만드는 것에 어떤 영향을 준다는 것인가?

윤 정부의 부동산 정책의 핵심인 250만 호 공급은 땅이 없어 불가능하다고 판단된다. 좋은 입지는 이미 다 개발되어 대규모 주택

　　　　　　　　　　　　윤석열 정부 지금

을 지을 대지(垈地)가 없다. 따라서 단기적으로 시세 올라가는 것이 두려워서 강남 등 살기 좋은 역세권 재개발·재건축 공급을 막으면 안 된다. 재개발·재건축지역은 단기적으로 시세가 오르는 것은 당연하다 생각하고 정책을 시행하는 것을 두려워하면 안 된다.

30년 이상 공동주택 안전진단 면제, 재건축초과이익 환수제 완화, 과도한 기부체납 방지 약속을 지켜야 일반 분양 세대가 늘어나고 재개발·재건축 용적률을 높여야 공급이 확대되어 250만 가구를 만들 수 있다. 단기적인 집값 상승이 있더라도 재개발·재건축 규제 완화를 속도감 있게 추진해야 한다.

표심 정책 아닌 다음 세대 위한 큰 틀의 정책을

윤 대통령은 LTV 생애 첫 주택 80%까지 완화하고 DSR 규제를 완화하여 20·30세대, 특히 신혼부부 세대들 그리고 사회초년생들이 주택을 사는 데 어려움이 없도록 해주겠다고 약속했다. 이들에게 보금자리를 만들고 결혼해서 아이를 낳고 육아를 할 수 있도록 해주겠다고 해놓고 약속을 안 지키고 있다.

지난 16일 원희룡 장관은 청년층과 무주택 가구를 위한 청년 원가 주택, 역세권 첫집의 사전청약을 조기에 추진하겠다고 밝혔다. "파격적·재정 금융지원, 청년 맞춤형 LTV·DSR 적용, 세제 혜택 등을 통해 기초자산이 부족한 청년도 내 집 마련의 희망을 가질 수 있도록 하겠다"라고 덧붙였다.

큰 틀이 맨날 바뀐다. 지방 선거를 목전에 두고 또 표심에 따라 정책이 바람에 흔들리는 갈대와 같으니 무엇을 믿으라는 것인가?

표에 따라 정책을 만들면 안 되고 다음 세대를 위해 정책을 만들어야 하며 국민을 위해 정책을 만들어야 한다. 윤 대통령이 청년층과 무주택 가구를 위해 DSR 규제를 푼다고 약속하여 표를 받아놓고 이제는 안 푼다고 한다.

문재인 정부가 만든 DSR(개인별 총부채 원리금 상환 비율) 규제, 현재는 전 규제지역 6억 원 초과 주택을 구매하거나 신용대출이 1억 원을 초과할 경우, 또 총대출액이 2억 원을 초과할 경우 개인별 DSR을 40%(시중은행 기준)로 제한하고 있다. 정부가 LTV 완화한다고 했지만 금융당국은 올해 7월부터는 개인별 총대출액 1억부터 강화되는 DSR 규제를 그대로 시행하겠다고 한다.

그러면 서민들은 대출이 안 나온다. 누가 혜택을 볼까? 오로지 현금 많은 부자만 혜택을 보는 것이다. 다음 세대를 위한 정책을 만들어야지, 부자들을 위한 정책을 왜 만드는가? 지금의 20·30 세대가 앞으로 안정적인 보금자리를 만들어야 출산하고 아이를 기를 수 있는데 20·30 세대에게 DSR로 대출을 막아놓으면 어떻게 집을 살 것인가? 그 사람들을 위한 정책을 만들어야 한다.

미래세대가 집을 못 사니 대출받아 주식에 올인하고 위험자산인 코인에 투자하고 있다.

부동산 정책은 시장경제가 상책

윤 정부의 오락가락 부동산 정책이 언제 끝날지 걱정된다. 속도 조절 내세우다 또 공급 드라이브 정책으로 다시 바뀌었다. 규제 완화 드라이브에서 규제 강화 드라이브 지금은 또 공급 드라이브, 규제 완화 신중론에서 공급 확대 선회, 집값 하향 안정화 정책에서 또 갈팡질팡한다.

부동산 정책은 시장경제에 맡기면 된다. 자율적으로 수요와 공급에 의해 다 조절이 된다. 과포화되고 과매수가 되고 혹은 공급이 늘고 수요가 줄고 이런 현상들이 다 알아서 보이지 않는 손에 의해서 가격까지 다 조절이 된다. 공급이 부족하면 가격이 오른다. 이러면 민간건설업자들은 이때다 싶어서 공급을 늘린다. 모든 것은 시장이 알아서 만들어준다.

윤 정부 부동산 정책의 문제는 원칙이 없다는 것이다. 시장에서 모든 것을 결정해야 한다는 원칙, 시장경제에 대한 원칙이 없다는 것이다. "정부가 모든 것을 결정해야 하고 정부가 모든 것을 통제할 수 있다. 정부가 집값을 좌지우지할 수 있다"라는 망상에서 빨리 벗어나야 한다. 시장경제가 가장 효율적이라는 것을 윤 정부는 빨리 깨달아야 한다.

전 세계의 선진국 국민은 민간의 자율로 모기지를 통해 집을 산다. 정부에서 임대주택을 공급해주는 것이 아니다. 사람에게 최고의 복지는 주거 안정이다.

미래의 현금 흐름을 감안하여 20·30 세대인 미래세대에게 내 집을 마련할 수 있도록 해주어야 한다. 다음 세대를 위해 역세권에 살기 좋은 곳에 용적률 높여 공급을 확대해주고 대출 규제를 완화하여 안정적인 보금자리를 마련할 수 있도록 지원해주어야 한다. 그래야 세계 최저 출산율을 극복하고 적절한 인구증가를 통한 지속적이고 안정적인 경제활성화를 도모할 수 있을 것이다.

〈2022년 5월, 송인석〉

경제효율 저해 주범, 구조적 요인 제거를

윤석열 정부는 경제에 관심이 지대하다. 6·1 지방선거 결과 수용이 겸허하다. 경제를 살리고 민생을 더 잘 챙기라는 국민의 뜻으로 받아들였다. 첫째도 경제, 둘째도 경제, 셋째도 경제라는 자세로 민생안정에 진력할 것을 밝혔다. 선거 승리로 확인된 민심을 발판 삼아 경제 개혁에 속도를 낼 걸로 보인다. 어려운 경제를 살리려는 뜻이 실로 가상하다. 말만 들어도 든든하다.

당면한 경제 현실이 지난(至難)하다. 경제의 활력을 되살린다는 게 말처럼 쉽지 않다. 지금 상황이 역대 어느 정부 때 못지않다. 대내외 난제들이 즐비하다. 물가와 금리, 환율이 동시에 오르는 '3고(高)'의 복합위기를 맞았다. 재정과 무역에서 쌍둥이 적자가 출현했다. 빚은 태산과 같다. 지난해 말 가계부채가 1,962조 원, 2013년 대비 2배 수준이다. 국가채무는 967조 원으로 2008년보다 3배가 넘는다.

대외변수도 위협이다. 글로벌 공급망 대란으로 경기 둔화가 이어지는 와중에 물가가 뛰고 있다. 경제학에서 가장 두려운 존재인 스태그플레이션이 현실화하고 있다. 여기에 우크라이나 사태 장기화, 미국의 '빅스텝' 금리 인상, 중국의 방역 봉쇄 충격 등의 악재까지 가세한 형국이다. '퍼펙트스톰' 위기라는 표현이 결코 과장이 아니다. 대통령도 경제가 '태풍 위기권'에 들어섰음을 작심 경고한 상황이다.

다들 걱정만 하고 있지, 뚜렷한 대안이나 대책이 보이지 않는다. 호떡집에 불이 났는데도 불을 끄려는 사람이 보이지 않는 꼴이다. 고민이야 당연히 필요하겠으나 고민만 하고 있을 때가 아니다. 위기가 대외적 요인에 기인한지라 뾰족한 수가 없다는 무책임한 발언이나 하고 있다. 속수무책으로 당하고 있을 수밖에 없다는 말이나 다름없다. 그럴수록 해법을 우리 경제 내부에서 찾아야 하는 게 책임 있는 정부의 지혜로운 접근일 것이다.

위기가 대외적 요인에 기인, 뾰족한 수 없다는 발언은 무책임의 극치

상황이 상황인 만큼 비상 상황에는 비상 대응을 해야 한다. 그러면서 다른 한편으로는 경제 효율을 저해하는 비효율, 불공정, 무능력 등 구조적 요인을 찾아내 고쳐야 한다. 이를 그대로 둔 채 경제 활성화나 체질 개선을 위한 아무리 좋은 정책을 시행한들 효과를 거둘 수 없다. 밑 빠진 독에 물 붓기가 되고 만다. 사안의 경중완급(輕重緩急)을 따져 정권 초기에 시행할 '버킷리스트'를 만들어 추진하는 것도 하나의 방법이리라.

공공부문 개혁이 급선무다. 그동안 공공기관 비대화와 생산성 저하, 방만 경영에 대한 우려가 꾸준히 제기돼 왔다. 공기업이 공(空)기업 됐고, 금융은 관치에 찌든 지 벌써 오래다. 국민 부담을 덜어주고 양질의 공공 서비스를 제공하기 위해서는 공공기관의 체질 개선과 혁신 노력이 더없이 절실하다.

노동개혁도 필수적이다. 산업 경쟁력을 높이고 더 많은 일자리 창출에 주안점을 둬야 한다. 경직적인 노동법 개정과 제도개선으로 노사의 자율성과 선택권을 넓혀야 한다. 공정한 채용 기회와 임금체계를 확립해 노동시장의 공정성을 높여야 한다. 주 52시간제 보완 등 노동시장유연화도 추진해야 한다. 중대재해 처벌법 완화와 노조 파업 시 대체근로를 허용하는 등으로 경영 여건 개선도 필요하다.

연금개혁도 더는 미룰 수 없다. 국민연금뿐 아니라 공적 연금 전반에 걸쳐 포괄적 개혁을 서둘러야 한다. 사회적 합의를 통해 지속 가능한 공적 연금 시스템을 서둘러 만들어 내야 한다. 공정연금개혁위원회를 설치해 보험료율과 연금 지급 연령, 가입 기간, 적정소득대체율, 기금운용 체계 등 변수를 원점에서 재검토에 나서야 한다.

공공·노동·연금·교육·세제·규제 개혁 등 6대 과제 차질 없이 추진해야

교육 개혁도 시급하다. 초중고교 기초학력 강화 및 디지털 인재 양성에 정책 역량을 집중해야 한다. 학생들에게 기술 진보 수준에 맞는 교육을 공정하게 제공하는 데 초점을 둬야 한다. 문제

윤석열 정부 지금

해결에 필요한 정보와 데이터를 발굴하고 활용하는 방법, 이를 통해 가치를 창출하는 창의적인 교육이 공교육을 통해 이뤄지게 해야 한다. 고교체제와 대입전형 개편, 교육재정교부금 등에 대한 개선도 요구된다.

세제 개혁도 빼놓을 수 없다. 종합부동산세와 재산세 등 주택보유세를 포함한 부동산 세제 전반에 걸친 개편과 정상화가 절실하다. 법인세율 인하, 상속·증여세 부담 완화, 금융투자 세제 개편 등도 현실에 맞게 조정해야 한다. 이 밖에도 가계부채 대응 방안을 마련하고, 재정건전성 강화를 위한 재정 준칙 도입도 새 정부가 추진해야 할 핵심 과제다.

규제개혁도 속도를 내야 한다. 대통령이 불필요한 규제 철폐를 공언했다. 국무총리가 기업의 규제 애로사항을 찾아내 덩어리 규제를 집중적으로 없애기 위한 민·관 합동의 규제혁신추진단을 구성을 밝혔다. 대통령에게 규제혁신 전략회의를 주재해달라고 요청했고, 대통령이 긍정적으로 검토해보겠다고 답했다. 제발 그렇게 되기를 바라는 마음 간절하다.

개혁 목록을 뽑아 놓고 보니 공교롭게도 대부분이 지난 정부가 한 일들이다. 적폐 청산한답시고 적폐를 양산한 셈이다. 잘못은 애당초 안 해야지 이미 한 잘못을 고치는 건 몇 배 더 힘이 든다. 시간 낭비, 돈 낭비, 에너지 낭비가 막심하다. 하려 해도 쉽게 되지도 않는다. 다수 의석을 가진 야당의 협치가 필요하다. 소뿔도 단김에 빼랬다고 정권 초기에 못 하면 임기 내 영영 못 할 수 있다. 위기 극복은커녕 위기에 정복당할 수 있다.

〈2022년 6월, 권의종〉

한계기업 정리 및 금융회사 지원 특별법을

장마철이다. 올 장마는 7월 중순까지 이어질 거라는 예보다. 2년 전 겪은 수해의 악몽이 불현듯 머리를 스친다. 2020년 8월. 이틀 동안 4백 밀리미터의 기록적인 폭우로 섬진강 지류인 서시천 둑이 무너지며 전남 구례읍이 물에 잠겼다. 7백여 가구가 침수되며 약 천8백억 원 피해가 났다. 수해 후 섬진강 홍수위만큼 둑을 높이고 배수장을 설치하는 대책을 추진했으나 아직도 공사 중이다. 올 장마도 조마조마하다.

둑은 정작 다른 곳에서 터지려 한다. 금융 부문이다. 우리 경제의 가장 취약한 고리인 소기업과 자영업자에 대한 대출에서 부실 공포가 커지고 있다. 코로나19 여파가 지속되고 경기 침체가 이어지는 가운데 자영업자·소상공인 금융지원책이 종료되고 기준금리 인상 기조가 계속되고 있기 때문이다.

한국은행이 발표한 '2022년 상반기 금융안정보고서'에 담

윤석열 정부 지금

긴 내용이 섬찟하다. 올해 3월 말 현재 자영업 대출 잔액이 960조 7,000억 원에 이른다. 코로나 팬데믹 직전인 2019년 말보다 40.3% 늘었다. 전 분기와 비교해도 60조 원가량 증가한 수치다. 이 가운데 3개 이상 은행에서 대출받은 저소득·저신용 자영업자에 대한 대출 규모만도 88조 8,000억 원. 이런 취약차주가 31만 6,000명으로 전 분기 대비 3만 명 넘게 불어났다.

정부는 2020년 이후 소상공인·자영업자의 채무 상환 부담을 덜어주는 정책을 펴왔다. 은행이 대출 만기를 연장하고 원리금 상환을 유예하게 했다. 대출의 원금은 물론 이자를 2년 동안이나 못 받게 했다. 누가 봐도 명백한 관치(官治). 세계 금융사(史)에서 유례를 찾기 드문 예다. 사상 최대 돈 잔치를 벌이는 금융회사들로서는 솔직히 입이 있어도 감히 토를 달기 어렵다.

경제의 약한 고리, 소기업·자영업자 부실 위험

한은 보고서에 따르면, 자영업 가구의 채무 상환 부담을 나타내는 총부채원리금상환비율(DSR)이 최근 들어 낮아졌다. 하위 30% 저소득 자영업 가구의 DSR은 작년 말 기준 38.8%. 정부의 금융지원이 없다고 가정했을 땐 43.4%로 추정됐다. 이도 잠시. 내년부터는 자영업자 채무 부담이 늘 거라는 관측이다. 한은이 시나리오 분석을 통해 점검한 결과, 전체 자영업자의 DSR은 내년에는 46.0%로 올해보다 7.5%포인트 증가할 것으로 추산됐다.

특히 저소득 자영업 가구를 중심으로 채무 부담이 크게 늘 것으로 전망됐다. 하위 30% 저소득 자영업 가구의 DSR은 올해

34.5%에서 내년 48.1%로 13.6%포인트 늘어날 거라는 예상이다. 중소득 가구 47.8%, 상위 30% 고소득 가구 44.4%보다 DSR 증가 폭이 크다. 저소득 자영업자 대출 부실이 심화하면 이들에 대한 대출 비중이 높은 비은행 금융권의 연쇄 부실로 이어질 공산이 크다.

둑이 무너지는 걸 막는 방법은 크게 2가지. 하나는 둑 안의 물을 방류해 수위를 적정수준 이하로 낮추는 일이다. 또 다른 하나는 둑을 보강해 담수 능력을 키우는 것이다. 이런 이치는 금융에도 한 치 오차 없이 적용된다. 전자의 경우가 회생 가망이 없는 한계기업을 정리하는 구조조정이라 한다면, 후자의 경우는 은행의 부실 흡수 능력을 키우는 일이다.

소기업과 자영업자에 대한 금융지원 정책의 방향 전환이 시급하다. 기존의 유동성 지원 중심에서 채무 이행 지원 중심으로 바꿔야 한다. 여태까지처럼 자금지원을 계속했다간 큰일 난다. '터진 둑에 물 대기' 식이 되고 만다. 금융지원 조치를 단계적으로 줄이면서 채무 상환 능력이 낮은 한계기업에 대해서는 채무 재조정, 폐업 지원, 사업전환 유도 프로그램 등으로 출구를 터줘야 한다.

한계기업은 정리하고, 대손충당금은 더 쌓고

상황이 상황인지라 한계기업 정리는 피할 수 없다. 그것도 빠르면 빠를수록 좋다. 금융감독원이 국회에 제출한 자료를 보면, 5대 시중은행 중소기업 대출 215조 원의 27%인 58조 원이 부실 우려 대출로 분류됐다. 영업이익으로 금융비용도 감당치 못하는 기업이 5만여 개에 이른다. 이런 한계기업 1곳당 평균 대출액이 10억 원이 넘는다. 이런 상황을 내버려 뒀다간 결국은 잠재 위험이 폭발하고 말 것이다.

기업 부실이 금융회사 부실로 번지는 걸 막아야 한다. 금융회사가 대손충당금을 더 많이 쌓게 해야 한다. 국내은행은 그동안 이자 장사로 손쉽게 돈을 벌면서 대손충당금 적립 등 위험 관리에는 소홀했다. 국내은행의 대손충당금 적립은 미국 은행의 20%에 그친다. 국내 4대 은행의 총대출 대비 충당금 비중을 뜻하는 대손 비용률은 0.02~0.03%로, JP모건 0.10%의 5분의 1 수준이다. 대손충당금은 미래에 발생할 손실에 쓰기 위해 은행이 미리 쌓아두는 돈이다.

정부가 부실 우려 금융회사에 대해 선제적으로 자금을 지원하는 방책도 함께 세워야 한다. 국내 금융사들의 위험 수준이 아직은 관리 가능하다고 안심해선 안 된다. 위험수위는 한순간에 높아진다. 특히 취약차주가 많은 비은행 금융권의 부실에 대비해야 한다. 빠르고 효율적인 시행을 위해서는 '한계기업 구조조정 및 금융회사 지원'에 관한 특별법을 만들 필요가 있다.

둑은 약한 곳에서부터 터진다. 그리고 한 곳이 터지면 순식간에 둑 전체가 무너지고 만다. 과중한 부채가 경제 파탄 도미노의 시작점이 된다는 건 경제의 초보적 상식이다. 가계와 기업이 빚에 무너지면 금융이 부실해지고, 금융이 부실해지면 나라 경제가 흔들리게 마련이다. 위기 대응에도 다 때가 있는 법. 실기했다간 호미로 막을 것을 가래로도 못 막는다. 모든 게 허사가 되고 나서 땅을 치며 후회한들 무슨 소용이랴. 북핵보다 무서운 게 '빚핵'이다.

〈 2022년 7월, 권의종 〉

과도한 기업 상속세, 법인세율 인하를

작년에 매스컴을 도배했던 기사 하나를 소환한다. "2021년 4월 30일 이건희 전 삼성전자 회장의 보유 주식을 포함한 재산 상속안(案)이 확정 발표됐다. 상속세만 12조 원 이상으로 추정되며, 삼성 오너들은 5년 동안 6차례에 걸쳐 상속세를 분할납부하는 방식을 선택했다."

너무 높은 상속세율

앞서 삼성의 예를 들었지만, 과도한 상속세율은 특정 기업에 국한된 문제가 아니다. 어느 기업이든 때가 되면 경영권 승계를 시도하기 마련이다. 이때 상속세가 걸림돌이 된다. 이 때문에 상속을 포기하고 기업을 처분하는 경우까지 생긴다. 그리되면, 기업의 계속성을 해치고 경영 의욕을 꺾는 결과를 초래한다. 오너의 입장에서는, 평생을 피땀 흘려 키운 기업을 자녀에게 물려주지 못한다면 억울할 것이다.

우리나라의 상속세, 증여세율이 선진국들에 비해 현저히 높은 수준이라는 것은 이미 알려진 사실이다. 한국경영자총협회(경총)가 7월 2일 발표한 자료에 따르면, 한국의 직계비속 상속세 명목 최고세율은 60%로 OECD 최고 수준이다. 공제 후 실제 부담하는 상속 세액도 분석 대상인 54개국 중 두 번째로 높은 것으로 나타났다.

미국과 영국이 40%이고, 독일이 30%라는 점만 보아도 우리나라의 상속세율이 얼마나 가혹한지 알 수 있다. 13개국은 상속세가 아예 없었다. 이런 분석을 접하면서, 대부분의 나라들이 왜 우리와 다른 길을 가는지를 주의 깊게 들여다볼 필요가 있다는 생각이 든다.

한국에서만 올라가는 법인세율

경제발전에 따라 국가 경제 전체에서 법인 기업이 차지하는 비중이 날로 커지고 있다. 그에 따라 전체 재정 수입 중에서 법인세가 차지하는 비율도 상당하다. 이처럼 법인세는 국가 재정의 주요한 수입원이며, 오늘날 자본주의 국가의 조세 중 가장 중요한 세목(稅目) 중의 하나가 되고 있다.

소득 있는 곳에 세금이 따르는 것은 지극히 당연하다. 그것은 기업에도 마찬가지다. 그들도 돈을 벌었으면 합당한 세금을 내야 한다. 문제는 세율이다. 그동안 정부가 손쉬운 세수 확보를 위하여 만만한 기업들을 닦달한 측면은 없었는지 냉철하게 돌아볼 필요가 있다. 그로 인해 기업활동이 위축되었다면 지금이라도 이를 바로잡아야 할 것이다.

우리나라 법인세율은 2014년 22%에서 2018년에 25%로 3% 포인트 높아졌다. 같은 기간 미국이 35%에서 21%로 14% 포인트나 대폭 인하한 것과는 비교가 된다. 물론 프랑스(33.3%)나 호주(30%)처럼 높은 법인세율을 유지하는 국가가 전혀 없는 것은 아니다. 하지만 현재 세율보다 추세가 더 중요하다. OECD 주요 국가들의 평균 법인세율이 해당 기간에 22.6%에서 21.5%로 내렸다는 사실을 감안할 때, 한국의 법인세율 인상은 분명 이례적이다.

경총에 따르면 현재 우리나라 법인세 최고세율 25%는 OECD 38국 중 여덟째로 높은 수준이다. 때문에 경제단체와 기업들은 기회 있을 때마다 법인세 인하를 요구하고 있다. 나아가 반도체나 배터리 같은 미래 산업이나 R&D 등에 대한 특별 세액공제, 감세 조치 등에 관해서도 새 정부의 결단을 고대하고 있다.

세제 개혁 입법부터 서둘러야

최고 수준의 자국 기업을 얼마나 보유하느냐는 국가 경쟁력을 좌우하는 중요한 요소다. 대만을 보라. 중국의 전방위적 위협에 상시 노출되어 있는 작은 섬나라지만, 그들이 이만큼이라도 버티는 데에는 TSMC의 존재를 무시할 수 없다. 그 기업이 반도체 생산시장에서 차지하는 비중이 워낙 막강하기 때문이다. 최근에 세계 유수의 반도체 기업 총수들이 너나 할 것 없이 네덜란드에 뻔

질나게 드나들며 공을 들이는 이유도 ASML 때문이 아니겠는가?

국내 사정은 어떤가? 다행스럽게, 우리에게도 세계적으로 인정 받는 몇몇 기업들이 존재한다. 그들은 예상을 뛰어넘는 경이로운 성장을 보여줬다. 덕분에 우리나라는 특정 분야에서 세계 최고의 기술과 생산력을 보유한 국가가 되었다. 한데도 그 기업들이 그동안 합당한 대우나 지원을 받았는지는 회의적이다. 새 정부가 해야 할 일은 그들이 더욱 강력한 기업으로 성장할 수 있도록 지원하는 일이다.

정부가 기업을 도와주는 방법 중 가장 눈에 띄는 조치가 세제지원이다. 가혹한 세율을 낮추어 현실화하는 것이다. 적어도 경쟁 대상인 선진국들에 근접하는 수준으로 세율이 조정될 필요가 있다. 어느 특정 기업이나 업종을 골라 명백한 특혜를 주어서는 안 되겠지만, 그들이 치열한 경쟁에서 살아남기 위해 전력투구할 때 세금 문제로 발목을 잡아서는 안 된다는 얘기다.

새 정부는 기업활동을 억제하는 각종 규제를 타파하겠다고 약속했다. 그중에서도, 눈앞의 경제위기를 극복하고 기업의 투자 활력을 회복하기 위한 세제개혁 입법이 시급하다. 물론 시행 전에 전문가들의 의견을 경청하고 충분히 검토해야 할 것이다. 하지만 지나치게 좌고우면하다가는 결정적 시기를 놓칠 수 있다.

새 정부의 결단으로 기업들이 세금폭탄에서 벗어나 경영활동에 한층 매진한다면, 그들이 입은 혜택보다 훨씬 크게 국가 경제 발전에 이바지할 것이다.

〈2022년 7월, 나병문〉

윤석열 정부 지금

최저임금 산출기준 '들쭉날쭉' 법 시정을

산고 끝에 옥동자가 태어났다. 내년 최저임금이 5.0% 오른다. 최저임금위원회는 2023년 최저임금을 올해보다 460원 오른 시간당 9,620원으로 결정했다. 올해 인상률 5.1%와 비슷하다. 노사 모두 불만이다. 민주노총 소속 근로자위원 4명은 표결을 거부했다. 치솟는 물가에 5.0% 인상은 사실상 실질임금 하락이나 다름없다는 주장을 폈다. 사용자위원 9명도 영세 중소기업과 소상공인이 감당하기 어려운 수준이라며 표결 선포 직후 전원 퇴장했다.

표결은 나머지 근로자위원인 한국노총 소속 5명과 공익위원 9명, 기권 처리된 사용자위원 9명을 의결 정족수로 했다. 찬성 12표, 반대 1표, 기권 10표로 가결했다. 공익위원들이 단일 안을 제시하고 노사 일부가 반발하며 퇴장하는 식의 파행은 이번이 처음은 아니다. 올해를 포함 최근 10년간 공익위원 안이 표결에 부쳐진 게 벌써 일곱 번째다. 노사 대립 구도에서 정부 추천받은 공익위원들이 최저임금 결정에 있어 '캐스팅보트' 역할을 해온 셈이다.

기준이란 일관성과 예측 가능성이 있어야 맞다. 최저임금 인상은 전혀 그렇지 못하다. 매년 기준이 들쭉날쭉 제멋대로다. 내년도 인상률 5.0% 산출 근거만 봐도 허술하기 짝이 없다. 올해 경제성장률 전망치 2.7%에 소비자물가상승률 전망치 4.5%를 더하고, 취업자증가율 전망치 2.2%를 뺀 수치라 한다. 그렇게 쉽게 산출할 거면 구태여 노·사·공 최저임금위원회 구성조차 필요 없어 보인다.

얼마를 올릴지 미리 정해놓고 거기에 꿰맞춘 듯한 인상이 짙다. 그래 놓고도 공익위원들은 한치 거리낌이 없다. 현 상황에서 가장 합리적인 방안이라 당당하게 주장한다. '현 상황'을 강조하는 걸 보면, 2년 연속 사용해온 이 계산식이 내년에도 쓰일지는 미지수다. 모르면 몰라도 그때 가서 사정이 여의찮으면 또 다른 산식을 꺼내 들 공산이 크다.

최저임금 인상은 '인력 감원', '근로시간 단축' 파급

최저임금법에도 충실치 못하다. 최저임금 결정 기준으로 근로자 생계비, 유사 근로자 임금, 노동생산성, 소득분배율 등을 규정한 제4조1 내용과도 괴리가 있다. '전망치'를 기준으로 한 것도 논란거리다. 경제 상황과 측정하는 시점, 주체, 기간별로 달라지는 변동치를 기준으로 한 건 적절치 못하다. 통계적 오류도 눈에 띈다. 3가지 기준 지표들은 상호배타적이 아니라 상호 연결돼있다. 변수 간 중복 영향을 제거하지 않고 원 수치를 그대로 사용하면 오류가 생긴다.

최저임금은 인상 폭 그 자체보다 인상에 따른 파급효과가 더 위협적이다. 중소기업중앙회와 경총이 최저임금 근로자를 고용하는 중소기업 600개 사를 대상으로 한 의견조사 결과가 이를 잘 말해준다. 내년도 최저임금 인상 시 대응 방법으로 '신규 채용 축소' 36.8%, '기존 인원 감축' 9.8% 등 고용을 줄일 거라는 의견이 46.6%에 달했다.

소상공인연합회 조사 내용은 더 심각하다. 소상공인 65.7%가 최저임금 인상 시 대처 방안으로 '기존 인력 감원', '근로시간 단축' 등 일자리를 줄이겠다고 응답했다. 실제로 경영난에 시달리는 소기업이나 영세업자가 임금을 올려 주려면 기존 일자리를 줄이는 수밖에 없다. 아생연후살타(我生然後殺他)라는 바둑의 격언처럼 기업이 먼저 살고 봐야 근로자를 고용하고 임금도 올려 줄 수 있다. 당장 내 코가 석 자인 상황에서 근로자의 사정을 헤아리긴 어렵다.

정작 주목할 점은 따로 있다. 최저임금도 못 받는 근로자 수가 증가일로다. 2001년 57만여 명이던 2018년 311만여 명, 2021년 321만여 명으로 계속 300만 명을 웃돌고 있다. 2010~2015년엔 11%대를 유지하던 최저임금 미만율도 최저임금이 8.1% 올랐던 2016년 13.5%로 급등했다. 2018년에는 15.5%, 2021년 15.3%로 여전히 줄지 않고 있다. 이 비율이 농림어업은 55%, 음식·숙박업은 40.2%에 이른다.

파행과 졸속 심의, 최저임금위원회 결정 방식 재고를

이런 일련의 현상은 최저임금이 고용주인 기업의 지급 능력을 넘어서고 있음을 여실히 방증한다. 중소기업과 영세 상공인, 자영업자들이 최저임금 동결을 호소하는 이유가 바로 여기에 있다. 어찌 됐든 최저임금은 해마다 그것도 크게 올랐으나, 최저임금 미만 근로자 수가 갈수록 늘고 일자리는 날로 주는 현실은 아이러니다. 최저임금의 역설이다.

최저임금을 올리면 일부 근로자는 혜택을 보는 건 맞다. 그런데 취업 준비자와 저숙련 근로자 등 취약계층에는 되레 손해가 되는 현실이 안타깝다. 실제로 일자리가 없어지거나 줄어들면 임금이 올라 봐야 아무런 소용이 없다. 고물가로 임금 인상 요인이 커진 것도 사실이다. 하지만 지금은 고물가만 문제가 아니다. 성장, 투자, 고용 사정이 하나같이 심각하고 무역과 재정 적자 또한 위태롭다.

최저임금 결정 방식에 대한 제도개선이 긴요하다. 반발과 퇴장 등의 파행이 반복되고, 속전속결식 졸속 심의가 일상화된 현행 위원회 결정 방식은 한계를 드러냈다. 어떤 형태로든 손을 봐야 한다. 그렇다고 그간의 경과가 다 허사라는 얘기는 아니다. 오히려 지금까지의 경험과 학습 효과를 토대로 더 투명하고 합리적인 방안을 찾는다면 그만한 전화위복이 없다. 최저임금법 개정이 시급한 이유다.

대립이 극명한 사안에 정답이 있을 리 없다. 더구나 지금은 당면한 경제 상황마저 엄중하다. 기업경영이 힘들고 근로자 삶 또한 고단하다. 다들 힘든 마당에 자기주장만 고집했다간 공멸의 위기에 처할 수 있다. 지금 우리의 처지는 어찌 보면 오월동주(吳越同舟) 신세나 다름없다. 서로 반목보다는 공통의 곤란과 이해에 대한 협력이 긴요한 때다. 각자 조금씩 양보하고 고통을 분담하면 공존공영을 이룰 수 있다. 근로자도 살고 기업도 살고 경제도 살아날 수 있다.

〈2022년 7월, 권의종〉

종부세법, 입법 취지대로 개정을

더불어민주당에 따르면 '종합부동산세'의 명칭을 '국토균형세'로 변경하는 내용의 종부세법 개정안 발의를 논의 중이라고 한다. 종부세란 명칭이 징벌적 세금이란 부정적인 이미지가 강한 점을 고려해 지역 균형 발전 취지를 강조한 국토균형세로 바꾸겠다는 설명이다.

더불어민주당 정책위 관계자는 "명칭 외에 법 내용상 실질적인 변화가 있는 것은 아니다"라고 전했다. 반면 국민의힘 측은 "이것은 '이름 세탁'에 불과하다"며 깎아내렸다.

임형빈 국민의힘 상근부대변인은 논평을 통해 "노무현 정부 시절인 2005년 만들었던 종부세 명칭을 17년 만에 바꾸겠다는 것"이라며 "문재인 정부는 2019년 다주택 중과를 도입했고 2020년에는 세율을 구간별로 최고 두 배까지 높였다"면서 "아마추어적인 부동산 정책으로 인해 수도권을 중심으로 집값이 천정부지로 올랐고 이로 인해 종부세 과세 대상자가 2021년 기준 101만 명까지 증가했다"라고 목소리를 높였다.

이어 "종부세 폐지에 대한 의견은 민주당 내부에서도 나오고 있기에 민주당은 종부세의 '이름 세탁'이 아니라 문재인 정부의 '부동산 정책 29전 29패'에 대한 진정성 있는 사과와 반성부터 해야 한다"고 강조했다.

다주택자에 대한 징벌적 세금을 피해 집값 상승을 유도하는 '똘똘한 한 채'만 선호하는 현실이다. 서울 강남에 20억 원짜리 한 채를 보유한 집주인보다 지방에 10억 원짜리 두 채를 가진 소유주의 종부세가 더 많은 불합리한 현재의 '종합부동산세제'는 원래의 세제 도입 취지에 맞게 개정해야 한다.

종부세 과세 기준주택 가격으로 원상 복귀를

현행 종합부동산세는 주택 수와 주택가격에 따라 세율을 다르게 적용한다. 종합부동산세 과세 기준은 2005년 도입 후 줄곧 주택가격이었다가, 문재인 정부가 2019년 주택 수를 섞는 식으로 고쳤다.

이명박·박근혜 정부 시절 주택 수와 무관하게 0.5~2%였던 종부세 세율은 문재인 정부 들어 1주택자 0.6~3.0%, 조정대상지역 2, 3주택자 이상 1.2~6.0%로 크게 강화됐다. 문재인 정부는 투기 차단, 공평 과세 차원에서 다주택자에게 더 무거운 세금을 부과했지만 '불합리한 변화', '징벌적 세금'이라는 불만도 적지 않았다

아울러 문재인 정부가 다주택자의 세 부담을 늘리고 1주택자에

주는 혜택은 확대함에 따라 강남 등에 이른바 '똘똘한 한 채'를 가지려는 수요가 커졌고, 결과적으로 집값이 높은 지역의 가격 상승을 유발하는 등 집값 안정화에 도움이 되지 않았다.

예컨대 만 60세 은퇴자에 대한 종부세 비교를 하기 위해 2022년 3월 문재인 정부의 종부세 과세 기준을 적용하면 서울 강남에 20억 원짜리 한 채를 보유한 집주인보다 지방에 10억 원짜리 두 채를 가진 소유주의 종부세가 더 많다.

강남 집이 20억 원짜리 공시가격 14억 원이라면 1가구 1주택 공제금액 11억, 만 60세 이상 연령 공제 30% 등을 통해 약 98만 원의 종부세를 내면 되지만, 지방의 10억 원짜리 두 채를 가진 60세 은퇴자는 공제금액 6억 원 외에 2주택 가산세율이 적용되어 5배 이상인 515만 원을 납부해야 한다.

당연히 수도권에 집값 비싼 '똘똘한 한 채'를 소유하지 누가 지방에 다주택을 소유하겠는가. 청년세대의 내 집 마련 사다리 역할을 하던 전·월세 임대사업자에 대한 혜택을 다 없앴는데 말이다.

따라서 새 정부는 종합부동산세 과세 기준을 주택가격으로 원상 복귀해야 한다. 종합부동산세를 주택 수가 아닌 가격으로 산정해야 한다. 조세형평의 원칙에 따라 1주택자와 다주택자 간 세 부담 차이를 없애야 한다. 그래야만 종부세의 목적인 집값 안정화에 기여할 수 있다.

종합부동산세 단일 누진세율로 전환을

새 정부는 종합부동산세를 '단일 누진세율'로 전환해야 한다.

다주택자에 중과세율을 적용하지 않고 2018년 당시처럼 주택가격에 따라 0.5~2.0%의 세율을 적용해야 한다.

다만 급격한 변화에 따른 혼란을 막기 위해 먼저 2019~2020년 당시 적용됐던 약한 누진세율 체계(2주택 이하 0.5~2.7% / 3주택 이상 0.6~3.2%)로 전환한 후 단일 누진세율 체계로 단계적으로 개편하는 방안이 전문가들 사이에서 나온다는 점을 고려할 필요는 있다.

과세금액 기본공제에도 1주택자와 다주택자 간 차이를 없애거나 최소화해야 한다. 종부세 운영을 주택가격 기준으로 전환하게 된다면 주택 수에 따라 기본공제 금액에 차이를 두는 것은 타당성이 높지 않다. 현재 기본공제 금액은 1주택자는 11억 원, 다주택자는 6억 원이다.

또 "세부담 상한제도"도 개편할 필요가 있다. "세 부담 상한"은 전년도 세금의 일정 수준을 넘지 않도록 상한을 설정해 한도 초과분을 빼주는 제도로 현재는 1주택자와 일반 2주택자 등 종부세 기본세율 적용자에게는 150%, 이 밖의 중과세율 적용자에게는 300%의 상한률이 적용된다. "세 부담 상한"을 130~150%로 단일화하거나 1주택자 130%, 다주택자 150%로 차등화하되 상한률을 낮추는 방안도 검토해 볼 만하다.

기획재정부는 지난달 초 1주택자 공제액 11억 → 14억 원 상향(올해 한시적 시행), 공정시장가액비율 100 → 60% 하향 등을 담은 종부세 1차 개편안을 공개했다. 종부세는 공시가에서 공제액을 뺀 후 공정시장가액비율을 곱한 과세표준에 세율을 적용해 산출하는데, 기재부 발표에 따르면 세금은 크게 줄어든다.

그러나 문재인 정부가 강화했던 종부세는 부동산 투기 방지 목적을 넘어 '징벌적 과세'였고 다주택자와 1세대 1주택자를 편 가르기 한 실패한 부동산 정책이었다는 평가가 올들어 대통령 선거와 지방선거 2번의 선거 표심으로 드러났다.

　새 정부는 갈라치기 부동산 정책에서 탈피, 종합부동산세가 합리적으로 작동할 수 있도록 주택가격을 과세 기준으로, 세율은 단일 누진세율로 변경하는 법 개정을 해야 한다. 종부세란 명칭이 '징벌적 세금'이란 부정적인 이미지가 강한 점을 고려해 지역 균형 발전 취지를 강조한 '국토균형세'로 바꾸겠다는 민주당의 이름바꾸기 꼼수를 차단하고, 조세 형평과 집값 안정, 국민통합을 위해 거대 야당인 민주당의 협조를 이끌어 불합리한 종합부동산세제를 반드시 원래 입법 취지에 맞도록 개정할 것을 제안한다.

〈2022년 7월, 송인석〉

반도체 특별법, 흔들림 없는 시행을

2022년 1월 11일 국회에서 반도체 특별법이 의원 절대다수의 찬성으로 의결된 뒤, 같은 달 25일 국무회의 의결을 거쳐 공포됐다. 정식 명칭이 「국가첨단전략산업 경쟁력강화 및 육성에 관한 특별조치법」인 이 법은 전에 없이 획기적인 내용을 담고 있다. 먼저, 국가첨단전략산업위원회를 새로 설치해 국가첨단전략기술 및 산업에 대한 주요 지원정책을 심의·의결하도록 했다.

이에 따라 산업통상자원부 장관은 국가첨단전략산업 특화단지를 지정할 수 있고, 인·허가 특례나 특화단지 운영 및 지원사항 등을 규정할 수 있게 되었다. 또한 천재지변, 국제통상 여건의 급변 등에 따라 국가첨단전략기술 관련 품목의 수급에 지장이 생길 경우 6개월 내에 수급 조정을 할 수 있다.

뿐만 아니라, 첨단산업 투자 확대를 위해 인·허가 신속 처리 특례, 기반 시설 구축 비용 지원, 민원 사항 조속 처리, 펀드 조성,

세액공제 등을 패키지로 지원하는 내용도 포함됐다. 국가첨단전략기술 연구개발(R&D)의 경우 정부 예산 편성에 우선 반영하도록 했으며, 대규모 사업 추진 시 예비타당성조사를 신속하게 처리하거나 필요시 면제할 수 있는 특례를 마련했다.

이 밖에도 전문 인력 확보를 위한 계약학과, 특성화 대학 설치 및 운영 지원과 실무역량 향상을 위한 전략산업종합교육센터 구축 등이 포함됐다.

선진국 지위 확보할 절호의 기회로

세계질서 패러다임이 급격히 재편 중이다. 러시아의 우크라이나 침공은 냉엄한 국제 현실을 적나라하게 보여주는 단적인 사례다. 전쟁 발발 후 시간이 흐를수록 우크라이나 국민의 삶은 피폐해지고 있다. 하지만 그들이 침략자에게 맞설 수단은 매우 제한적이다. 서방세계의 지원도 충분치 않다. 서로의 복잡한 이해관계가 얽혀있기 때문이리라. 이번 사태를 통하여 확인한 게 있다면, 국민의 생명과 자유를 지켜낼 수 있는 것은 오직 강한 국력뿐이라는 사실이다.

한 나라의 국력을 측정하는 지표엔 여러 가지가 있겠지만, 첨단기술 산업의 발전 정도는 매우 중요한 요소다. 그중에서도 반도체 분야가 가장 핵심이다. 그런 의미에서, 반도체 산업을 우선적으로 발전시키는 것이 국력 신장과 국가 위상을 높이는 지름길이다. 당연히 우리도 그쪽으로 나아가야 한다. 반도체 분야에서 최강자가 되면 글로벌 공급망(global supply chain)의 재편 과정에서 확실하게 우위를 차지할 수 있다.

그런 이유로, 미래의 반도체 시장은 각국의 사활을 건 격전장이 될 것이 분명하다. 반도체 분야에서 우리나라의 위상이 만만치 않은 것은 사실이다. 하지만 결코 안심할 상황은 아니다. 반도체 원천기술의 종주국인 미국은 여전히 팹리스(fabless) 분야의 강자로 군림하고 있고, 파운드리(Foundry) 시장은 TSMC를 보유한 대만의 독무대나 다름없다. 일본과 중국의 추격세(追擊勢) 또한 무서울 정도로 맹렬하다.

물러설 수 없는 대회전(大會戰)은 이미 시작되었다. 이번 기술전쟁에서의 승패에 따른 영향은 상상을 초월할 것이다. 조금 과장한다면, 우리나라가 선진국 지위를 확고히 굳힐지 말지를 결정하는 싸움이다. 다행스럽게도 우리를 둘러싼 정황이 아주 비관적인 것만은 아니다. 노력 여하에 따라 얼마든지 해볼 만한 구도란 얘기다. 다만 끝까지 방심하지 말아야 한다. 안이한 태도로 어중간하게 대처하다간 선진국 안착은커녕 재기의 기회조차 잃을 수 있다.

신속한 대처로 절호의 타이밍 실기 말아야

새 정부는 반도체 특별법의 취지가 제대로 꽃피울 수 있도록 발 빠르게 대처해야 한다. 사사건건 부딪치던 여야가 모처럼 합의하여 통과시킨 법안이다. 잘만 운용한다면 더할 나위 없이 훌륭한 결과를 기대할 수 있다. 문제는 제대로 시행하는 것이다. 먼저 구체적인 시행령을 신속히 제정하고, 유관 부처 간의 총력 협조 시스템을 구축해야 한다. 나아가 기술 혁신과 투자, 인력 확보를 위한 특단의 대책을 서둘러야 한다, 각종 규제의 과감한 혁파 또한 필수적이다.

그와 관련한 반가운 소식이 있다. 반도체 전문가인 무소속(얼마 전까지 민주당 소속이었다) 양향자 의원이 최근에 반도체 산업 경쟁력 강화 특위 위원장을 맡아달라는 여당의 요청을 수락했다. 이는 정치판에서 보기 드문 현상이다. 하기야 국가 경제의 미래를 좌우할 첨단 핵심 산업발전을 위하는 일에 정파가 따로 있을 수 없다. 그럼에도, 그런 당위론이 현실화한 것만으로도 매우 신선하다. 우리나라 반도체 산업의 밝은 미래를 보여주는 반가운 소식이 아닐 수 없다.

양 위원장은 인터뷰를 통해서, 여야가 이념을 초월해 토론하고 실질적인 성과를 내야 한다고 강조했다. 또한 특정 산업 분야에 국한하지 않고 관련 정부 부처와 연계된 문제를 통합해 해법을 마련하겠다고 밝혔다. 중요한 것은 그의 구상이 얼마나 효과적으로 실현될 것인가이다. 입법 후에 유명무실해진 케이스가 한둘이 아니기에 드는 걱정이다. 하지만 이번엔 달라야 한다. 반도체 특별법은 그 중요성과 절박성에서 여타 법안들을 압도한다.

우리가 관심을 가져야 할 다른 뉴스도 있다. 미국판 반도체 특별법인 '칩 포 아메리카(CHIPS for America Act. 반도체 제조 인센티브 법안)'가 아직 하원을 통과하지 못하고 있다. 바이든이 회의석상에서 웨이퍼를 들고 흔들던 장면과 묘하게 대비되는 상황이다. 물실호기(勿失好機)란 지금 같은 때 쓰는 말이다. 그들이 주춤하는 사이 우리가 치고 나가야 한다. 국가 역량을 총결집하여 속도감 있게 추진할 때 우리에게 밝은 미래가 보장될 것이다.

<2022년 7월, 나병문>

에너지이용 합리화법 강화를

　윤석열 정부의 에너지 정책이 확정됐다. 탈원전에서 친원전으로 180도 방향을 틀었다. 원전 발전 비중을 27.4%에서 2030년 30%대까지 높인다. 문재인 정부는 '2030 온실가스감축 목표(NDC)'를 통해 2030년 원전 비중을 23.9%까지 줄일 계획이었다. 현재 건설 중인 신한울 1·2호기, 신고리 5·6호기 등 원전 4기를 2025년까지 완공, 지난해 24기였던 원전 기수도 2030년 28기로 늘린다.

　신재생에너지 '과속 보급'은 브레이크를 밟는다. 10차 전력수급 기본계획을 수립하며 풍력, 태양광 등 신재생에너지 발전원별 적정 비중을 산출할 계획이다. 석탄 등 화석연료 수입은 줄인다. 화석연료 수입 의존도를 81.8%에서 2030년 60%대로 낮춘다. 노후 석탄발전소를 액화천연가스(LNG)발전소로 대체하는 등 전력 수급 상황을 고려해 석탄발전을 감축한다.

에너지 수요 효율화도 꾀한다. 산업, 가정·건물, 수송 등 3대 부문에서 여러 지원책과 제도 정비를 추진한다. 산업부문의 경우 연간 20만 TOE 이상 다소비 기업 30곳을 대상으로 에너지효율 혁신을 위한 자발적 협약을 진행한다. 기업과 함께 효율 혁신 목표를 설정하고 환경·사회·지배구조(ESG) 인증, 포상, 협력업체 지원 시 보증·보조 등의 지원책을 제공한다.

시범사업 중인 '에너지공급자 효율 향상제도'를 의무화한다. 한국전력, 가스공사, 지역난방공사 등 에너지공급자가 고객의 효율 향상을 후원한다. 또 대기전력 저감, 고효율 기자재 인증, 효율 등급제에 대한 규제를 혁신한다. 가정·건물 등 민간 부문에서는 3개 시군구에서 시범사업 중인 '에너지 캐시백'을 전국으로 확대한다. 주변 단지·가구 간 전기 절감률 경쟁을 통해 우수자에게 절감량에 비례한 캐시백을 지원한다.

탈원전에서 친원전으로 급선회, 신재생에너지 급제동

전국 약 32만 동의 대형 기축 건물에 대한 에너지효율을 강화한다. 에너지 진단 권한 이양, 에너지자립률 제고를 추진하고 지방세 감면도 검토한다. 수송부문에서는 전기차의 전비(電費) 개선을 위해 현행 단순 표시제를 등급제(1~5등급)로 개편한다. 중대형 승합·화물차(3.5t 이상)에 대한 연비 제도 도입도 추진하고 차세대 지능형 교통망(C-ITS)도 구축한다.

정책 수립에 애쓴 흔적이 역력하다. 비전이 선명하고 목표가 분명하다. 정책 방향도 나무랄 데 없다. 에너지 공급 중심에서 수요 효율화 중심으로 전환하고, 시장원리에 따른 전력시장 구조 확립을 위한 정책 틀을 마련했다는 점에서 의의가 있다. 에너지 신산업 태동, 수출산업화 기여와 함께 일자리 창출에도 한몫할 것으로 기대된다.

시의도 적절하다. 글로벌 탄소 중립 추세가 지속되는 가운데 러시아·우크라이나 사태 등 글로벌 에너지 공급망 불안이 고조됨에 따라 에너지 안보와 탄소 중립 목표 달성을 위해 에너지 정책의 역할이 중요한 상황에서 이번 정책이 나왔다. 국내외 여건 변화에 대응하고 원전 비중 확대 등의 에너지·탄소 중립 관련 국정과제 이행을 위해 새로운 에너지 정책 목표와 방향을 설정할 필요가 있었다.

굳이 흠을 잡자면 대책 내용이 부실한 점이다. 에너지 절약을 잘하는 곳에 포상, 캐시백, 세금 감면, 금융 지원 등의 유인책을 주는 정도다. 그래서는 에너지 수요를 획기적으로 감축하는 데 한계가 있다. '안 하는 것을 하게 하는 것'도 중요하나, '못하는 것을 하게 하는 것'이 더 효과적이기 때문이다.

정책의 비전과 목표는 적절, 내용과 대상은 부적절

적용 대상도 제한적이다. 정작 에너지 효율화가 필요한 중소기업에는 별 도움이 안 된다. 소규모 기업일수록 에너지 절감이 필요하나 자체적 해결이 어렵다. 에너지효율을 높이려면 에너지 과소비 시설을 교체해야 하는 데 현실적으로 쉽지 않다. FA 저널, SMART FACTORY의 시장조사에 따르면, 에너지 관리시스템 도입에 있어 가장 큰 장애 요인으로 '높은 초기투자금(53.2% 선택)'과 '투자비 회수 장기화(33.9%)'가 꼽혔다.

실제가 그렇다. 중소형 공장에서 에너지 관리 시스템 구축은 언감생심이다. 자금조달도 어렵거니와 경제성 확보는 더더욱 힘들다. 투자금에 대한 페이백 기간이 최소 3년 이내여야 하나 중소형 규모에서는 실현이 어렵다. 이처럼 기업 스스로 하기 힘든 일을 정부가 도와야 한다. 에너지효율 혁신과 고효율 기기 보급에 대한 정책지원이 절실한 이유다. 에너지이용 합리화법을 고쳐서라도 이를 뒷받침할 필요가 있다.

탁상행정이 늘 말썽이다. 정책 수립에 앞서 현장의 사정을 소상히 살펴야 한다. 파악된 문제점은 어떻게 하면 바로잡을지 부단히 고민해야 한다. 그런 점에서 정부의 소통방식은 문제가 있다. 소수 인원을 모아 공청회나 열고 기업단체들과 간담회를 개최하는 정도로 의견을 수렴한 것으로 착각해선 안 된다. 이왕 만나려면 우수 설비를 갖춘 대·중견기업의 대표보다 에너지 저효율 설비를 돌리는 중소기업의 대표로 해야 맞다.

대한민국은 세계 10번째 에너지 다소비국이다. 에너지 소비효율이 경제협력개발기구(OECD) 회원국 중 최하위권이다. 변변한 자원 하나 없고 기름 한 방울 나지 않아 에너지의 93%를 수입에 의존한다. 이토록 취약하기 짝이 없는 에너지 다소비 저효율 구조를 혁신하는 것만큼 중대사가 없다. 자원 안보의 핵심이자 경쟁력의 본체인 에너지의 위기, 피할 수는 없어도 막을 수는 있다. 우리 하기 달렸다.

〈2022년 8월, 권의종〉

반시장적 정책의 보강을

정책은 힘들다. 기대만큼 효과를 거두기 어렵다. 약은커녕 독이 될 때도 있다. 대기업의 문어발식 시장 확장을 막겠다며 도입한 중소기업 적합업종 제도가 그 한 예다. 동반성장위원회가 지난 10년간 110여 건의 업종을 지정해 대기업 진입을 막았다. 그런데 웬걸. 수혜자가 돼야 할 중소기업이 되레 피해자가 됐다. '중소기업 보호' 취지는 못 살리고 해당 업종의 생산과 고용만 위축시킨 것으로 나타났다.

한국개발연구원(KDI)이 2008~2018년 중기 적합업종 제도의 시행 효과를 분석했다. 결과를 '중소기업 적합업종 제도의 경제적 효과와 정책 방향'이라는 제목의 보고서에 담았다. 놀랍게도 제도의 보호를 받은 중소기업의 생산성 향상 등 경제적 효과가 없는 것으로 확인됐다. KDI가 산업 전반에 긍정적인 영향을 미치지 못하는 "실효성 없는 정책"이라며 폐기를 제언했다.

적합업종 제도는 시행 초부터 논란이 무성했다. 두부, 김치, 막걸리, 조리 김, 세탁비누 등을 중소기업 적합업종으로 지정하는 바람에 원성이 자자했다. 예상은 빗나갔다. 규제 사각지대의 외국 기업이 대기업 빈자리를 차지했다. LED 조명의 경우 2012년 중기 적합업종에 지정돼 삼성전자와 LG이노텍 등이 사업을 접었다. 그러자 유럽산과 중국산 제품이 국내 시장을 득달같이 점령했다. 중국산 김치가 급식시장을 80% 이상 장악한 것도 같은 이유 때문이었다.

적합업종 지정이 결과적으로 국내 중소기업보다 외국 기업의 배를 불린 꼴이 됐다. 중소기업에 돌아갈 보호 효과는 제대로 따져도 안 보고 대기업이라는 이유만으로 기업 규모를 기준으로 특정 업종의 진입을 막은 게 패착이었다. 보이지 않는 더 큰 피해는 따로 있었다. 소비자의 상품 선택권을 박탈하고 자원의 효율적 배분을 저해하는 역기능을 불렀다.

중소기업 적합업종 제도의 역설

반시장적 정책이 어디 이뿐이랴. 조금만 유심히 살펴보면 주변에 널려있다. 주 52시간 근무제도 그렇다. 득보다 실이 많다는 평가다. 주 52시간 근무제가 50인 미만 중소기업에 확대 시행된 지 1년여가 지났다. 중소기업 근로자는 임금이 감소하고 여가가 주는 등 삶의 질이 떨어졌다고 아우성친다. 중소기업중앙회가 중소 조선업체 근로자 300명을 대상으로 한 '주 52시간제 전면 시행 1년 근로자 영향조사' 결과가 이를 잘 말해준다.

근로자의 55.0%가 "주 52시간제 도입 후 삶의 질이 나빠졌다"라고 응답했다. "좋아졌다"는 답은 13.0%에 불과했다. 워라밸이 나빠진 이유로 93.3%가 "근로시간 단축에 따른 임금 감소로 경제적 여유가 부족해져서"로 답변했다. 35.8%는 "연장수당 감소를 보전하기 위해 '투잡' 생활을 하느라 여가 시간이 부족해졌다"라고 대답했다. '저녁이 있는 삶'을 지향한 주 52시간제가 근로자의 경제적 여유와 저녁 시간을 앗아간 꼴이 됐다.

대형마트 영업 제한도 효과가 없는 것으로 조사됐다. 2012년 골목상권 보호의 취지로 유통산업발전법에 제도가 반영됐다. 대형마트는 매월 2회 의무휴업, 10~24시로 영업시간이 제한됐다. 밤 12시 이후에는 어떤 영업활동도 할 수 없어 온라인 주문을 받아 배송도 못 했다. 전통상업 보존구역에는 출점이 어렵고 출점 과정에서 상권 영향평가를 받는 등 제한이 따랐다.

대형마트 규제의 수혜는 전통시장의 몫이 아니었다. 규제에 따른 반사이익은 e커머스와 식자재마트, 편의점 등이 챙겼다. 온라인 쇼핑 거래액은 2017년 94조1,000억 원에서 2021년 187조 원으로 2배 가까이 늘었다. 영업 규제를 받지 않는 식자재마트도 매출이 곱절 이상 늘었다. 대형마트가 문 닫는 일요일에 소비자가 전통시장이 아닌 식자재마트나 온라인 배송을 찾았다는 얘기다.

경제적 약자 보호, 소비자 후생 보장을 함께

실패는 반면교사가 돼야 맞다. 정책은 처음부터 잘 만들어야 한다. 특히 효과를 사전에 면밀하게 헤아려야 한다. 아무리 명분과 취지가 좋아도 효과가 없거나, 역효과가 예상되면 쓸모가 없다. 그런 점에서 중기 지정업종처럼 특정 사업 영역에 대한 보호는 상책이 못 된다. 그보다는 부정경쟁 행위 방지와 불공정행위에 대한 규율이 효과적일 수 있다. 우월적 지위를 앞세운 대기업의 부당한 횡포나 불공정한 행위를 막아주는 게 중소기업에 더 이로울 수 있다.

보호는 최소 기간에 그쳐야 한다. 그리고 그동안 외부 위협을 극복해낼 수 있는 역량을 키우도록 지도와 지원을 충분히 뒷받침해야 한다. 아무런 대안도 없이 무한정 보호를 유지하면 오히려 기업에 해가 된다. 자식도 오냐오냐 키우면 홀로서기가 어려워진다. 이런 이치는 기업에도 그대로 통한다. 정부 보호막이 당장은 도움이 될 수 있어도 그게 오래되고 거기에 익숙해지면 경쟁력 저하 요인으로 작용한다.

정책의 중심에는 늘 소비자가 위치해야 한다. 앞서 예로 든 중소기업 적합업종 지정, 주 52시간 근무제, 대형마트 휴업제 등도 정책 결정 과정에서 소비자는 안중에도 없었다. 제도 시행에 따른 소비자 후생 감소는 고려조차 안 됐다. 그저 중소기업이나 근로자, 동네 상권을 돕는 데 급급한 나머지 소비자를 희생양으로 삼는 잘못을 번번이 저질러왔다.

정책은 의도가 순수해야 한다. 혹시라도 국면전환용이나 치적 쌓기용으로 악용돼선 안 된다. '정치의 경제 지배'는 망국의 지름길이다. 국민의 시선을 끌고 인기나 얻으려는 선심 공세는 나라를 도탄에 빠뜨리는 중대한 범행이다. 나중이야 어찌 되든 나랏돈이 얼마나 들든 일부터 일단 저지르고 보는 무모와 무책임은 경제를 수렁으로 내모는 지독한 악행이다. 정책 헛발질은 이제 그만해야 한다. 드러난 환부는 도려내야 한다. 고름이 살 되지 않는다.

〈2022년 8월, 권의종〉

윤석열 정부 지금

비트코인 등 암호화폐 법제화를

비트코인, 이더리움 등 '코인'으로 알려진 가상자산의 가격이 급등하면서 '일명 비트코인 열풍'이 발생했으며 우리나라는 전 세계 가상자산 거래 국가 154개국 중 거래 수신량에서 3위를 차지할 만큼 큰 규모를 갖춘 시장 중 하나로서 거래량, 거래대금에서 의미 있는 지표를 보유하고 있다.

하지만 정책당국이 암호화폐를 상품인지, 증권인지, 금융자산인지 정의를 내리지 못한 채 '특정금융거래정보법(특금법)'을 시행하여 가상자산을 규제와 처벌의 대상으로만 간주할 뿐, 법적 근거를 마련하지 않아 다수의 피해가 발생하고 있으며 미공개정보 및 시세조작 등으로부터 이용자를 보호할 방법조차 없는 실정이다.

2021년 「특정 금융거래정보의 보고 및 이용 등에 관한 법률」이 개정되며 가상자산 거래의 성격은 크게 바뀌고 있다. 블록체인 기술로 구현한 거래의 익명성은 법제화를 통해 사실상 실명화 되었으며,

가상자산 사업자는 기존 금융회사에 준하는 법적 의무를 부담한다.

가상자산사업자는 고객 확인 의무, 기존 금융회사와 연계된 실명 확인이 가능한 입출금 계정 사용 의무, 트래블 룰을 적용받는다. 이러한 「특정 금융거래정보의 보고 및 이용 등에 관한 법률」상의 규제는 중앙화 거래소를 이용한 거래뿐만 아니라 개인 지갑으로의 거래에도 적용된다. 규제의 사각지대에 있던 가상자산 거래의 상당 부분이 법제화를 통해 제도권으로 흡수되었다고 평가할 수 있다.

그러나 규제 중심의 특금법만으로는 관련 산업 육성과 투자자 보호에 한계가 있다는 지적이다. 따라서 디지털자산 업권법을 통해 가상자산을 제도권 내로 편입시키고, 이에 대한 적절한 규제와 보호 조치를 마련해야 한다.

국내 가상자산 산업 위한 '디지털자산 업권법'을

특히 디지털자산 업권법에서는 가상자산 산업을 육성 대상으로 보고 건전성 및 경쟁력을 높이기 위해 기본계획 및 발전기금 설치 등을 명문화하는 한편 가상자산의 발행·등록·내부통제 기준 및 이해상충 관리체계를 갖추고, 불공정행위 거래자에 대한 과징금도 부과할 수 있도록 하는 내용을 담아야 한다.

국내에서 운영되고 있는 가상자산거래소는 77개 이상이며, 거래 가능한 가상자산도 260개를 넘어가고 있다. 특히, 가상자산과 관련된 사업을 진행하는 국내 기업은 금융업이 7개, IT 서비스업 및 통신업이 6개 등으로 15개 이상일 것으로 추정된다. 이렇듯 국내 가상자산 거래 시장은 2017년 비트코인 열풍이 시작된 이래로 계속하여 성장해나가고 있다.

그러나 정부와 금융당국은 가상자산을 규제하기 위한 법적 근거를 마련하기보다는 해킹, 개인정보유출, 투자사기 등 실제 이용자의 피해가 발생하자 후속 조치로 가상자산공개(Initial Coin Offering; ICO) 전면 금지, 거래실명제 도입, 자금세탁 방지 가이드라인 등을 제시하였다. 즉, 가상자산에 대한 선제적인 규제 정비가 아닌 사후적 정책 대응으로 인해 실제 거래에서 이용자들은 적절한 법적 보호를 받지 못하고 있는 것으로 생각된다.

이후 2020년 3월, 국제자금세탁방지기구(FATF)의 가상자산 규제 권고안을 반영한 「특정 금융거래정보의 보고 및 이용 등에 관한 법률」의 개정을 통해 가상자산에 대한 정의 규정을 신설하고, 가상자산사업자에게 여러 의무를 부과하였으나 그 내용이 자금세탁 방지에만 국한되어 있어 투자자 보호를 위한 제도적 배려가 여전히 미비한 실정인 것으로 보인다.

반면, 해외 주요국은 가상자산이 향후 일반적인 상거래 및 금융거래에서 상용화될 수 있는 잠재력을 지니고 있음을 감안하여 가상자산 전반에 대한 제도 정비를 완료해 나가고 있는 추세이다. 즉, 선제적 대응으로 가상자산을 기존의 제도권으로 포섭하고, 관련 산업의 발전 계획 및 투자자 보호 체계를 구축한 것이다.

가상자산 산업의 발전 계획과 투자자 보호 체계를

우리나라에서도 가상화폐 법제화의 필요성이 올해 5월 스테이

블 코인 테라·루나의 대폭락 후 더욱 강조되고 있다.

윤석열 정부는 디지털자산 업권법을 제정하여 가상자산산업에 대한 정의 및 관련 규정을 마련하여, 가상자산사업자를 등록하고, 해당 이용자 보호를 위한 의무와 금지행위, 처벌조항 등을 규정함으로써 해당 산업을 육성하고, 가상자산 이용자를 법규 내에서 보호할 수 있도록 하여야 한다.

비트코인 등 디지털 가상자산을 경제적 가치를 지닌 것으로서 전자적으로 거래 또는 이전될 수 있는 전자적 증표로 정의하는 등 이와 관련한 가상자산산업, 가상자산사업자 등을 정의해야 한다.

디지털자산 업권법 제정을 위해 정부는 △디지털자산의 법적 성격과 권리관계 및 디지털자산 관련 범죄 대응 방안 △디지털자산과 금융안정 및 중앙은행 디지털화폐(CBDC)·과세 이슈 △디지털자산의 발행·유통시장 규율체계 △블록체인 산업진흥 등을 심도 있게 연구하여 법률을 내놓아야 한다.

암호화폐 등 디지털자산 법제화에 있어서 가장 중요한 시사점은 캐롤라인 팜 美 CFTC 위원의 주장처럼 "혁신과 소비자 보호 간 균형 잡힌 접근이다. 소비자 보호가 부실한 급격한 혁신도 문제가 있지만, 소비자 보호에 너무 치중해서 아무런 혁신이 일어날 수 없는 환경을 만들어서도 안 된다"라는 것을 정책당국은 유념해야 한다.

윤석열 정부는 대선 공약을 이행하기 위해 조속한 디지털 가상자산의 법제화로 가상자산을 기존의 제도권으로 포섭하고, 관련 산업의 발전 계획 및 투자자 보호 체계를 구축해야 한다.

〈2022년 8월, 송인석〉

바이오 선도국가, 전력투구를

우리나라는 코로나19 확산 초기에 백신을 구하지 못해 쩔쩔맸던 아픈 기억이 있다. 그때까지 내심 의료 선진국 축에 낀다고 자부하던 터라 그로 인한 충격이 더욱 컸다. 예기치 못한 상황을 겪으면서 우리가 입은 피해는 상상을 초월했다. 그동안 쌓아왔던 것들이 속절없이 무너지는 과정을 지켜보면서 적지 않은 상처를 입었다. 자국의 능력으로 백신과 치료제를 만들지 못하는 국가가 어떤 설움을 당하는지도 똑똑히 목격했다.

왜 하필 바이오인가?

코로나19 사태를 겪으면서, 세계는 백신의 중요성을 새삼 뼈저리게 느꼈다. 그 바람에, 누가 먼저 효과적인 백신을 개발하는지에 대한 국제적 관심이 커졌고 경쟁 또한 치열해졌다. 당연히 바이오산업의 위상도 높아졌다. 코로나바이러스는 창궐한 지 3년 만에 조금씩 기세가 누그러들고 있지만, 앞으로 언제 어떤 형태의 질병이 우리를 습격할지 모른다. 향후 바이오 분야가 지구촌의 핵심 산업이 될 것이라는 근거이다.

갈수록 치열해지는 국제경쟁 속에서 승자가 되는 길은 우리가 잘할 수 있는 분야를 발굴하여 최고로 키우는 것이다. 이른바 '선택과 집중'이다. 바이오산업은 조선, 반도체, 원전, 그리고 최근 급부상한 방산(防産)과 더불어 우리가 비교우위(比較優位)를 가지는 몇 안 되는 산업이다. 그런 분야에 국가적 역량을 집중함으로써 확실하게 선도국으로 발돋움하는 것이 우리가 추구해야 할 전략이다.

다행스럽게도, 국내 제약·바이오 업계의 현황은 나름 괜찮은 편이다. 수년 전부터 신약 개발을 위한 연구개발(R&D) 투자를 늘려왔고, 대형 제약사와 벤처가 손을 잡고 신약을 개발하는 사례도 늘어나는 중이다. 그러나 아직 만족할 만한 수준은 아니다.

보고서에 따르면, 2018년 기준으로 우리나라의 바이오 관련 연구 투자 규모는 경제개발협력기구(OECD) 회원국 가운데 5위이며, 연구개발 인력은 6위를 기록했다. 문제는 투자 규모에 비해 연구 성과가 미미하다는 것이다. 그렇다면 무엇이 문제일까? 높은 성과를 내는 선진국들은 우리와 어떤 점에서 다른지 곰곰이 살펴봐야 할 것 같다.

발전을 가로막는 요소들

선발주자인 미국, 일본, 유럽연합(EU) 같은 곳에서는 오래전부

윤석열 정부 지금

터 고도의 시설을 갖춘 연구 단지를 설립하여 운용 중이다. 그와 관련된 산업경제 기반 또한 탄탄하게 구축되어 있다. 반면에 후발주자인 우리는 그런 종합 연구 시스템이 상대적으로 미흡하다. 또한, 그동안 장기적이고 전략적인 접근이 미진했다. 정권이 바뀔 때마다 국가적 연구 주제가 바뀌는 것도 지속적인 성장을 방해하는 요소라고 할 수 있다.

전문가의 부족도 심각한 문제다. 알다시피, 전문가는 하루아침에 만들어지지 않는다. 또한, 수준 높은 연구 성과를 거두려면 자율성과 다양성이 보장되어야 함은 물론, 연구에만 몰두할 수 있도록 선진적인 첨단 시설과 환경이 조성되어야 한다. 하지만 현실은 그렇지 못하다. 아직도 많은 연구자가 열악한 대우와 규제기관의 간섭에 시달리고 있다.

정책 면에서도 선진국의 그것과 비교하면 갈 길이 멀다. 미국 같은 경우엔, 정부의 적극적인 지원과 활동이 우리와 비교할 수 없을 정도로 잘 이뤄지고 있다. 그나마 다행인 점은, 최근 들어 우리 정부에서도 바이오산업에 대한 중요성을 제대로 인식하고 있는 듯하다. 범국가적인 차원에서 바이오산업을 육성하겠다는 당국의 의지는 쌍수를 들어 환영할 만한 일이다.

정부의 각별한 관심이 필요

앞서 언급한 것처럼, 바이오 선도국가가 되기 위해 꼭 필요한 것이 정부의 이해와 관심이다. 관련 당국의 과감하고 적극적인 지원 아래 제대로 된 연구체계를 구축하는 것이 시급하다. 그 시스템을 기반으로 백신과 치료제 개발에 국가적 역량을 집중해야 한다. 그러지 못하면 선진국들과의 경쟁에서 이겨내기 힘들다.

무엇보다 중요한 것이 바이오 분야 전문 인력의 육성이다. 다행스럽게도, 최근의 움직임은 고무적이다. 우리나라는 지난해 11월 WHO가 추진하는 인력양성 허브를 선발하는 공고에 호응하여 12월에 참여의향서를 제출했다. 그 결과 금년 2월엔, 여러 후보 국가를 물리치고 WHO의 인력양성 허브로 선정되었다. 국내 기업의 백신·바이오 생산능력을 인정받았다는 증거다.

WHO 인력양성 허브로 지정됨으로써 우리나라의 바이오산업 선도국 진입이 한결 가까워졌다. 상대적으로 인프라가 열악한 중·저소득국 인력뿐 아니라 국내 청년들을 교육 과정에 참여시킴으로써 세계 수준의 바이오 교육을 접하도록 유도하고, 글로벌 인적 네트워크를 형성할 기회를 높일 수 있기 때문이다. 우리가 바이오산업 인력양성의 중심지가 되면, 세계 굴지의 관련 기업 생산설비와 연구개발 시설을 국내에 유치할 수 있게 된다.

우리가 앞으로 해야 할 일은 정부와 업계가 손을 잡고 전력투구하는 것이다. 먼저 인력양성 프로그램을 활성화하여, 세계 바이오산업을 한 단계 끌어올리는 데 매진해야 한다. WHO와의 연대를 강화하고 구체적이고 실질적인 진척을 이뤄야 한다. 그와 관련된 재원 조달과 교육 운영 및 국제 협력 체계를 공고히 하는 데에도 힘써야 할 것이다. 지금이야말로 우리가 바이오 선도국가로 등극할 절호의 기회다. 정부의 각별한 관심과 지원을 강력히 촉구한다.

〈2022년 10월, 나병문〉

윤석열 정부 지금

부실차주 채무조정과 회생 지원을

못 믿을 게 지표다. 금융지표 또한 그러하다. 대출 위험은 커지나 연체율은 낮아진다. 7월 말 기준 국내은행의 원화 대출 연체율이 0.22%에 그쳤다. 역대 최저치다. 착시 현상이라는 게 금융권 안팎의 시각이다. 정부와 금융회사가 부실차주의 대출 만기 연장과 상환유예를 허용해온 탓이다. 중소기업·소상공인에 대한 대출 원리금 상환 유예 조치가 다섯 번 연장됐다. 지난 9월로 끝날 예정이었으나 1년 더 연장됐다. 상환이 최대 3년까지 미뤄졌다.

정부 처지를 이해 못 할 바 아니다. 위기 대응시간을 충분히 줘 차주와 금융권 모두 충격 없이 연착륙하게 하려는 의도다. 부작용도 살펴야 한다. 채무 상환 유예가 약이 아닌 독이 될 수 있다. 부실을 키우는 자충수로 작용할 수 있다. 상환 유예 조치가 연장될수록 원금은 물론 누적되는 이자를 갚지 못하는 부실차주와 좀비 기업이 양산될 수 있기 때문이다.

만기 연장도 걱정되는 건 마찬가지. 만기 연장을 계속해주다 보면 빚이 줄기는커녕 되레 늘어날 수 있다. 그러다 어느 순간 폭발할 수 있다. 일시적인 위기라면 부실을 잠시 미뤄졌다가 경기가 살아난 뒤 상환을 유도하는 처방이 효과를 볼 수 있다. 지금이 과연 그럴 때일까. 경기 침체, 물가 상승, 금리 인상, 부동산 불안, 무역수지 적자, 환율 급등 등 다중 복합위기 국면이 이어지는 작금 상황에서는 일단 부실을 털고 가는 게 더 큰 충격을 피할 수 있을 것이다.

부실 정리를 위한 제도적 뒷받침은 나름 탄탄하다. 과도한 빚에 짓눌려 있는 차주를 지원하기 위한 프로그램이 다양하다. 빚을 탕감받을 수 있는 채무조정제도도 여럿 운영된다. 유심히 살펴보면 유용한 정책과 제도가 적지 않다. 신용회복위원회에서 운영하는 사적 채무조정제도, 즉 신속 채무조정, 프리워크아웃, 개인워크아웃이 대표적이다. 또 법원을 통한 개인회생과 파산도 운영된다.

부실 정리 제도 몰라 활용 못 하는 차주들

제도 내용도 체계적이다. 차주의 부실 정도에 따라 맞춤형으로 잘 설계돼 있다. 우선 일시적인 연체의 경우라면 신용회복위원회의 신속 채무조정(연체전 채무조정)이 유용하다. 연체 기간이 30일 이내이거나 실업이나 질병 등으로 연체 우려가 있을 때 신청할 수 있다. 6개월 상환 유예를 받고 최장 10년 이내에서 상환 기간 연장과 원리금 분할 상환 지원을 받을 수 있다.

연체 기간이 한 달 이상이면 프리워크아웃(이자율 채무조정)을 고려할 수 있다. 연체가 31일 이상 89일 이하이면 차주의 상환 능력에 따라 이자율을 30~70% 낮춰 받을 수 있다. 신청 서류가 간편하고 신청 다음 날부터 추심이 중단된다. 등록됐던 단기 연체정보도 해제되며, 금융채무 불이행자로 등록되지 않아 신용회복에 유리하다. 최장 10년 이내 상환 기간 연장과 원리금 분할 상환이 가능하다.

금융권의 채무가 과다하면 워크아웃(채무조정)이 좋다. 소득 대비 금융기관 채무가 과다해 90일 이상 연체된 경우에 도움받을 수 있는 제도다. 채무조정이 확정되면 이자는 감면되고, 원금은 최대 70%, 사회 취약계층의 경우 최대 90%까지 탕감받을 수 있다. 다만, 신복위의 채무 조정은 금융권 채무에 한하기 때문에 사채 등 비금융채무의 조정은 어렵다.

자영업자의 원리금 탕감은 새출발기금이 적합하다. 이 기금을 통해 채무를 감면받거나 대출 금리를 낮춰 받을 수 있다. 연체 기간이 90일 이상 장기 연체에 빠진 부실차주의 보유재산 가액을 넘는 부채, 이른바 순 부채의 60~80%에 대해 원금조정이 가능하다. 기초생활수급자 등 취약계층에는 최대 90% 감면율이 적용된다. 연체 기간 90일 미만의 부실우려차주는 원금감면 혜택은 없으나, 최고 연 9% 이하로 이자를 내려받을 수 있다.

차주 지원창구에 퇴직금융인 배치, 활용해야

소득은 있으나 다중채무인 경우라면 개인회생이 유용하다. 재정적인 어려움으로 파탄에 직면한 채무자는 법원을 통한 채무조정, 이른바 개인회생을 신청할 수 있다. 은행 대출, 신용카드 대금, 대부업체와 개인 사채 등이 모두 조정 대상이다. 개인회생은 3년 동안, 최장 5년까지 최소생활비 인정금액을 제외한 금액을 매달 상환하면 이후 나머지 채무를 면제받을 수 있다.

아예 소득이 없어 빚을 갚을 수 없다면 개인파산을 고려할 수 있다. 가진 재산으로 빚을 일시에 청산하고, 남은 빚은 탕감받을 수 있는 제도다. 금융기관 이외의 채무가 많고, 개인회생으로도 갚기 어려운 경우에 신청할 수 있다. 다만, 면책 결정 시 최장 5년간 정보가 등록된다는 점을 고려해야 한다.

제도만 잘 마련되면 뭐하나. 구슬이 서 말이라도 꿰어야 보배라 했다. 정작 제도를 알지 못해 활용치 못하는 차주가 부지기수다. 혼자서 고민하고 끙끙 앓다가 상황을 악화시키는 경우가 비일비재하다. 빚의 종류나 재정 상황에 따라 상환 시나리오가 달라져야 하는데, 당장 눈앞의 빚만 끄려다 최악까지 치닫는 경우가 다반사다. 다양한 채무조정 수단 활용이 가능한데도 빚을 진 사람은 심리적·경제적 위축으로 다양한 정보를 수집하고 적절한 선택을 하기 어렵다.

제도는 만드는 게 능사일 수 없다. 널리 알려 활용을 늘리는 게 중요하다. 더구나 부실차주의 채무조정과 회생은 화급을 다투는 사안이다. 차주가 스스로 알아서 지원창구를 찾을 거로 기대하는 거야말로 탁상행정의 전형이다. 홍보 인력이 모자라면 금융해설사, 금융교육 전문 강사, 퇴직금융인을 활용해서라도 제도를 빠르게 알려야 한다. 이게 늦어지면 부실 위기가 산업과 금융권, 경제 전체로 확산하는 걸 막을 수 없다. 호미로 막을 걸 가래로도 못 막게 된다.

<2022년 8월, 권의종>

'금융사(金融士)' 제도 도입을

현대사회는 개인이 자신과 관련된 모든 일을 직접 처리하기 힘든 세상이다. 전문성이 요구되는 분야일수록 더욱 그렇다. 그런 까닭에 대다수의 개인은 복잡한 일과 마주치면 자신을 도와줄 전문가를 찾는다. 소송업무는 변호사에게, 세무 관련 업무는 세무사에게 의뢰하는 식이다. 그에 따른 비용이 발생하지만, 그래도 그편이 훨씬 안전하고 편리하다. 이는 당사자는 물론 업무를 대행하는 전문가에게도 도움이 되는 공생적 구조라고 볼 수 있다.

우리나라에는 국가에서 자격을 부여하는 다양한 분야의 전문가가 존재한다. 법무부에서 주관하는 변호사를 비롯하여 법원행정처 소관의 법무사, 국세청의 세무사, 관세청의 관세사, 고용노동부의 공인노무사, 특허청의 변리사, 국토교통부의 공인중개사, 감정평가사 등이 있고, 금융위원회에서 주관하는 공인회계사, 보험계리사, 보험중개사, 손해사정사 등이 존재한다. 그들의 도움

없다면, 일반인들이 복잡하고 전문적인 일들을 처리하기 힘든 것이 현실이다.

'금융 문외한'들을 돕는 전문가의 부재

다른 분야와 마찬가지로 금융 업무도 날로 복잡해지고 있다. 때문에, 일반인들이 전문적인 금융 메커니즘을 제대로 이해하는 것 또한 힘들다. 업무의 다양성과 복잡성 때문에 고도의 금융 업무를 혼자 힘으로 완벽하게 처리할 수 있는 사람들이 점차 줄어들고 있다는 얘기다. 최근 들어 금융기관의 점포 수도 빠른 속도로 줄어들고 있다. 이런 추세는 노인들을 포함한 금융 문외한들이 금융기관과 거래하는 것을 점점 버겁게 만든다.

법률 상식이 없는 소송 당사자가 어디부터 어떻게 접근해야 할지 몰라 당황하듯이, 금융 상식에 어두운 사람도 복잡한 업무를 어떻게 처리해야 할지 난감하다. 그런 경우 바쁜 업무에 시달리는 금융기관 직원의 입장도 곤란해진다. 말귀를 알아듣지 못하는 특정 고객을 붙들고 장시간에 걸쳐 일일이 설명하다간 다른 업무를 제대로 처리할 수 없기 때문이다. 이럴 때, 전문가와의 예비 상담 과정을 거친다면 신속하고 정확한 일 처리가 가능해진다.

물론 지금도 금융해설사, 금융상담사 등 다양한 금융 도우미들이 존재한다. 하지만 그들이 국가에서 자격을 부여한 다른 분야의 전문가들과 동등한 역할을 하고 있다고 말하기는 어렵다. 그들은 주로 대중을 위한 금융 상식 교육이나 초보적인 상담에 응하는 정도라서, 복잡한 금융거래를 믿고 맡길만한 전문가라고 하기엔 어딘가 부족함이 있다. 그런 면에서, 우리도 이제 본격적인 '금융중개전문가' 제도를 도입해야 할 때가 된 것 같다.

'금융사(金融士)' 제도 도입해야

앞에서 언급했듯이, 사람들은 법률적인 문제를 풀기 위해서는 변호사 사무실을 찾고, 집을 사고팔 때면 공인중개사를 찾는다. 마찬가지 이유로, 복잡한 금융 문제를 해결하려면 금융전문가의 도움을 받아야 하는 시대가 되었다. 따라서 비용을 지불하고도 자기 일을 처음부터 끝까지 책임감 있게 맡아서 해결해 주는 전문가를 찾게 될 것이다. 그렇게 함으로써 금융거래의 신뢰성과 효율성이 제고될 것임은 말할 것도 없다.

그런 면에서, 이제 공인된 '금융중개 전문가(가칭 金融士)' 제도의 도입을 검토할 때가 된 듯하다. 일반인이 전문가의 도움을 받아 최적의 금융 서비스를 받을 수 있다면, 당사자뿐만 아니라 금융기관으로서도 환영할 만한 일이다. 초기 상담에 들어가는 업무 역량을 대폭 줄임으로써 인력을 효율적으로 재배치할 여유가 생길 것이기 때문이다. 이처럼 금융사 제도의 도입은 금융 관련 당사자 모두에게 유용한 방안이 될 것이다.

본 제도가 정착되면 금융소비자와 금융기관 사이의 벽이 낮아지고 불신은 줄어들 것이다. 금융사는 금융소비자에게 맞춤형 해결안을 제시함으로써 금융 장벽을 낮추고, 금융기관의 업무를 경감시킬 뿐만 아니라, 금융기관을 부당하게 이용하려 드는 부적격 고객을 사전에 거르는 역할도 하게 될 것이다. 그들의 활약에 힘

입어 업무의 효율성은 획기적으로 높아지고, 쏟아지던 민원도 현저히 감소할 것이다.

과도기적 조치로 '퇴직 금융인' 활용을

하지만 금융사 제도의 많은 장점에도 불구하고 이를 단시일 내에 뚝딱 시행할 수는 없다. 지금까지 존재하지 않던 제도를 정착시키기 위해서는 적지 않은 절차와 시간이 필요하기 때문이다. 먼저 금융소비자와 금융기관을 비롯한 관련자들의 동의를 얻어야 할 것이다(사회적 합의). 그런 후에도 전문가의 자격요건을 정하고 시험제도를 정비하는 것에서부터, 그와 관련된 교육 과정을 다듬는 데까지 몇 년은 족히 걸릴 수도 있다.

금융사 제도를 도입하기 전까지는 퇴직 금융인의 활용을 고려해 볼 만하다. 그들은 해당 분야에 대한 지식과 경험이 풍부한 베테랑들이다. 그들이라면 금융소비자에게 제대로 된 상담을 통하여 맞춤형 상품과 금융기관을 선택하는 데 도움을 줄 것이다. 그렇게 함으로써, 불완전 판매를 방지하고 합리적인 금융거래가 이루어지도록 이끌 수 있다. 전국에 걸쳐 풍부한 관련 인력이 분포되어 있어 언제든 활용 가능하다는 장점도 있다.

퇴직 금융인들을 적재적소에 배치하여 활용한다면 적은 비용으로 큰 효과를 낼 수 있다. 유능하고 열정이 넘치는 유휴 인력을 재활용하는 것은 일자리를 창출하는 참신한 방법이기도 하다. 이는 금융소비자, 금융기관은 물론 퇴직 금융인의 은퇴 후 삶까지 풍요롭게 만드는 일석삼조(一石三鳥)라고 할 수 있다. 금융 문외한들을 대상으로 오래전부터 금융교육에 힘쓰고 있는 '전국퇴직금융인협회' 같은 비영리 단체를 참여시키는 방안도 좋은 선택이 될 것이다.

〈2022년 8월, 나병문〉

새해 수출전략, 주도면밀한 준비를

지난 1일 윤석열 대통령의 신년사에서 발표한, 노동, 교육, 연금의 3대 개혁 어젠다는 국내 문제지만, 모든 외교의 중심을 경제에 놓고 수출 전략을 직접 챙기겠다고 한 것은 상대 국가가 있는 국외 문제다.

특히 '수주 500억 불 프로젝트'를 가동하여, 인프라 건설, 원전, 방산 분야를 새로운 수출 동력으로 육성하고, 무역금융을 360조 원으로 확대할 것이라고 한 것은 수출전략의 핵심적인 근간이다.

이 같은 수출전략은, 얼마 전 무함마드 빈살만 사우디 왕세자가 '네옴시티' 건설을 염두에 두고 한국을 다녀간 후, 횡재에 가까운 수출 기회가 한국에 선물처럼 도래한 듯, 장밋빛 꿈에 부풀어 있고, 최근 한국의 방산 분야와 원전이 국제적으로 인정받고 있다는 점과 무관하지 않다.

그러나 그 무지갯빛 꿈은 저절로 이루어지지 않는다. 갈 길은 생각보다 험난한 길이며, 곳곳에 숨겨진 지뢰처럼 리스크가 산재되어 있다는 점을 결코 간과해서는 안 된다.

중동 건설이 한참이던 1970년대 80년대 우리는 보이지 않는 쓰라린 경험을 했다. 큰 금액의 해외 수주에 흥분한 나머지, 계약 과정에서 디테일한 부분을 놓쳤던 사례를 교훈 삼지 않으면 안 된다.

우리가 대충 보는 것처럼 중동인들은 결코 허술하지 않다. 당시 국내 유수의 건설사들이 각개 전투하듯 접근하면서 수주 경쟁에 동시에 뛰어들었다. 우선 수주를 따고 보자는 과욕에 사로잡혀 덤핑 또는 허술한 계약을 한 것은 우리에게 쓰라린 리스크를 안겨주었다.

아라비아 상인들의 상술에서 배우자

그 결과 중동 해외건설 초창기 때는, 앞으로 남고 뒤로 손해보는 경우도 적지 않았다. 해외 공사가 끝나고 수 년이 지난 후까지 생각 못했던 부분까지 A/S를 해 주어야만 하는 경우도 있고, 복잡한 비자 문제가 공기 단축과 수익 확대에 발목을 잡는 경우도 허다했다.

중동은 건설 현장에 투입되는 근로자에 적용되는 비자가 국가마다 형태가 다양하고 복잡하다. 대사관에서 여권 사증 위에 허락하는 일반적 입국비자 외에도, 별지로 발행해주는 템포러리 비자(일시 거주비자), 취업비자, NOC 비자, 짧은 기간을 매번 연장하기 위해 일시 외국에 나갔다 들어와야 하는 비자 등, 불필요한 비용과 공기 지연을 감내해야만 하는 까다로운 요소들이 곳곳에 숨어있을 뿐만 아니라, 이스라엘에 입국했던 여권상의 스탬프 흔적이 발견될 시, 공항 현장에서 입국이 거부되며, 같은 여권으로는 이미 블랙리스트에 등록되어 차후에도 입국이 제한되는 특성이 있다.

또한 자국민(특히 왕족)들에게 주어지는 특혜성 이권 제도가 공공연하다. 일정 수량의 비자를 개런티 할 수 있는 권리, 식수 같은 생활필수품의 수입독점권과 같은 권리, 외국 근로자 여권과 비자를 보관 관리하는 에이전트 권리 등이 그것이다.

필자가 당시 중동지역 주재원으로 근무하면서 느꼈던 것이 아라비아 상인들의 상술이 중국 상인의 그것보다 결코 못지않다는 것이었다. 그래서 "상술에 능한 중국 비단 장수가 실크로드를 따라 중동에 물건을 팔아 많은 이익이 났더라도, 그곳에 머물고 돌아가는 동안 그 남은 것을 아라비아 상인에게 다 떨구어 놓고 간다"라는 어록을 필자가 남겼던 기억이 지금까지 생생하다.

초창기 이렇게 다양한 시행착오에도 불구하고, 우리 건설사가 망하지 않고 버텨낼 수 있었던 이유 중 하나는, 한국 고도성장기에 인플레이션과 국내 지가 상승이 맞물려서 발주처로부터 받은 선수금으로 우선 국내 아파트 부지나 공장용지 등을 사 놓으면 시간이 지나면서 무조건 남는 장사였기에 가능했다. 한마디로 국내에서 기대 이상으로 보충될 수 있는 시절이었기에 자본 축적과 기술 축적이 지속적으로 가능했다.

이처럼 계약과정에서 어려운 경험을 한 후, 뒤늦게서야 우리 국내 기업들이 나름대로 표준화된 일반 계약서 모델(General

Condition)을 만들고 이를 토대로 상황에 따라 계약에 응용하게 된 것은, 그나마 발전된 수주전략으로서 리스크를 줄여 나갈 수 있는 계기가 되었다. 경험을 살리는 것이 그만큼 중요하다는 것이다.

하이테크 첨단산업은 선두 자리가 '양날의 칼'

방산(무기) 수출 또한 정치적 고려사항이 일반 상품보다 훨씬 크다. 수출국뿐만 아니라 우리를 둘러싼 열국들의 이해와 역학관계가 작용하지 않을 수 없다. 또 수출국 정권이 누구 손에 들어가느냐에 따라 거래선과 거래 종목은 언제든지 바뀔 수 있다. 그런 점에서 화려하게 보이는 이 수출 프로젝트는, 꽃길만 따라가서 다다를 수 없는 고도의 두뇌 게임이라는 것을 잊어서는 안 된다.

그뿐만 아니라 정밀도가 요구되는 원전 플랜트수출이나 방산 사업은 부품 하나라도 완벽해야 하고, 성능이 뛰어나면서도 기술적인 A/S가 동반되지 않으면 지속적인 수출이 어렵다. 과거 미국에서 발사된 우주선이 폭파한 것도 오링 하나 또는 볼트 너트 하나 잘못된 것이 결정적 실패를 가져왔다는 것은 고가 장비일수록, 극히 작은 것까지 얼마나 치밀하고 꼼꼼해야 하는지 알려주고 있다.

최근 중국의 방산 수출이 태국 등지에서 중단되거나 취소되는 이유는 정치적인 이유로만 국한되지 않는다는 점이 이를 뒷받침해 주고 있다.

고도의 기술력이 요구되는 첨단산업은 선두의 자리가 '양날의 칼'이다. 기술개발 노력의 결과가 불확실하고 빠이로트 생산을 거쳐 표준화된 대량생산에 이르기까지 적지 않은 시간과 비용이 소요된다는 점이 있는가 하면, 선두 메이커의 기준이 그 산업의 기준이 됨에 따라 한 번 길을 닦아 놓으면 독점적 지위를 가지고 그 길을 갈 수 있다는 이점이 있다. 뿐만 아니라 연관된 사업의 링케이지 이펙트(부품 같은 하드웨어와 운영체계 같은 소프트웨어)의 확정성에 기회를 잡을 수 있다는 장점도 있다.

무엇보다도 우리가 현시점에서 꿈에 도취하지 말아야 할 것은, 양국 정상 간 주고받은 양해각서(MOU)는 일방이 포기해도 구속력이 없다는 사실이다. 실제 계약이 아니기 때문이다. 과거 이전 정부 때도 양해각서로만 끝난 경우는 허다하다. 국가 차원이 아니라 개인 기업 차원에서도 마찬가지다.

언제든지 취소될 수 있다는 점에서 실제 계약이 성사될 때까지 긴장을 늦춰서도, 또 힘 있는 제3국에서 끼어들 틈을 허락해서도 안 된다는 것이다.

계란을 한 바구니에 담지 않는 포트폴리오를

쉽게 수주 약속을 할 수 있다는 것은 쉽게 취소될 수도 있다는 것이다. 다른 국가의 수주 기회를 쉽게 뺏을 수 있다는 것은 우리의 것도 언제든지 뺏길 수 있다는 사실을 간과해서는 안 된다. 이집트의 현대판 파라오 프로젝트에 참가한 중국 건설수출이 중단 위기에 이른다는 정보는 이를 뒷받침해 준다.

그러기에 원자재 수입처도 다양화해야 하지만, 수출처 또한 다양화하지 않으면 국제 정세변화에 따라 언제든지 위기에 봉착할 수 있다. 자산을 투자할 때, 리스크 예방을 위해 '계란을 한 바구니에 담지 말라'는 포트폴리오 원리가 이곳에도 적용된다.

그뿐만 아니라 기왕에 수주한 프로젝트와 연관된 파생 프로젝트를 벽두부터 염두에 두고 설계할 필요가 있다. 수출상품 자체도 다양화하고, 파생상품과 파생산업의 발굴을 처음부터 염두에 둔 다차원적 전략이 필요하다. 한꺼번에 제시되는 모든 프로젝트 참여 기회가 우리에게 전부 주어지는 일은 불가능에 가까운 일이다.

중요도와 시급성에 따라서 차별화된 접근이 필요하다. 나의 정권 임기 내에 반드시 성과를 봐야 한다는 강박관념도 가질 필요가 없다. 국내 기업 간의 과도한 출혈경쟁을 피하고 차분하게 보완 상생함으로써 수익의 극대화를 꾀하지 않으면 안 된다.

기후환경변화와 함께 지구 도처에 새로운 삶의 방식이 요구됨에 따라 계획도시나 플랜트 수요는 계속될 것이다. 위기 때 함께 찾아오는 절호의 기회를 담기 위해서는 새지 않고 깨지지 않을 법과 생산시스템과 자원 활용의 효율적인 로드맵의 그릇을 미리미리 준비해야 할 것이다. 다급한 순간에 이르기 전에.

〈2022년 12월, 윤영호〉

윤석열 정부 지금

농협중앙회장, 농민조합원 직선제를

2023년 3월 8일, 제3회 전국 농협 동시조합장선거가 치러진다. 그런데, 농협 최대의 거사를 두어 달 앞두고 농협과 농민들 사이에 반목과 갈등이 일고 있다.

사태의 발단은 농협중앙회장 연임 허용 법안. 의혹과 우려의 불씨는 정치권으로까지 확전되는 상황이다. 일단 4건의 농협중앙회장 연임 허용 법안이 중복 발의됐다는 점부터 자연스럽지는 않다. 그것도 모두 연임제의 최고 이해당사자인 현직 회장에게 연임제를 소급 적용하고 있으니 더욱.

심지어 일각에서는 국회와 농협 사이의 '주고받기'식 법안 거래 의혹마저 제기되고 있다. 중앙회장 연임 법안을 발의한 모 국회의원이 '농협중앙회 지방 이전' 법안도 발의한 것이다. 농협중앙회 지방 이전과 중앙회장 연임을 서로 주고받으려는 것은 아닌지 의심받을 만한 정황이다.

결국, 지난 12월 8일 국회 농해수위 법안소위에서 농협중앙회장 연임을 허용하는 농협법 개정안은 통과되었다. 본회의를 통과하면 2009년 정부 주도로 농협중앙회장 단임제가 시행된 후 다시약 13년 만에 연임제로 환원되는 것이다.

지역농협 조합장들은 연임 찬성

일단 대다수 지역농협 조합장들은 연임제를 공개적으로 찬성하고 있다. 농협중앙회 구성원인 농·축협 조합장 88.7%가 중앙회장 연임을 찬성한다는 조사 결과도 있다. 대부분의 농업인단체도 찬성하는 분위기다. 얼마든지 예견된 반응이다.

농협중앙회장은 중앙회 및 지주회사를 통해 지역조합장들에 대한 실질적 인사권을 행사하고 있다. 더욱이 지역농협의 자금줄인 조합 상호 지원자금마저 틀어쥐고 있다. '을'인 지역조합장들이 '절대갑'인 중앙회장의 뜻을 거스를 도리는 없을 것이다.

연임제를 찬성하는 진영의 입장과 논리는 이렇다. 우선, 단임제를 규정하고 있는 농협법은 다른 협동조합법과 형평에 맞지 않는다는 것이다. 또 자조조직인 협동조합의 임원 임기를 단임으로 강제하는 것은 헌법이 보장하는 기본권을 제약, 위헌 논란이 우려된다는 것.

거기에 개방성과 공정성에 바탕을 둔 민주적 선거 원리에도 위배되고, 헌법에 규정된 협동조합의 자율성도 제약한다는 주장이다.

농민들은 연임 허용 반대

하지만, 농협 조합원들과 농민들은 엄연히 다른 목소리를 내고 있다. 전국 협동조합노동조합(위원장 민경신)은 연임제 반대는 물론이고, 더 나아가 농협중앙회장 중임제의 전제조건은 농민조합원 직선제라고 못박았다. 중앙회장 선출방식을 의사가 자유롭지 못한 조합장들만의 직선제가 아니라 농민들과 일반조합원도 참여하는 조합원 직선제가 옳다는 것이다. 그래야 공정하고 정상적인 선거가 가능하다는 주장이다.

2백만여 농민들의 입장과 목소리를 대변하는 전국농민회총연맹(의장 하원오)도 같은 목소리를 내고 있다. "농협중앙회장은 당연히 농민이 뽑아야 한다"라는 것이다. 불완전하고 불공정한 조합장 직선제는 중앙회장과 조합장들 사이의 카르텔과 지역이기주의를 더 심화시키고, 중앙회장 연임은 부작용이 더 가중될지 모른다는 걱정이 크다.

근본적으로는 중앙회장 선거만 문제가 아닐 것이다, 농협개혁을 지지하는 조합장들의 모임인 정명회(회장 국영석)는 제3회 전국 농협 동시조합장선거야말로 농협을 개혁하는 데 중요한 전기로 삼고 구체적인 대응 전략을 준비하고 있다.

이 모임을 이끌고 있는 충남대 박진도 명예교수는 "조합장 후보들은 자기 조합과 농협중앙회의 현 상황을 파악하고 조합장의 역할부터 자각해야 한다"라고 강조한다. 아울러 조합 내적으로 투명하고 민주적인 운영, 조합원 역량 강화와 여성 역할 증대, '농산물 중심' 경제사업 확대 등을 거듭 주문했다.

전문가들은 중앙회의 개혁과 관련해서 연합회 체제 구축을 최우선 과제로 얘기하고 있다. 현재의 지주회사 체제는 구조적으로 중앙회의 이익 극대화에 매달릴 수밖에 없기 때문이다. 특히 경제사업은 경제사업연합회로 별도 재편하는 등 중앙회 기능이 협동조합 본연의 소임으로 바로 서야 한다고 지속적으로 요구한다.

농협은 농민조합원이 주인

그렇지 않아도 "농협을 주인인 농민 조합원에게 돌려주자"라는 건 농민들의 해묵은 숙원이다. 협동조합이면서도 수익성을 우선하는 경영평가, 조합원 배당보다 임직원 성과급을 우선 챙기는 경영방식, 임직원 비리가 만연된 비민주적인 사업 현장 등이 '협동조합 아닌 협동조합, 한국형 농협'의 현주소라는 비판이 적지 않다.

그렇다고 농협의 문제는 단지 농협중앙회의 사업구조를 위로부터 재편한다고 단번에, 명쾌하게 해결되지는 않을 듯싶다. 근본적으로 농민 조합원의 이익을 우선하는 구체적이고 실질적인 아래로부터의 농협개혁안이 먼저 마련될 필요가 있다.

사실 농협에서 일하는 임직원들은 지역과 중앙을 불문하고, 하는 일에 비해 너무 많이 받고 있다는 시샘과 비아냥의 대상이 된 지 오래다. 그 돈은 마땅히 농민 조합원들의 노동과 생산물의 대가로 나눠야 마땅했을 돈이다. '협동조합'의 주인은 중앙회장이나 조합장, 임직원이 아니라, 농민 조합원이니까 그게 당연한 이치다. 또 유통, 판매 수입은 생산자 조합원의 수익성을 적정하게 보

윤석열 정부 지금

장하는 수준에서, 더 많이 분배하면 된다.

특히 농촌 현장에 밀착한 지역농협의 역할이 중요하다. 지역농협의 주인인 조합원은 그 중심에 서야 한다. 협동조합의 주인은 조합장이 아니라 조합원이기 때문이다. 먼저 조합원의 역량이 먼저 강화되어야 조합장, 임원, 대의원 등 품목과 지역을 대표하는 리더십이 그 바탕 위에서 제대로 구현될 수 있다. 조합원들의 협동과 연대로 작목반, 영농조합법인, 신규협동조합 등 소규모 협동조직을 활성화한다면 농협의 조직적 토대를 튼튼히 다질 수 있다.

〈2022년 12월, 정기석〉

국세청의 '소줏값', 농식품부 관할로

애먼 소줏값이 도마 위에 올랐다. 음식점과 주점에서 소주 한 병값이 6,000원대로 치솟을 조짐을 보였다. 그러잖아도 난방비, 공공요금 인상 등으로 여론이 안 좋은 상황에서 소줏값까지 들먹이자 정부가 제동을 걸었다. 주류업계를 상대로 실태 조사를 벌이고, 업계 대표들을 만나 인상 자제를 설득했다. 강온 양면 대응에 나선 것이다.

주류업계는 주정인 에탄올의 주재료인 타피오카 가격이 올라 소주 출고가 조정이 불가피함을 토로했다. 주정을 독점 유통하는 대한주정판매가 지난해 주정 가격을 10년 만에 7.8% 올렸을 때 소주 출고가도 80원가량 올렸던 예를 거론했다. 이번에도 같은 방식으로 인상을 시도할 참이었다. 소주병 가격 인상도 거론했다. 소주 공용 병인 녹색병 가격이 개당 180원에서 220원으로 오른 것도 원가 부담 요인으로 열거했다.

공정거래위원회는 역공 모드. 예전에 있었던 소주 업체의 가격 담합을 들먹였다. 2010년 11개 소주 업체가 소주 출고가격 인상을 밀약, 272억 원의 과징금을 물었던 일을 들췄다. 당시 공정위는 한 회사가 소줏값을 올리면 나머지 업체들도 비슷한 비율로 따라 올리는 담합 행위를 적발했다. 이번에도 여차하면 주류업계의 경쟁 구도와 독과점 가능성을 들여다볼 수 있음을 넌지시 내비쳤다.

정부의 전방위적 압박에 겁을 먹은 주류업체는 가격 인상을 돌연 보류했다. "당분간 소주 가격 인상을 하지 않을 계획이며, 가격 인상과 관련해 정해진 바 없다"고 밝혔다. 소주 가격 인상 논란은 일단락됐으나 출고가 동결은 일시적 현상일 거라는 예측이 많다. 여러 요인을 고려할 때 소줏값 인상은 조만간 다시 거론될 거라는 시각이 지배적이다.

대한민국 소주 역사는 '흑(黑)역사'

소주는 증류식과 희석식 2종류가 있다. 원래 소주는 증류식 소주를 의미했다. 오늘날에는 가격경쟁력을 앞세워 시장을 석권한 희석식 소주가 대중 술로 자리를 잡았다. 돼지감자나 카사바 등에서 뽑은 전분을 발효시키고 연속 증류해 얻은 고순도 주정을 물로 희석해 감미료를 첨가하는 방식으로 제조한다. 맛은 증류식 소주보다 역하고 독하다는 평가를 받는다.

희석식 소주의 원조는 일본이다. 일본은 1895년 동아시아 최초로 주정을 생산했다. 1899년 희석식 소주를 처음 개발했다. 일제 침략과 함께 한반도에 들어온 희석식 소주는 낮은 생산 원가를 무기로 국내 증류식 소주를 대체하며 시장을 잠식했다. 1909년 통감부 주세법 공표로 1910년부터 국내에서도 고구마로 주정 생산을 개시했다. 1919년 6월 평양에 한반도 최초의 희석식 소주 공장인 조선소주가, 같은 해 10월 인천에 남한 지역 최초의 희석식 소주 공장인 조일양조장이 설립됐다.

한편 조선총독부는 직접세 형식으로 과세가 이뤄지면 세금 인상 시마다 조세 저항이 커질 것을 우려했다. 술이나 담배와 같은 기호품에 대해서는 간접세 과세가 효율적일 것으로 판단했다. 이에 따라 1909년 주세와 연초세 등을 신설했다. 그런데 당시에는 대대로 전해지는 전통주를 집에서 직접 담가 마셨다. 술을 사서 마시는 경우는 드물었다.

1916년 주세령이 시행됐다. 조선총독부의 허가를 받은 전문 주류업체가 아닌 자가 양조한 술에 대해서는 세금을 대폭 인상했다. 허가받지 않은 자가 빚은 술은 밀주로 규정해 엄하게 단속했다. 그 바람에 증류식 소주는 몰락의 길을 걸어야 했다. 일제는 싸구려 술로 조선인의 술 수요를 충족시키고, 전통주 단속을 통해 주세 수입을 올리는 일거양득의 효과를 거둘 수 있었다.

주류 행정은 아직도 일제강점기 수준

일제강점기의 주류 행정 구도는 광복 이후에도 그대로 이어졌다. 지금에 와서도 큰 변함이 없다. 소주 업체가 술을 제조하면서 알코올을 생산하지 못한다. 주정은 별도로 설립된 전국 9개 주정

업체가 제조한다. 또 이것이 대한주정판매로 일괄 납품된 후 각 소주 업체로 정부가 책정한 가격으로 판매되는 시스템이다. 주정의 원료 곡물도 정부가 직접 배급하고 있다.

이런 상황에서 술의 품질향상은 꿈도 꾸기 어렵다. 내키지 않겠지만 이웃 나라 일본을 보라. 오랜 기간 부단한 품질향상으로 자국의 전통주 사케를 세계적인 명주 반열에 올려놓았다. 그렇다면 우리는 그동안 뭘 하고 있었는가. 소주와 막걸리 등 대중주 가격을 억누르며 대한민국 주류 수준을 형편없이 떨어뜨리고 말았다. 그러고도 잘못을 잘못으로 깨닫지 못하고 있다.

법령상으로도 술은 식품이 아니었다. 위생관리 면에서는 2013년 7월 식품위생법 개정이 되고서야 식품으로 대접받았다. 이 모든 문제의 원인은 엉뚱한 곳에 숨어있다. 술에 대한 관리 감독을 식품을 관장하는 농림축산식품부가 아닌 세금을 다루는 국세청이 담당하고 있다는 사실이다. 주류면허를 비롯해 생산, 유통, 소비 등에 대한 규제와 관리 감독이 국세청 소관으로 돼 있다.

국세청이 주류를 관장해 세수 증대에 이바지한 것은 사실이다. 하지만 전통주 시장을 말살하고 값싼 술로 서민건강을 해쳐온 점 또한 부인하기 어렵다. 시장 질서를 교란하고 국민건강을 희생해 얻은 대가인 셈이다. 그렇다면 지금 와서 그 책임을 누가 어떻게 져야 한단 말인가. 지난 일은 지난 일. 이제라도 바로잡아야 한다. 다행히도 해법은 어렵지 않다. 다음 질문에 답을 하면 된다. "술은 식품인가? 세금인가?"

〈2023년 3월, 권의종〉

민관협력, 적극적 자원 확보 외교를

대한민국은 전형적인 자원 빈국이다. 부족한 자원을 해외에서 조달해야 하는 지정학적 취약성을 안고 있는 나라인데, 수출 비중이 GDP의 절반 가까이나 된다. 거기다 가공무역 비중 또한 매우 높다.

그러기에, 나라 밖에서 무슨 일이 생길 때마다 노심초사할 수밖에 없다. 이런 우리에게 꼭 필요한 것이 자원외교다. 필요한 자원을 제때 원활하게 확보하지 못하면 아무리 뛰어난 기술을 가지고 있어도 무용지물에 불과하기 때문이다.

알다시피, 지금은 첨단 기술을 얼마나 확보하고 있는지가 무엇보다 중요한 시대다. 그것이 한 나라의 경제적 위상을 좌우하는 주된 요인이기 때문이다. 한데, 기술이 첨단화될수록 그것을 구현하는 데 없어서는 안 되는 게 있다. 바로 해당 제품을 만드는 데 필요한 핵심 원재료다. 안타깝게도, 그것들은 일부 국가에 편중

돼 있다. 이 같은 국가 간 부존자원의 불균형은 나라 사이의 협상력에도 지대한 영향을 미친다.

최근 들어, 자원을 가진 나라와 그렇지 못한 나라 간의 관계가 갑과 을의 관계로 굳어지고 있다. 자원 보유국들이 부존자원을 점점 노골적으로 무기화하고 있다는 말이다. 그들의 위세가 얼마나 대단한지는 러시아를 보면 알 수 있다. 러시아는 우크라이나를 침략한 뒤 서방 국가들의 강력한 제재에도 불구하고 1년 이상을 꿋꿋하게 버티고 있다. 그 힘이 어디서 나왔겠는가? 석유나 가스 같은 풍부한 부존자원이 없었다면 애당초 불가능했을 것이다.

러시아의 우크라이나 침공을 계기로 글로벌 공급망이 갈수록 불안정해지면서, 국제 자원 시장에 이상기류가 형성되었다. 이에 위기를 느낀 나라들이 너 나 할 것 없이 자원 확보에 혈안이 되어 가는 중이다. 특히 우리나라처럼 부존자원이 빈약한 나라일수록 자원 보유국의 횡포에 휘둘릴 위험성이 크다. 정부와 기업이 하나가 되어 자원의 안정적 확보를 위한 대책을 서둘러야 하는 이유다.

OECD 해외자원의존도 1위 한국

미국의 바이든 정부는 일찍이 자원전쟁을 예견하고 적극적으로 대처하고 있다. 석유나 가스 같은 전통적 자원은 물론, 새로운 자원에도 눈길을 돌리고 있다. 희토류도 그중 하나다. 얼마 전에, 세계적인 전기차 생산 업체인 테슬라가 전기차 배터리의 핵심 원료인 리튬 생산회사 '시그마 리튬'을 인수하려 든다는 뉴스를 접했다. 그것을 보면서, 불꽃 튀는 희토류 전쟁의 시작을 알리는 서곡(序曲) 같다는 생각을 지울 수 없었다.

중국은 어떤가? 알다시피 중국은 희토류를 가장 많이 보유한 국가다. 그들은 최근 들어 희토류 수출량을 줄이면서 무기화하겠다는 의도를 숨기지 않고 있다. 실제로 중국은 2010년 9월 동중국해 인근에서 일본 순시선이 중국 어선을 나포하자 일본에 대한 희토류 수출을 중단했다. 이에 놀란 일본 정부는 체포했던 선원들을 즉시 석방했다. 희토류의 위력이 얼마나 대단한지 실감케 하는 사건이었다.

우리 사정은 어떤가? 한국은 광물 수요의 95%를 수입에 의존하고 있으며, 희토류 대부분을 중국에서 수입하고 있다. 이처럼 높은 해외 의존도는 우리 경제를 언제든 위기로 내몰 수 있다. 그나마 다행스러운 것은, 상황의 심각성을 알아차린 국내 기업들이 서둘러 대책을 세우고 있다는 점이다. 포스코홀딩스는 아르헨티나 소금호수 근처에 수산화리튬 생산 공장을 짓고 있다. SK온, LG화학, LG에너지솔루션도 리튬 확보 경쟁에 뛰어들었다는 소식이 들린다.

우리에게 자원외교가 중요한 이유는 명백하다. 한국이 제조업 강국인 것은 사실이지만, 앞에서 언급했듯이, 자원 빈곤국이라는 결정적인 약점을 안고 있기 때문이다. 사실 우리나라는 OECD 회원국 중에서 해외 자원 의존도가 가장 높다. 그런 만큼 국제 원자재 가격이 들썩일 때마다 엄청난 손실을 감수해야 한다. 역대 정부에서 (추진 방식은 달랐지만) 자원외교에 관심을 가졌던 이유가 거기에 있다.

윤석열 정부 지금

민관 협력, 적극 자원외교 펼쳐야 생존 가능

자원외교는 정부가 직접 나서서 자원을 확보하는 것을 말한다. 자원을 생산, 유통하는 외국 회사에 투자하거나 지분을 사들이는 방식을 주로 사용한다. 그리하면, 기업이 전담하는 것보다 안정적으로 자원을 들여올 수 있고 잉여분을 다른 나라에 판매할 수도 있다. 물론 그에 따른 위험 요인도 적지 않다. 투자한 외국 기업의 실적이 부진하거나 파산하면 아까운 혈세를 고스란히 날리게 될 수도 있다.

우리는 지난 시절 자원외교에 실패한 경험이 있다. 그것이 트라우마로 남아있다. 하지만 그렇다고 자원외교를 주저하거나 망설여서는 안 된다. 그것은 무책임하고 비겁하다. 물론 각별히 유념해야 할 점도 있다. 해외 자원 개발은 성공률이 낮고 단기간 내에 수익을 낼 수도 없다. 그러므로 계획 단계에선 장기적인 안목으로 신중하게 접근해야 한다. 하지만 일단 결정하고 나면 과감하게 밀고 나가야 한다. 그래야, 때를 놓치지 않는다

세계는 반도체 산업을 통해서 글로벌 공급망이 얼마나 중요한지 깨달았다. 자원 확보도 마찬가지다. 우리의 생존과 미래를 위해서라도 지구상의 공급망 안에서 소외되지 말아야 한다. 물론 그것은 결코 쉬운 과제가 아니다. 하지만 후손들에게까지 자원 결핍을 물려주면 되겠는가? 다만 추진 과정에서 명심해야 할 점이 있다면, 특정 정권이나 개인의 이익을 철저히 배제하고 투명하고 합리적인 의사결정이 이루어져야 한다는 것이다.

자원외교의 특성상 정부가 총대를 메고 강력하게 추진해도 될지 말지다. 그런 난제를 특정 개별 기업에 맡긴 채 손을 놓아서는 안 된다. 국가 백년대계를 위해서라도 민관이 혼연일체가 되어 매진해야 한다. 윤 대통령이 취임한 지도 벌써 1년이 되어간다. 정부는 이제부터라도 외교력을 집중하여 자원 확보에 적극적으로 나서라. 훗날 국민의 뇌리에 자원외교의 신기원을 이루어낸 정부로 오랫동안 기억되길 바란다.

〈2023년 3월, 나병문〉

제2장

윤석열 정부의 정치,
지금

분열·적대 정치 아닌 민심 수렴·통합 정치를

윤석열 대통령 당선인. 일개 검사에 불과하던 그는 문재인 정부에서 서울지검장 검찰총장을 거치면서 급성장, 제1야당 국민의힘 후보로 부상했다. 이번 대선은 어느 선거보다도 치열했다. 선거전 내내 이재명 더불어민주당 후보와 1, 2위를 다투더니 개표 전에서도 초접전 끝에 역전승했다. 정계 입문 불과 8개월여만에 국가 최고 통수권자인 대통령직에 오른 것이다. 2위와의 격차는 불과 24만 표. 헌정사상 가장 적은 표 차이다.

윤석열 당선인은 전 국민이 둘로 나뉘어 싸우는 전쟁터 같은 선거판에서 탄생했다. 네거티브 선거전으로 외신에서는 '역겨운' 선거라는 지적이 나돌았다. 국내 언론도 사상 유례없는 '비호감' 선거라고 보도했다. 좋은 사람을 뽑는 선거가 아니라 덜 나쁜 사람을 뽑는 선거라는 견해가 많았다. '최악'의 후보는 피해야 한다는 지적도 있었다.

윤 당선인은 10일 당선 인사에서 "이날 결과는 저와 국민의힘 승리라기보다 위대한 국민의 승리"라고 말했다. 그는 이어 "헌법을 존중하고 의회를 존중하고 야당과 협치하겠다"라고 강조했다.

그렇다. 국민은 윤석열을 좋아해서라기보다 문재인 정부를 심판해야 한다는 정권교체의 여론 속에 탄생했다. 그의 득표는 전투표자의 48.56%로 절반에 미달한다. 절반 이상의 국민이 다른 후보에게 투표했다는 점에서 윤 당선인은 겸허해야 한다.

윤 당선인은 정치 신인이다. 지난해 6월 정계에 투신하기 전 인생을 검사로 일관했다. 이에 다수 국민은 검찰의 시각에서 국정을 이끌 것인가 걱정한 것도 사실이다.

일부의 우려를 의식한 듯 윤 당선인은 당선 인사에서 "이제 우리 경쟁을 끝났고 우리 모두 힘을 합쳐 우리 국민과 대한민국 위에서 우리 모두 하나가 되어야 한다고 생각한다"라고 밝혔다. 물론 역대 당선인들도 당선 인사에서 갈등과 분열 대신 통합과 협치를 약속했다. 그러나 실천한 대통령은 거의 없었다. 이에 말이 아니라 행동으로 이번 다짐을 실현해야 한다.

지역, 세대, 계층에 젠더 갈등까지

결국 윤 당선인은 자신을 지지한 국민만 아니라 자신을 반대한 국민 의사도 존중하고 반영하는 정치를 해야 한다. 제왕 같은 권력을 행사할 것도 아니다. 야당과 협치하면서 능력과 도덕성을 갖춘 인사를 각계에서 폭넓게 등용해야 한다.

윤 당선인은 2022년 5월 10일 취임한다. 임기 5년의 단임 대통령으로 개헌하지 않으면 2027년 5월까지 근무한다. 그런데 국내외 전문가들은 이 시기가 국가 총역량을 동원하지 못하면 선진국 대열에서 탈락할 수도 있는 위기의 시대라고 말한다. 호남과 영남으로 분열하는 등 지역 간 갈등은 여전하고 세대와 계층 간 갈등에 최근에는 남녀 간 젠더 갈등까지 심각함이 드러났다.

이번 정권교체의 주요한 원인으로 등장한 부동산 문제도 시급한 현안 중 하나다. 이외에도 저출산 고령화와 청년 일자리 문제 그리고 연금과 교육 개혁 등 해결하기 어려운 문제가 산적해 있다.

어디 이뿐인가. 대외적으로도 북한의 핵미사일 도발 움직임 등 직면한 숙제가 많다. 러시아의 우크라이나 침공으로 벌어지고 있는 '세계 전쟁'의 와중에서 국제 유가가 급등하는 등 대외 경제 여건도 만만치 않다.

코로나19 문제 또한 윤 당선인이 당면한 핵심 과제다. 2년 이상 계속된 코로나19 팬데믹으로 전 국민이 피로해 있는 상황이며 피해를 본 중소상공인과 영세상인에게는 막대한 생계 자금을 주어야 한다.

윤 당선인이 선거운동 기간 주장한 청와대의 이전과 선거구제 개혁 등 정치개혁 문제도 민주당과 협치 아래 시급히 처리해야 한다.

국민 열망 속에 탄생한 윤 당선인은 거듭 강조하거니와 분열과 적대의 정치를 종식하는데 주력해야 한다. 윤 당선인을 지지하지 않은 절반 이상의 국민을 생각하며 통합의 대한민국을 건설해야 한다. 말로만이 아니라 명실상부한 국민 통합정부를 구성하기를 바란다. 윤 당선인은 새로운 통합의 정치로 정치 신인이어서 미숙하리라는 일반 국민 인식을 하루빨리 불식시켜야 한다.

〈2022년 3월, 정세용〉

두 동강 난 민심, 하나로 통합을

한 번 냉정하게 보자. 지금 대한민국은 두 동강 난 상태이다. 좌와 우. 이번 20대 대통령 선거 결과도 그것을 말해주고 있다. 진영이 갈라져 있다는 것. 문재인 대통령이 그것을 윤석열 당선인에게 물려준 셈이다. 진 쪽은 승복하고 싶지 않을 것이다. 페이스북에도 관련한 글이 많이 올라오고 있다. 윤석열은 그것을 하나로 통합해야 한다. 그래야 대한민국이 앞으로 더 나갈 수 있다. 선거 과정에서 보지 않았는가. 나는 우리 국민을 존경하고 싶다. 그래도 더 나은 후보를 골랐다. 나는 이재명이 경기지사에 출마했을 때부터 반대했던 사람이다. 그런 사람을 대통령 후보로 뽑은 것부터가 잘못됐었다. 그것 역시 우리 국민의 한 축인 민주당 지지자들이 그랬다. 물론 선택은 존중받아야 한다. 그런데 잘못된 선택의 결과는 패배로 이어진다. 이번 선거의 교훈이라고 할 수 있겠다. 나라를 이렇게 만든 데는 문 대통령의 책임이 크다.

더 심하게 얘기하면 역사에 죄를 지었다고 할 수 있다. 촛불 혁명을 통해 탄생한 정부라고 자랑해 왔다. 하지만 엉터리였다. 권력에 취해 오만했고, 국민은 안중에도 없었다. 문 대통령이 5년 동안 무슨 일을 했는가. 나는 매일 칼럼을 써왔다. 대통령이 잘한 것은 평가하고 싶었지만 그런 일이 없었다. 내가 문 대통령을 칭찬한 경우는 손에 꼽을 정도다. 그런 문 대통령이 국민통합을 얘기하다니 아이러니다. 문 대통령은 10일 윤 당선인과의 통화에서 "힘든 선거를 치르느라 수고 많으셨다"라며 "선거 과정의 갈등과 분열을 씻어내고 국민이 하나가 되도록 통합을 이루는 게 중요하다"라고 말했다고 청와대는 전했다. 문 대통령도 통합은 알고 있는 듯하다. 그러나 문 대통령은 지금까지 국민통합을 위해 애쓴게 없다고 해도 과언이 아니다. 대한민국은 2019년 조국 사태 이후 완전히 둘로 갈라졌다. 나라가 이런 데도 문 대통령은 그것을 치유하려 하지 않았다. 국민이 광화문으로, 서초동으로 각각 달려가는 데도 지켜만 보았다. 그러는 동안 골은 더 깊어졌다. 이번 선거 결과가 그것을 말해주지 않는가. 따라서 국민 통합이 가장 중요한 어젠다가 됐다. 윤석열은 그것을 떠안았다. 그것 역시 윤석열의 운명이라고 할 수 있다. 윤석열은 당선 첫날 키워드로 '협치', '소통', '통합'을 부각했다. 그는 이날 새벽 승리가 확정된 뒤 여의도 당사 앞에서 한 대국민 감사 인사부터 현충원 참배, 국회도서관에서의 당선 인사, 선대본부 해단식까지 이들 세 키워드를 거듭 강조했다. "국민 통합을 최우선으로 생각하겠다", "헌법정신을 존중하고 의회를 존중하고 야당과 협치하면서 국민을 잘 모시도록 하겠다"(대국민 감사 인사), "우리 앞에 진보와 보수의 대한

민국도, 영호남도 따로 없을 것"(당선 인사) 등의 발언을 통해서다. 국민통합은 시대적 과제가 됐다. 문 대통령이 윤 당선인에게 넘겨준 좋지 않은 유산이다. 윤 당선인은 문 대통령을 반면교사 삼아야 한다. 국민통합을 말로만 해서는 안 된다. 국민이 피부로 느낄 수 있도록 해야 한다. 명심하라.

〈2022년 3월, 오풍연〉

'포용의 리더십'과 '인사 탕평책'을

이젠 '이념 갈등', '지역 갈등'에 이어 '세대 갈등', '젠더 갈등'이다. 20대 대선에서 세대 · 성별 · 지역 간 표심이 극명하게 엇갈리면서 이 같은 갈등을 해소하기 위한 대책 마련이 윤석열 정부의 최우선 과제로 떠오르고 있다.

전문가들은 "윤석열 대통령 당선인이 임기 초반부터 국정을 원활히 운영하기 위해서는 대통령직인수위 단계에서부터 세대·성별·지역 갈등을 해소하기 위한 국민 통합 방안을 제시해야 할 것"이라고 주문했다.

여러 갈등의 한 축이었던 세대 갈등은 이제 사회 분열의 핵심축으로 떠올랐다. 1997년 외환위기 이전 세대 갈등은 주로 정치·문화적 차이에서 표출됐고, 이후에는 한정된 경제적 자원을 둘러싼 세대 간 주도권 싸움으로 나타났지만, 지금은 정치·경제·문화적 차이가 복합돼 고차방정식만큼 복잡한 형태로 나타나고 있다.

전문가들은 경제가 어려워질수록 세대 갈등도 극단적 형태로 나타날 것이라고 경계하고 있다.

이번 대선을 규정하는 또 다른 특징은 이른바 젠더 대결이다. 세대와 젠더의 경계를 가르는 '이대남(20대 남성)'이 함축적인 키워드다. 진보 성향이 강한 40·50세대와 달리, 이들은 보수성향을 드러내며 국민의힘 새 지지층을 형성했다. 기존 보수성향의 60·70세대와 양대 축을 이루며 윤석열 정부의 출범을 끌어냈다.

그러나 '이대남'의 지지세를 다지는 과정에서 '이대녀(20대 여성)'의 페미니즘 이슈와 거리를 둔 것은 또 다른 젠더 갈등의 불씨를 남겼다. 윤석열 당선인의 공약인 '여성가족부 폐지'부터 반드시 재검토가 필요하다.

이런 사회적 갈등을 얼마나 줄이느냐는 '윤석열 표 국민 통합정부'의 성패를 가르는 잣대가 될 것으로 보인다. 대선 과정에서 지지층 결집을 위한 전략적 선택이 불가피했다면, 당선 이후에는 '국민 모두의 대통령'으로 자리매김해야만 '윤석열 정부'의 성공을 담보할 수 있을 것이다.

윤석열 대통령 당선인은 20대 대선 직후 당선 일성으로 "지역, 진영, 계층 이런 것을 따질 것 없이 대한민국 국민은 어디에 계시든지 똑같은 이 나라 국민이고 모두 공정하게 대우받아야 한다"며 "국민통합을 최우선으로 생각하겠다"라고 밝혔다. 이어 대통령직인수위원회에도 당선인 직속 국민통합특위를 꾸리기로 했다.

확실한 문제의식을 갖고 있는 것은 분명하지만, 실천을 위해서는 변해야 한다. 기존의 '보수정당, 수구정당 대표 후보'라는 이미지를 벗어던지고 개혁적일 만큼 혁신적으로 변해야 한다. 안티 세력도 국민인 만큼 당연히 넓은 품으로 안아야 한다.

오랫동안 '공정과 상식'의 원칙을 트레이드 마크로 삼아온 윤 당선인이기에 다른 모습을 보일 것으로 믿는다. 구호만으로는 '국 민 대통합'이 이뤄질 수 없다. 흔들림 없는 신뢰와 원칙으로 그 진정성을 뒷받침해야 한다.

나랏일을 하려는 사람들에게 꼭 들려주고 싶은 이야기가 있다. 하늘이 어떤 사람에게 일을 시키려고 할 때는 먼저 그 정신을 괴롭히고, 근골을 아프게 하며, 몸을 굶주리게 하고, 생활은 곤궁하게 하여, 하는 일마다 의지와 엇갈리게 한다고 한다. 그래서 인(仁)과 의(義)를 가지게 해 마음을 분발하게 하고 인내심을 강하게 하고 지금까지 할 수 없었던 일도 할 수 있게 한다고 한다.

어려움을 헤치고 오롯이 일어서서 앞으로 나아가려면, '현재의 생활에 만족하면서 즐거운 마음으로 일하자'는 '안거낙업(安居樂業)'을 실천하려면, 대한민국의 많은 인재 중에서 국민이 인정할 수 있도록 검증시스템을 풀로 가동해 등용해야 할 것이다. '바른 인재의 등용'과 '인사 탕평책'이 '국민 대통합'의 유일한 해법이며, '빛나는 내일'로 가는 유일한 통로이다.

그렇다면 어떤 사람을 써야 할까. 주나라 태공망은 병서 『육도(六韜)』에서 "세상 사람들의 평판만 듣고 사람을 써선 안 된다. 그렇게 인물을 고르면 패거리가 많은 이들은 유리하고, 패거리가 적은 이들은 불리하다"라고 말했다. 『육도』에선 또 써선 안 될 사람의 유형을 구체적으로 예시했다. '지혜도 없고 계책도 없으면서 큰소리치는 사람, 평판과는 달리 실력이 없고 이랬다저랬다 하는 사람, 겉으론 욕심이 없는 체하면서 사리를 추구하는 사람, 말은 번지르르하게 잘하지만 아무것도 안 하면서 남을 비방하는 사람, 확고한 주관 없이 부화뇌동하는 사람' 등이다.

이와 함께 반드시 되새기고 실천해야 할 덕목이 '포용(包容)의 리더십'이다. 노자의 『도덕경』에 '큰 강과 바다는 가장 낮은 곳에 엎드려 있기에 세상의 모든 냇물을 받아들이고 모은다'는 명언이 나온다. '큰 인물은 작은 민초의 뜻이라도 가리지 않고 받아들인다'라는 의미로 '목민관에게 유일한 영웅은 국민이고, 국민이 최후의 승리자이며, 양심의 근원이다'는 뜻이 된다.

올해 우리 경제 전망은 여전히 어둡다. 경제가 어려울수록 고통받는 것은 서민들이다. 소외된 계층을 더욱 따뜻이 보듬어주는 '포용의 리더십'이 그래서 더욱 중요하다. 이와 함께 이제 국민도 새 대통령의 행보를 지켜보고, 힘을 실어주는 성숙한 시민의식이 필요한 시점이다.

2012 미국 대선에서 공화당 후보 존 매케인이 패배 인정 연설할 때, 자신을 지지했던 사람들이 민주당 후보 버락 오바마에게 야유를 보내자 "He is my president"라고 말했고, 이 한마디에 성난 군중이 양같이 순해졌다고 한다. 세대, 성별, 지역, 이념에 따라 서로의 이해관계는 달라도 결국 우리는 모두 '더 나은 내일의 대한민국'이라는 같은 희망을 갖고 있다.

욕하고 헐뜯고 퇴보할 시간이 없다. 퇴직한 가장도, 불황에 우는 기업인도, 저임금과 고강도 노동에 허덕이는 근로자도, 구직난과 등록금에 시달리는 청춘들도 '지금보다 조금 더 웃을 수 있게 만들어줄 대통령'이길 기대하며 '국민 대통합'의 험난한 장도에 동참했으면 하는 바람이다.

〈2022년 3월, 조석남〉

윤석열 정부 지금

갈등 관리하는 성군 정치, 조화 정치를

당선 초기부터 여성가족부 폐지 공약과 관련한 남녀 갈등이 표출되고 있다. 작용 반작용 원리가 작동되기 때문이다. 애당초 여성가족부를 신설할 때, 여성을 위한 목적은 충분히 지향하면서도 편향적 부처 이름을 사용하지 않는 조직으로 시작할 수도 있지 않았겠느냐 하는 아쉬움을 금할 수 없다. 부처 이름을 명명하는 것조차도, 새로운 갈등이 유발되지 않도록 좀 더 신중했어야 했다. 멀쩡했던 백성을 남녀로 갈라지게 함으로써 또 다른 대립구조를 만들 필요가 없었으니 말이다.

당장 좋아 보이는 단기 조치가 반드시 장기적으로 긍정 효과를 발휘한다는 보장은 없다. 인식과 상황변화에 따라서는 국민 정서 안정에 오히려 갈등 요인을 구조적으로 심어 놓는 폐단이 될 수 있어 오히려 역효과를 불러올 수 있다는 것을 우리는 사회 경험과 역사에서 배워야 한다.

예컨대, 월급 사장은 회사 장기발전을 위해 보이지 않는 기초 인프라를 구축하는 것보다는 자신의 임기 때 영업실적으로 나타내 보일 수 있는 일과 회계처리에 더 신경을 쓴다. 반면 오너 사장은 단기 과시성 효과보다는 지속 가능한 장기 토대구축에 주안점을 두고 회사를 경영한다.

감가상각을 어떻게 회계 처리하느냐? 영업외비용과 수익을 어떻게 처리하느냐? 몇 년 후에나 효과를 볼 알엔디 투자나 광고비를 어떻게 책정 운영하느냐에 따라서 당해 연도 손익계산서에 유리할 수도 있고, 아니면 다음 연도 경영지표에 더 유리할 수도 있기 때문이다. 기업이 고의로 자산이나 이익을 크게 부풀리고 부채를 적게 계상함으로써 재무 상태나 경영 성과를 조작하는 일종의 착시 효과로 극단적으로는 적자기업을 흑자기업으로 위장할 수도 있는 것이다.

이것이 주인 근성과 머슴 근성의 차이다. 국가 경영지표도 마찬가지다. 국채 발행을 이번 연도에 하느냐 다음 연도에 하느냐에 따라서 당해 연도 국정 실적지표는 달라질 수 있다. 이 또한 기업과 마찬가지로 일종의 숨겨진 변칙이 작용할 수 있는 부분들이다. 참모 뒤에 숨지 않고 국민을 속이지 않겠다는 약속을 하였으니, 과거 정부에서 반면교사로 얻을 수 있는 교훈을 양약으로 삼아야 할 것이다.

새로 시작하는 대통령이 단기적인 전시 효과에 올인하는 월급 사장 리더가 될 것인가? 지속적인 국가발전에 중점을 두는 오너 같은 성군 리더가 될 것인가? 하는 것은 국운을 가를 중차대한 선택이 될 수밖에 없다. 우리가 성군으로 추앙하고 있는 세종대왕

윤석열 정부 지금

이 한글을 만들 때, 귀찮아하는 주변 신하들에게 과연 인기만 있었겠는가? 측우기를 만들고 해시계를 만드는 일이 단기적 실적이나 인기에 기인한 것이었겠는가? 아니면 먼 장래를 위한 애국 애민 정신의 발로였겠는가?

경부고속도로를 처음 만들 때, 비판하는 세력들은 그 돈으로 정부가 농산물을 비싸게 사서 소비자에게 싸게 파는 "이중곡가제"를 시행하지 왜 쓸데없이 돈 들여서 농토에 길을 내느냐고 반발했다. 우리나라 산업의 혈맥인 경부고속도로가 그때 만들지 않았다면 어떻게 되었을까?

영-호남 지역 갈등, 남-북 이념 갈등은 정치적인 '인조갈등(人造葛藤)'

생각하기조차 싫다. 시간이 지나고 보면 이 또한 먼 장래를 내다보는 오너 리더십이요 성군 리더십의 발상이 아닐 수 없다. 성군은 순간 인기도로 평가받지 않고 장기적인 실적으로 평가받기 때문이다.

다인종으로 구성된 미국은 인종 갈등으로 인한 분열을 원천적으로 방지하기 위하여 국가와 국기 앞에서 모두가 하나라는 의식을 갖도록 강력하게 관리하고 있다. 그에 비해 단일민족이면서 크지도 않은 우리나라는 몇 다리만 건너면 모두가 친인척 같은 백성인데 왜 이토록 골 깊은 갈등으로 인해 서로 대립하고 분열하며 국력을 낭비해야만 하는가?

동서 영-호남 지역 갈등, 남북 이념 갈등이 원래 하늘로부터 내려온 갈등은 아니지 않은가? 따지고 보면 손쉽게 권력을 장악하려는 영악한 정치인들의 선동 수단에 선량한 백성이 갈라치기 당했던 인조갈등(人造葛藤) 아니던가?

갈등 해법의 역사를 살펴본다. 정보가 대중화될 수 없었던 과거에는 지혜와 권위와 존경의 상징인 어른의 역할과 화해의 정신이 있어서 난제와 갈등 해결의 출구를 찾을 수 있었다. 경로(敬老)와 효(孝)를 근간으로 하는 시대 정신과 상호부조(相互扶助)의 정신이 갈등을 풀어가는 시대도 있었다.

양반 상민으로 대립하는 신분 갈등의 시대에도 과거제도가 어느 정도 갈등 해결의 출구 역할을 했다. 자신의 의지나 행위에 관계없이 청상과부가 된 불쌍한 여인을 구해주는 방편으로 보쌈 제도를 묵인하고 인정해주는 풍속도 있었다.

산업화 이후 자본축적에 따른 빈부 양극화 갈등은 차별적 세금 부과와 호혜적 재정정책으로 부의 재분배를 통해서 복지를 함께 누리는 방법으로 갈등을 조정하고 있다. 또한 실력만 있으면 능력을 발휘할 수 있도록 인정해주는 공인 자격증 제도가 졸업장(학력) 갈등을 완화하는 수단으로 작동되고 있다.

내가 원하는 것과 현실과의 괴리에서 불만이 생기고, 내가 원하는 것과 상대가 원하는 것이 충돌할 때 갈등이 생긴다. 그러기에 매 순간 불만을 해결하고 갈등을 조율해서 풀어내야 하는 것이 곧 삶이다. 정치도 그래서 통합을 외친다. 갈등을 줄이기 위해서다. 따라서 기존 갈등에 대한 솔루션을 찾아내고 새롭게 나타날 수 있는 갈등 요인을 예방해 나아가는 것은 정치의 기초 아젠다임에 분명하다.

이제 부모 세대와 자식 세대 간의 갈등까지

남녀 갈등, 부모 자식 갈등, 지역 갈등 같은 것은 어느 정도 해결의 실마리를 찾을 수 있다. 그러나 저출산 고령화 사회로 고착되는 우리 사회에서 줄어드는 노동 인력이, 늘어나는 노인 세대를 어떻게 먹여 살릴 것인가? 하는 문제는 그리 간단하지 않다. 그렇다고 현대사회에서 고려장 제도를 입법화할 수도 없는 노릇이다.

20년 후, 노동인구 감소와 무노동 노인층 인구의 증가로 인해 젊은 층이 부담해야 할 세금은 엄청나게 늘어날 수밖에 없다. 수입의 절반을 세금으로 내야 할 형편에 이를 수도 있다. 내 수입 중에서 크게 빠져나간 세금이 빈둥거리는 옆집 노인에게 한없이 지출된다고 할 때, 노인 세대와 젊은 세대와의 갈등이 저절로 생겨나지 않겠는가?

갈등 상황을 계속 끌고 가다 보면 공멸한다. 어떻게 하면 세대가 공존할 수 있을까? 방법을 찾아야 한다. 서로 협력하는 상생 구조를 만들어가야 한다. 여기서 역발상을 제안해 본다.

그동안 젊은층 일자리를 위해서 명퇴라는 이름으로 조기 퇴직을 강요해 왔다. 단기적으로 젊은층에게 일자리가 생기는 듯하지만, 장기적으로는 젊은층 세금이 늘어나고 장수 시대에 건강한 퇴직자의 유휴 인력과 함축된 경험이 그대로 사장되고 있다. 그 틈새에서 부족한 노동력은 외국 근로자들이 담당하고 있다.

지금, 노란 가운 입고 쓰레기 줍는 노인들에게 지급되는 수당은 정상 일자리가 아니라 형식을 갖춘 무상 지급에 가깝다. 더 생산적인 일을 할 수 있는 사람도 그 일만을 시키면 그일밖에 못 한다. 지금 60대는 과거 40대에 버금 되는 신체 나이다. 장수 시대에 일할 수 있는 능력과 진한 경험을, 정년이라는 이름으로 칼같이 단두대에 세울 일이 아니다.

미국에는 정년이 없다. 일할 수 있는 능력 보유 여부가 중요하다. 이것은 정년 문제와 일자리 문제가 반드시 일치하는 것은 아니라는 방증이다. 노인층 생존을 위해서 젊은층 수입의 절반을 세금으로 떼는 갈등을 줄이기 위해, 정년 이후에도 유용한 노동력이라면 기존급여의 절반이나 그 이하로 조정해서 탄력적으로 계속 일할 수 있는 선택적 유연정년제(柔軟停年制)를 신중히 연구 검토해 주길 제안한다.

일본 토요타(TOYOTA)의 성공 사례도 있다. 미래에 닥쳐올 심각한 갈등 위험을 줄이기 위해 제도적 개선을 찾아보는 정치 행위야말로 곧 국민의 생존권, 행복권을 보존하는 헌법적 가치 아니겠는가.

〈2022년 3월, 윤영호〉

대통령의 '식사 소통 정치'를

먹는 것만큼 중요한 것도 없다. 먹어야 산다. 먹지 못하면 죽는다. 사람은 하루 세 끼를 먹는다. 하루 중 가장 즐거운 시간이기도 하다. 윤석열 당선인의 식사 정치가 빛을 발하고 있다. 잘하는 일이다. 윤 당선인은 "청와대 들어가면 혼밥(혼자 먹는 밥)을 하지 않겠다"라고 했다. 그 약속을 당선인 시절부터 지킨다고 할까. 요즘 윤 당선인의 식사 메뉴가 화제다.

고위직은 혼자 밥을 먹는 경우가 많다. 예전 법조를 출입할 때 얘기다. 대법원장 방에는 점심 때마다 음식이 배달됐다. 구내식당서 배달하기도 하고, 외부에서 들여오기도 했다. 대법원장이 혼자 식사하는 것. 비서실에 물어보았더니 매일 그렇게 한다고 했다. 식사는 얘기를 나누며 즐겁게 해야 하는데 식사하면서 얼굴을 붉히는 일은 거의 없다. 서로 덕담하거나 유쾌한 얘기를 한다.

윤석열 정부가 들어서면 대통령의 식사 초대를 받는 사람들이 많을 것 같다. 각계각층의 사람들과 소통하겠다고 했다. 그럼 민심을 직접 들을 수 있을 게다. 경청(傾聽). 그것도 지도자의 리더십으로 본다. 잘 듣는 것도 굉장히 중요하다. 윤 당선인은 서민적 모습을 보여주고 있다. 대통령에 취임한 뒤에도 그래야 한다.

예전 대통령들의 딱딱한 모습은 아니다. 남대문 시장을 방문해서는 상인들과 함께 꼬리곰탕을 먹었다. 옆에 앉은 사람에게 후추를 넣어주는 모습도 볼 수 있었다. 권영세 인수위 부위원장에게 김치찌개를 떠주기도 했다. 역대 이런 대통령은 없었던 것 같다. 보통 사람 모습 그대로다. 메뉴 역시 서민들이 좋아하는 것을 골랐다. 꼬리곰탕-짬뽕-김치찌개-파스타. 나도 좋아하고, 즐겨 먹는 메뉴다. 대통령은 가까운 거리도 차로 이동한다. 경호 때문에도 그렇다. 그러나 윤 당선인은 걸어서 식당에 갔다. 식사를 마친 뒤에는 일행들과 함께 산보를 하기도 했다. 그런 모습은 자주 보여주어도 나쁘지 않다. 늘 국민 곁에 있어야 한다. 청와대를 나오려고 하는 이유인지도 모르겠다. 지금 청와대는 일반인들의 접근이 불가능하다.

윤 당선인은 17일에도 서울 종로구 통의동 집무실 인근 이탈리안 식당에서 오찬 회동을 했다. 이날 오찬에는 김한길 국민통합위원장, 김병준 지역 균형발전특위원장, 박주선 대통령 취임식 준비위원장, 장제원 당선인 비서실장, 김은혜 당선인 대변인, 이용 당선인 수행팀장 등이 동석했다. 오찬은 윤 당선인이 김한길·김병준·박주선 위원장과 인사하는 차원에서 마련된 자리라고 했다.

윤 당선인은 샐러드에서 피자까지 오찬 내내 원로들에게 직접 음식을 나눠드리기도 했다고 김 대변인이 전했다. 김 대변인은 "격한 대치를 벌이는 공화당 의원을 초대해 식사로 소통하며, 들어올 때의 성난 얼굴을 나갈 땐 펴지게 했던 (버락) 오바마 전 미국 대통령의 사례가 떠올랐다"라고 말했다. 윤석열식 식사 정치가 계속되기를 바란다.

<2022년 3월, 오풍연>

인사가 만사, 능력 본위 탕평책을

대선 후 19일 만이다. 문재인 대통령과 윤석열 당선인 간의 회동은 16일 낮 계획됐다. 그러나 인사 문제와 청와대 이전 문제 등으로 이견이 생기면서 회동 4시간 전에 무산됐었다. 이날 만찬은 3시간 가까이 진행됐다. 동석했던 장제원 당선인 비서실장은 두 사람이 흉금을 털어놓고 화기애애한 분위기 속에서 많은 대화를 나눴다고 전했다.

최근 두 사람 간의 '신구 갈등'은 국민의 눈살을 찌푸리게 했다. 그러나 28일 회동으로 두 사람 간 신뢰가 어느 정도 해소되고 국민 불안이 조금 해소됐다는 점에서 다행이라 할 수 있다. 장 실장은 인사 문제와 청와대 이전 문제 그리고 추가 경산 등에 대해 이견이 없었다고 전했다.

구체적인 상황은 추후 자신과 이철희 청와대 정무수석 간 대화를 통해 해결할 것이라고 발표했다. 다만 문 대통령과 윤 당선인

윤석열 정부 지금

간 단독 면담이 이뤄지지 않았고 청와대 이전 문제 등에 대한 구체적 합의가 없었다는 점에서 아쉬움이 남는다.

0.73%. 역대 대선에서 가장 작은 표 차다. 그러나 이재명 민주당 후보는 깨끗이 승복했다. 반면 윤석열 당선인은 당초 약속한 통합과 협치와는 거리가 있는 언행과 인사로 당선인 시절 지지도로는 최저를 기록하는 등 여소야대 등으로 순탄치 못할 집권 초기를 떠올리게 했다. 퇴임하는 대통령과 취임할 대통령의 지지도가 비슷한 점이 시사하는 것은 윤석열 정부가 독주하려 할 경우 엄청난 저항에 부딪힐 것이라는 사실이다.

윤석열 정부 출범을 앞둔 국내외 상황은 만만치 않다. 코로나19 위기는 아직 언제 끝날지 모른다. 우크라이나 사태와 미·중 대결 등 대외적으로도 현안이 산적해 있다. 북한의 미사일 발사 등 남북문제도 첩첩산중이다. 여소야대로 초당적 협치가 이뤄지지 않을 경우 파국이 올지도 모른다는 것이 다수 전문가 진단이다.

역대 최소 표 차를 여야는 어떻게 해석해야 하나. 다수 전문가는 진단한다. 윤석열 당선인과 이제 여당이 될 국민의힘은 최소 격차를 준 민의를 알고 독주해서는 절대 안 된다. 야당이 될 민주당의 경우 다수당이라고 힘으로 밀어붙이려 해서는 안 된다. 대선 패배를 무겁게 받아들이고 다시 태어나 민의를 수렴해야 한다.

새 정부 조각, '윤핵관'만 중용하면 곤란

문재인 대통령이 지는 해라면 윤석열 당선인은 곧 국가원수가 될 뜨는 해이다. 이에 다수 국민은 문 대통령의 경우 마무리를 잘하기를 바라고 윤 당선인의 경우 통합과 협치를 실천해 여소야대를 극복해줄 것을 요망한다.

윤 당선인은 대학 졸업 후 검찰에서만 주로 근무한 정치 초년생이다. 검찰 세계와 정치권은 다른 점이 많다. '0선'인 윤 당선인은 검찰에서 했던 방식대로 일을 처리할 것이 아니라 민의를 존중하고 야당을 배려하는 통합의 정치를 해야 한다. 대한민국은 절대로 '검찰 공화국'이 될 수 없다. 대한민국은 국민이 주인인 민주공화국인 것이다.

이제 40여 일 후면 취임할 윤 당선인에게 부탁할 말이 하나 있다. 인사가 만사라는 것이다. 촛불 항쟁 정신을 어기고 캠코더(캠프 코드 더불어민주당) 인사를 한 문재인 정부를 반면교사로 삼아야 한다. 이명박 정부도 고소영(고대 소망교회 영남) 인사로 초기부터 어려움을 겪었다. 박근혜 전 대통령의 경우 '수첩 밀봉' 인사로 초대 국무총리 지명자가 닷새 만에 자진 사퇴하는 등 인사 참사를 겪고 휘청였다.

결국 대선 전 통합정부 구성을 약속했던 안철수 국민의 당 대표 등 자기 편이나 진영을 넘어서야 한다. 여소야대 상황에서 협치의 출발점은 바로 적재적소에 인재를 배치하는 것이다. 야당 인사라도 능력이 있는 인사는 과감히 등용해야 한다.

윤석열 당선인은 곧 국무총리 내정자를 발표할 것이라 한다. 안철수 대표가 총리직을 고사함에 따라 그 후보로 한덕수 전 총리, 임종룡 전 금융위원장, 박주선 대통령 취임준비위원장 등이 거론된다. 총리 등 새 정부 조각에서 윤 당선인이 명심할 것은 '서오남(서울대 50대 남자)', '윤핵관'만을 중용해서는 곤란하다는 점이다.

　국민은 통치의 대상이 아니다. 대통령은 국민을 섬기는 제 1등 머슴이다. 윤 당선인은 국민이 주인이라는 민주공화국의 이념을 명심하고 국민을 섬길 능력과 도덕성이 있는 인재를 적재적소에 기용해야 한다. 그래야 성공한 대통령이 될 수 있다.

〈2022년 3월, 정세용〉

고대 로마 서민생활사, 국가경영 참고를

영화 '폼페이 최후의 날'은 사상 최대의 베수비오 화산 폭발로 한순간에 사라진 도시 폼페이를 소재로 한 작품이다. 한순간 시간이 멈춘 도시, 단 18시간 만에 지도에서 사라진 폼페이는 이탈리아 남부에 있는 로마 귀족들의 휴양도시로 사치와 향락이 끊이지 않았던 비교적 번창한 곳이다.

그런데 궁금한 것이 있다. 화산이 폭발할 때, 기득권층이 많이 죽었을까? 아니면 가진 것 없는 열악한 서민층이 더 많이 죽었을까?

일반적으로 생각하면 방패막이 많은 기득권층이 살아남을 확률이 높을 것 같지만, 사실은 그 반대였다. 대 폭발이 있기 전에 나타나는 수많은 전조 현상을 보면서 쉽게 위험지역에서 떠날 수 있었던 것은 기득권층이 아니라 별로 지킬 것이 없는 서민층이었기 때문이다.

많이 가진 자들은 목숨 같은 기득권 보존과 확장에 신경을 쓰느라, 밀려오는 쓰나미 소리를 들을 수 없었고, 그 이전에 나타나는 작은 전조 현상을 볼 수 없었기 때문이었다. 귀가 있어도 들을 수 없었고, 눈이 있어도 볼 수 없는, 눈 뜬 소경이었던 것이다.

지금 국회에서 스릴 넘치는 영화처럼 긴박하게 진행되고 있는 입법과정을 보면 정치인들이 시나리오 작가를 뺨칠 정도다. 영화나 드라마는 관객의 상상을 훨씬 넘어서야 흥행에 성공하는 것이기 때문이다. 물론 그 성공 속에는 피아(彼我) 구분 없이 자신들의 기득권 보호막이 숨겨져 있어, 남는 장사라고 표정 관리를 하고 있을지 모르겠다.

계속해서 방영될 대박의 시즌2 영화는 '검수완박'에 이어서 아마도 '국특완박'이 시리즈로 나올지도 모른다는 세간의 이야기다. 국회의원의 수많은 특권을 완전히 박탈한다는 내용의 작품 말이다. 정말 이것이 영화라면 대박이 날지도 모르겠다.

제동력을 상실한 탐욕이 갈등-충돌 생산

그러나, 우리의 삶은 영화가 아니다. 스릴이 아니라 안정이다. 특별한 쾌감이 아니라 보편적 상식이다. 그렇다면 사람 사는 방법을 보통 사람 기준에서 찾지 않고 어디에서 찾는다는 것인가? 과거 봉건사회로부터 오늘날 민주주의가 제도로 정착되기까지 특권의 횡포에서 벗어나기 위해서 얼마나 많은 백성이 피를 흘려야 했으며, 얼마나 많은 선각자가 박해받아야 했던가.

그 결과 공정치 못한 특권은 계속해서 줄어들고 있는 것이 시대의 흐름이다. 그것도 고민에 고민을 더하고, 국민적 합의를 끌어내는 투명한 과정을 통해서 말이다. 이 도도한 흐름을 역행하는 어떠한 담합이나 묘략(妙略)도 허용되어서는 안 된다. 떡장사가 임의로 떡 하나 더 먹는 것과, 입법권자들이 자신들만의 철옹성 강화를 위해 임의로 법 하나 빼고 더하는 것은 결코 같을 수 없다.

오늘날, 현대를 살아가는 우리에게 밀어닥칠 대재앙은 눈에 보이는 화산 폭발 같은 자연재해만 있는 것이 아니다. 오히려 제동력을 상실한 탐욕이 갈등과 충돌을 끊임없이 생산해 우리의 내부에서 끓고 있는 분노의 마그마가 더 가까이 있을 수 있다.

일확천금을 꿈꾸는 도박꾼에게, 적은 돈이 보이지 않듯, 벼락출세를 좇는 권력 사냥꾼 눈에, 곱지 않게 바라보는 백성들의 시선 따위가 보일 리 없다. 따라서 충언도 들리지 않고, 여론도 보이지 않는다. 더구나 권력이 유일한 무기인 사람은, 그 권력이 무너지면 곧바로 죽는 줄로 안다. 그러니 죽기 살기로 그거 움켜잡고 있느라, 주위의 형편을 살필 겨를이 없다. 나라 걱정 이전에 나 살기에 바쁘기 때문이다.

권력 외에 뵈는 게 없다 보니 불나방처럼 오히려 불길로 뛰어든다. 손을 펴야만 들고 날고 할 수 있는 좁은 구멍 속에서 손에 잡은 바나나를 죽자 살자 놓지 못해, 도망갈 기회를 놓쳐, 결국 잡히고 마는 헛똑똑이 원숭이와 무엇이 다르다는 말인가?

화산 폭발의 징조보다 발아래 진상(進上)이 크게 보인다. 권력 자체가 전지전능한 우상이 되어버렸기 때문이다. 그러나, 세상에는 힘으로만 해결할 수 없는 것이 엄연히 존재한다는 것을 알아

　　　　　　　　　　　　　　　　　윤석열 정부 지금

야 한다. 우상처럼 숭배하는 권력의 배를, 떠받치기도 하고 전복 시키기도 하는 민심이 바로 그것이다.

휴면상태서도 민심은 언제나 활화산

기존의 권력이, 이전 정권이나 특정 세력에 빚 갚을 일이 많았던 반면, 단기간에 국민에게 부름 받은 윤석열 정부는 빚 갚을 일이 상대적으로 적지 않은가. 오로지 국민만 보고 간다는 그 말 대로 실천하면 되지 않겠는가.

그렇다면, 기존 적폐와 연합하여 새로운 빚을 만들지 말고, 내부적인 화근(禍根)거리를 초기에 잡아, 새로운 적폐를 시작부터 만들지도 말아야 할 것이다. 그래야 뒤늦게 읍참마속(泣斬馬謖/원칙을 위해 자기가 아끼는 사람을 처단한다) 하는 고통을 피할 수 있지 않겠는가. 내가 상식적이어야 남에게도 상식을 요구할 수 있고, 내가 공범이 되지 않아야 죄를 발본색원할 수 있다.

기득권 정치 세력은 알아야 한다. 떠나면서 다시는 먹지 않을 거라고 침 뱉어 버린 그 물을 반드시 다시 먹어야 하는 때가 오고, 나만 먹겠다고 온갖 욕심을 담아 만든 우물물을 다른 사람이 먹게 되는 것이 세상의 이치다. 양지와 음지가 바뀌면 주인은 언제든지 바뀌게 되어 있으니 말이다. 공수(攻守)가 뒤바뀌면 내가 만든 덫이 나를 잡을 수밖에 없다. 자기 꾀에 자기가 속아서 자승자박한다는 이야기다.

백성들은 밖으로 큰 적을 물리쳐야 영웅이라 칭하고, 안으로 큰 도둑을 막아내야 환호한다. 국가 안위가 태산처럼 든든하고,

공의가 강처럼 국민 속에 흘러가지 않을 때는, "이게 나라냐?" 하면서 국가 권위를 인정하지 않았다. 심판 기준이 바로 서지 않을 때 반칙 없는 경기는 기대할 수 없기 때문이다. 공정하지 않은 지대에서 누가 열심히 일하려 하겠는가.

휴면상태라 할지라도 민심은 언제나 생화산이다. 선거 때 나타나기도 하고 특별한 때 분출하여 기세를 보이기도 한다. '폼페이 최후의 날'을 예상 못해, 가진 것 지키고 누리기에 급급했던 당시 기득권층의 몰살과, 작은 전조에도 예민하게 반응하여 미련 없이 안전지대로 대피했던 서민들의 역사에서 우리 정치 권력자들은 사는 길을 배워야 한다.

어느 길이 사는 길이고, 어느 길이 폭망하는 길인지.

〈2022년 4월, 윤영호〉

윤석열 정부 지금

극성즉패(極盛則敗),
역대 정권의 반면교사를

그리스 신화에 '프로크루스테스'라는 괴물 이야기가 있다. 이 인물은 아테네 마을로 통하는 교외 한 언덕에 집을 짓고 그의 집에 철로 만든 침대를 갖다 놓았다. 지나가는 사람들을 붙잡아다가 그 침대에 눕혀서 행인의 키가 그 침대보다 길면 그만큼 잘라내고, 작으면 침대 길이에 맞춰 강제로 늘려 죽였다는 어처구니없는 이야기다.

자기가 만든 기준을 잣대로 하여 누군가를 불구로 만들고 생명을 죽이는 반인륜적 극단의 악마 모습이었다. 그의 악행은 결국 아테네의 영웅 '테세우스'에 의해 끝이 난다. 테세우스에 잡힌 그는 그가 행했던 악행과 똑같은 방법으로 머리와 다리가 잘려 처단된다.

오래된 이 신화가 "프로크루스테스의 침대"라는 제목으로 오늘날까지 우리에게 회자하는 까닭은, 그것이 단순한 옛날 신화 이야기가 아니라, 바로 우리들의 현실 이야기이기 때문이다. 우리가 부지불식간에 강요당하고 세뇌되어있는 프로크루스테스의 '철 침대 잣대'는 21세기를 사는 오늘날에도, 철옹성처럼 굳어진 사상과 신념과 오기의 정치 잣대로 오용되고 있는 것이다.

자기모순이 분명함에도 신기할 정도로 우리의 이성을 마비시키는 이 철 침대 프레임 마법은, 교조주의(Dogmatism) 종교 집단과 극단적인 정치 집단에서 절묘하게 이용되어 비극의 역사를 지속시키고 있다.

세상이 불안할수록 점집이 호황이고 사회가 혼란할수록 예언이 성행하는 현상이 사라지지 않고 있음은 우리 인간의 나약함과 어쩔 수 없는 어리석음의 증거다. 자기 내면이 공허할수록 사회를 갈라치는 진영 프레임에서 흥분을 즐기고, 경쟁에서 진 낙오자일수록 기존의 룰과 질서를 송두리째 뒤엎어 버리고 싶어 하는 것은, 세상에 들이대는 잣대와 자기 자신에게 적용하는 별개의 잣대를 품고 있는 인간의 이중적인 모습이다.

요행과 불공정의 바람을 타고서라도 부족한 자기 실력을 감추며 기적처럼 명예 도둑질을 하고 싶은 심리와, 배고픈 건 참아도 배 아픈 건 참지 못해서, 못 먹는 감 찔러 버려야 직성이 풀리는 질투 심보는 한 뿌리에서 나온 인간의 두 줄기 독버섯이다. 이 독버섯에 대한 자기평가, 즉 메타인지가 작동되지 않는 한, 결국 극단이 극단을 부를 수밖에 없는 과보(果報) 프레임 수레바퀴에서 우리는 영원히 해탈할 수 없다.

윤석열 정부 지금

이긴 자의 착각은 '신의 자리' 유혹

이 악마의 쓴 뿌리가 우리 인간이 신이 될 수 없는 이유 중의 하나라는 것을 솔직하게 인정해야 한다. 권력을 잡은 자나 빼앗긴 자나 모두 우리는 이렇게 불완전한 인간, 그 이상도 이하도 아니라는 사실을 인정하는 진솔함에서부터 출발해야 한다.

만약, 영웅이 된 테세우스가 '처단하는 행위 자체'에 도취되어 그것을 계속 즐기다 보면, 자칫 제2의 프로크루스테스가 되어 비극의 시즌2 역사는 계속 이어질 수밖에 없을 것이다.

즉 개혁의 깃발을 들고 성공한 권력이, 흥분하는 군중과 논공행상(論功行賞) 분위기에 편승해서 사욕을 탐하는 무리 환호장벽 속에 갇혀 있다면, 그래서 불완전한 자신의 모습을 동시에 바라볼 수 없게 된다면, 이긴 자의 착각은 사람이 아닌 신의 자리에 앉고 싶은 유혹에 빠질 것이다.

사람은 어디까지나 사람이어야 한다. 신이 되는 순간 불완전한 자기 생각이 프로크루스테스의 침대가 되고 자기 스스로가 고착된 깃발이 되기 때문이다.

그래서 권력의 상징인 완장이, 그동안 명분이 되었던 깃발보다 더 크게 보이는 순간부터, 개혁 주체는 개혁의 대상으로 전락하게 되는 것이다. 이것이 굴곡의 현장 속에서 국민투표 결과로 반복해서 나타났던 우리의 역사다. 교훈을 얻지 못하는 역사는 인간의 역사가 아니다. 방금 낚싯바늘에서 가까스로 풀려난 물고기가 금방 그 자리에서 또 다른 낚시에 낚이는 의미 없는 경험에 지나지 않기 때문이다.

침대는 누가 어떻게 사용하느냐에 따라 선악이 갈린다. 프로크루스테스 침대처럼 죽이는 침대가 되기도 하고, 코로나19 치료를 위한 음압병상처럼 살리는 침대가 되기도 한다. 예리한 칼은 누구 손에 있느냐에 따라 살리는 도구가 되기도 하고 죽이는 흉기가 되기도 한다.

돌팔이 의사 손에 쥐인 수술칼은 한 번에 한 사람만 해치지만, 오기로 무장된 권력자 손에 주어진 칼은 한 번에 여러 사람을 해칠 수도 있기 때문이다. 그러기 때문에 명검은 예리한 칼날과 안전한 칼집을 모두 갖추었을 때, 명검이라 칭함을 받는 것이다.

꿈 같은 이념보다 국민 체감 행복을 목적으로

유사 이래로 평화를 내세우지 않는 전쟁 없었고, 애민(愛民)을 앞세우지 않는 독재는 없었다. 화장한 얼굴마담 뒤에 오너의 이익이 숨어 있듯이, 지나치게 근사한 명분 뒤에는 반드시 이권이 숨어있다는 권력의 속성을 우리 백성은 이제 경험 속에서 터득했다.

극성즉패(極盛則敗)다. 극단은 극단을 부르기 때문이다. 인간이 인간 이상이 되려는 교만과 오만, 그에 추종하는 묻지마 맹종이, 사람이 손 쓸 수 없을 정도로 도를 넘게 되면 결국 하늘과 땅이 언제라도 극단의 소리를 낼 수밖에 없다. 대 수술을 하지 않으면 기반 자체가 무너지기 때문이다.

이제 새로 출범하는 대한민국 윤석열호는 이미 움직이기 시작했다. 정권교체 자체는 어디까지나 수단이지 결코 정치의 궁극적 목적은 아니라는 것과, 수술 자체는 살리기 위한 목적이지 죽이기 위한 수단이 아니라는 것을 인식하고 있다면, 깃발과 완장, 칼과 칼집의 강함과 부드러움의 기능을 조화롭게 사용하는 고도의 기술과 지혜를, 역대 정권의 경험에서 반면교사로 터득하기 바란다.

국가지도자가 이념투사로서 한풀이 소명 의식을 품고 있었던 시대에 살고 있었던 국민과, 백성을 굶주림에서 벗어나게 하겠다는 소명 의식을 품고 전전긍긍했던 지도자 시대의 국민 삶의 질, 그리고 행복감이 어떠했는가 비교해 보라. 근대 민주시대뿐만 아니라 역대 왕조시대에도 소중한 교훈은 곳곳에 묻혀 있다.

자본주의 탄생의 교본이라고 하는, 애덤 스미스의 '국부론'에서조차, 어떤 신념이나 제도를 가지고 있어도 국민 대다수가 헐벗고 불행하다면 그 나라는 결코 좋은 나라, 좋은 제도가 아니라는 것을 언급하고 있다. 꿈만 같은 이념의 완성이 아니라, 국민에게 체감되는 행복이 목적이 되어야 한다는 이야기다.

국민의 행복은 투쟁에 있지 않다. 국민의 행복은 가난에서 오는 배고픔, 불공정에서 오는 배 아픔, 독재에서 오는 공포(恐怖), 그리고 질병에서 오는 병고(病苦)에서 벗어나는 것이다. 한마디로 고해의 바다에서는 안 아픈 게 천국이다. 그리고 천국의 지속은 사람이 느끼는 삶의 의미와 보람 여부가 결정한다. 그러기에 선군정치를 위해서는 사람에 대한 보편적 이해가 필수다.

그러기 위해서 정치인이냐 비정치인이냐를 막론하고 너 나 할 것 없이 우리는 모두 천사와 악마 사이에서 언제든지 널뛰기할 수 있는 불완전한 인간일 수밖에 없다는 본질적 인식을 간과해서는 안 될 것이다.

〈2022년 4월, 윤영호〉

레이건 같은 설득력과 승부수를

"지금은 파격이 아니라 안정과 무난이다."

윤석열 대통령 당선인이 3일 초대 국무총리 후보자로 한덕수 전 총리를 낙점한 것은 경제통이라는 전문성을 비롯, 출신 지역과 이력 등 인사청문회 통과 가능성까지 종합적으로 고려한 다목적 포석일 것이다.

새 정부가 출범하면 대통령은 총리 후보로 개혁과 추진력을 가진 신선한 인물을 고르는 것이 관행이다. 그러나 윤 당선인은 파격이 아니라 안정, 무난을 선택했다.

윤석열 정부는 오는 5월 10일 역대급 여소야대(與小野大) 구도 아래서 출범한다. 국민의힘은 110석에 불과하다. 새 정부를 견제할 더불어민주당은 172석이다. 진보 성향 무소속 6명을 합치면 모두 178석에 이른다. 이 구도가 오는 2024년 4월 총선 때까지 이어진다.

이 같은 엄청난 여소야대 상황에서 출범할 새 정부의 초대 총리로서 역량과 자질 못지않게 중요한 것이 인사청문회의 원만한 통과 가능성이다.

만일 한 총리 후보자가 국회 인사청문회에서 낙마하면 윤석열 정부는 출범도 하기 전에 치명상을 입고 국정 운영 동력을 상실하게 된다. 지난 2013년 박근혜 정부가 첫 총리로 내정한 김용준 전 대법관이 낙마, 출범 초부터 심한 내상을 입고 정상적인 정부 출범이 늦어진 바 있다.

어느 정부든 처음 2년이 제일 중요하다. 윤 당선인에게 협치는 선택이 아닌 필수다. 0.73%포인트로 갈린 대선 득표율도 늘 염두에 둬야 한다.

만일 '거야(巨野)' 민주당의 반대로 첫 총리 후보자가 낙마하면 새 정부는 국정 공백을 초래하며 초기부터 힘이 빠질 수밖에 없는 상황이다. 이는 윤 당선인으로서는 어떻게든 피하고 싶은 최악의 시나리오인 셈이다.

앞으로 한 후보자가 국회 청문회와 본회의 인준을 거쳐 총리로 임명되더라도 문제가 끝나지 않는다. 거야의 동의를 얻어야만 정부조직법을 개정, 윤 당선인이 원하는 부처 조직개편을 할 수 있고, 새로 내정한 각료들은 임명하려고 해도 야당이 벼르기 일쑤인 국회 청문회를 거쳐야 한다.

결과적으로 윤 당선인이 대통령이 되고 난 직후 여러 가지 공약사항들을 실천하려면 야당이 도와주지 않으면 힘들다. 그런데 지금 국회는 민주당이 압도적인 다수다. 이들이 사사건건 힘을 앞세우면 윤 당선인은 최악의 경우 '식물 대통령'으로 전락할 수도 있다.

정권교체 여론 편승, 문재인 때리기에만 열중

또 야당이 생각하는 것을 새 정부에서도 강요하려고 하면 또 충분히 밀어붙일 수도 있는 그런 상황이다. 그래서 윤 당선인으로서는 일단 초기에 너무 야당과 갈등을 유발하기보다는 서로 순탄하게 가야 하고, 협치가 없이는 원만한 국정 운영을 담보할 수 없는 것이다.

여론조사 결과 현재 취임 전 윤 당선인의 지지도가 다른 전임자들과 비교해서 낮다는 점은 특히 주목된다. 윤 당선인의 직무 수행 전망에 대해서 국민에게 물어본 결과 '잘할 것이다'라는 응답이 55%로 절반을 넘었지만, 역대 대통령 당선인과 비교하면 가장 낮은 수치를 보인다.

지금 윤 당선인이 이렇게 지지율이 낮게 나오는 이유는 국민이 보기에 뭔가 불안한 느낌이 든다는 것이다. 초기부터 집무실 이전 관련 논란이 있었고, 그 이후에 또 문재인 청와대하고 여러 차례 갈등이 불거졌다.

그런 측면에서 국민은 윤 당선인이 과연 국정을 안정적으로 끌고 갈 수 있는 능력과 역량이 있는가 하는 의구심을 갖는 느낌이다. 인수위 차원에서도 현재까지 국정 운영 방향에 관한 확실한 액션 플랜을 마련하지 못하고 있다.

윤 당선인 자신도 마찬가지다. 그동안 그가 보여준 것은 정권 교체 여론 속에서 문재인 때리기에만 열중했을 뿐 독자적인 국정 운영 비전이나 슬로건이 없었다. 국민적 희망이나 기대감을 높일 수 있는 정치적 메시지 또는 정책적 어젠다도 크게 제시하지 못했다,

정치적 메시지 발표를 통한 국면전환의 명수인 김영삼 전 대통령이나 정책적 의제 설정에 탁월한 김대중 전 대통령 같았으면 위기감을 느끼고 뭔가 정치적인 액션을 취했을 가능성이 굉장히 크다.

윤 당선인은 여기서 미국 대통령들의 사례를 참고할 필요가 있다. 미국에서 성공한 대통령으로 평가받는 로널드 레이건 대통령은 '설득의 리더십'을 구현한 지도자였다. 레이건은 집권 8년 중 6년이 여소야대였다. 그는 공식적인 집무 시간의 70%를 야당 의원들을 만나 설득하고 협조를 구했다.

또 레이건은 자기와 견해가 다른 민주당 정치인이나 진보적 언론을 결코 적대시하지 않았다. 그는 해박한 역사 지식과 유머로 가득한 말과 글로 국민의 마음을 움직여서 국정을 끌고 나갔다.

오바마 대통령은 재임 기간 한 달에 평균 1.7회씩 국민 또는 언론과 만남의 시간을 가졌다. 두 대통령은 통치 환경은 최악이었지만 특유의 소통 리더십 덕분에 취임 직후보다 퇴임 직전 지지도가 더 높았다.

재직 당시에는 높은 인기를 누리지 못했지만 해리 트루먼 대통령이 보여준 리더십도 오늘날 우리에게 많은 교훈을 준다.

트루먼의 겸허함, 레이건의 설득력으로

미주리의 시골 출신으로 대학도 나오지 못한 트루먼은 훌륭한 인물들을 각료로 발탁해서 그들과 함께 국정을 이끌어갔다. 딘 애치슨, 조지 마셜, 애버럴 해리먼 등 학식과 경험이 출중한 인물들을 중용해서 냉전 체제로 급변하는 당시 위기에 적절하게 대처했다.

딘 애치슨 국무장관이 파리에서 어려운 회의를 성공적으로 이끌고 귀국하자 트루먼 대통령은 공항으로 애치슨 장관을 마중 나가기도 했다. 일본에 대한 원자폭탄 투하, 한국전쟁 참전, 맥아더 파면 등 역사를 바꾼 중요한 결정을 많이 내린 트루먼은 겸허하지만 용기 있는 지도자였다.

오늘날 우리에게는 트루먼처럼 겸허하고, 레이건처럼 설득을 잘하는 대통령이 필요하지 않을까 싶다. 윤 당선인은 오랫동안 정치를 해온 이른바 '정치 9단'이 아니다. 정치적 경험이 없다 보니까 뭔가 대 국민 메시지가 된다는 맥을 잘 모른다. 좋게 말하면 순진하고, 나쁘게 얘기하면 위기 돌파 능력이 잘 보이지 않는 것이다.

윤 당선인도 레이건처럼 먼저 자신이 주도할 핵심 과제들을 차례로 선정할 필요가 있다. 예컨대, 공정사회의 구현, 안보 강화, 부정부패 척결, 사회적 약자 보호, 노동의 유연성 확보 등을 최고의 과제로 순차적으로 선정했으면 싶다.

레이건은 선거운동팀과 정권 인수팀에서 일한 사람들을 정부에 임명하는 데 신중한 입장을 취했다. 이것은 선거와 통치는 다르다는 신념에 따른 것이다. 윤 당선인이 논공행상을 앞두고 깊이 참고해 볼 만한 사항이다.

윤 당선인은 선거기간 동안 국민 통합을 강조했고, 당선 후에도 그러한 약속을 지키겠다고 공언하고 있다. 문제는 이러한 약속을 제대로 실천하는 것이다.

고 김대중 전 대통령은 서생적 문제의식과 상인적 현실감각의 균형을 말했고, 고 노무현 전 대통령도 이를 계승했다. 대표적인 사례가 한미 자유무역협정(FTA) 체결이나 자이툰 부대의 이라크 파병 같은 것이다.

현재 문 대통령과 민주당은 김대중, 노무현 전 대통령의 서생적 문제의식을 계승했지만, 상인적 현실감각 계승을 못 했거나 하지 않았다는 평가가 많다. 그 결과 5년 만에 정권을 내주는 굴욕을 맞았다는 것이다.

모든 정권은 공과가 있는 법이다. 문 정권도 몇 가지 분야에서 긍정적인 성과를 냈다. 다만 현 정권의 실패 원인과 국민의 정권 교체 주장 배경에는 586세대 민주화 운동 세력들의 집권 이후 귀족화와 바로 이 상인적 현실감각의 결핍이 자리한다는 주장도 나온다.

역사는 거울이다. 윤 당선인은 레이건과 김대중 같은 국내외 성공한 대통령들이 걸어간 길을 따라가 보기를 바란다. 그래서 설득하고 협치하는 리더십을 통해서 공정과 상식에 기반해 국정을 운영하는 '국민 우선의 정치'를 펼쳐야 한다. 그래야만 우리나라도 이제 분열의 정치를 끝내고 통합과 번영을 향한 새 시대를 열 수 있을 것이다.

〈2022년 4월, 정종석〉

'서육남 장관'보다 기업인과 3040 여성을

윤석열 정부의 첫 내각 윤곽이 내주 중에 드러날 것으로 보인다. 김은혜 대통령 당선인 대변인은 4일 정례 브리핑을 통해 내주 중에는 새 내각에 대한 구상을 발표할 것이라고 예고했다. 국무위원은 국회 청문회 과정 등을 거쳐야 하기 때문이다.

김 대변인은 일 잘하는 유능한 정부여야 국민의 신뢰를 얻을 수 있고 그 신뢰를 통해 국민 통합도 가능하다고 강조했다. 이에 실력이 있는 인물 위주로 윤석열 정부를 구성하겠다고 말했다. 성별 지역별 안배는 고려하지 않는다 한다. 실력 위주로 인사를 할 것임을 예고했다.

김 대변인은 한덕수 국무총리 내정자와 상의해 국무위원을 내정할 것이라고 강조했다. 그는 국무위원 인선과 관련해 도덕성을 겸비하며 실력과 능력으로 국민 통합을 이뤄낼 수 있는 신뢰감 구축이 제1, 제2의 요건이라고 힘주어 말했다.

문재인 정부의 부동산 정책 실패와 인사 실패가 정권교체를 가져온 최대 요인으로 드러났다. 그런 만큼 새 정부가 유능한 인물 위주로 내각을 구성하겠다는 것은 이해할 만하다. 그러나 최근 보도되고 있는 국무위원 후보들을 보면 능력을 중시한 탓인지 특정 대학 출신이 절대 다수인 점이 우려된다.

대통령 인수위원회가 50대 서울대 출신 남성이 많아 '서오남' 인사라는 비판이 많았다. 그런데 이번 후보군을 보면 60대 서울대 출신 남성이 많아 '서육남' 인사가 될 가능성이 있다는 평이 나돌고 있다.

인지상정인가. 윤석열 당선인이 60대의 서울대 법대 출신 남성이기에 '서육남'이 다수인 것은 어쩔 수 없다는 지적도 있다. 그러나 '서육남' 인사는 다양성을 무시한 인사로 비판받을 가능성이 크다. 과거 이명박 정부는 '고소영(고대 소망교회 영남)', 박근혜 정부는 '성시경(성대 고시 경기고)', 문재인 정부는 '캠코더(캠프 코드 더불어민주당)' 인사로 혹평을 면치 못했다.

서울대는 우리나라 최고의 대학으로 많은 인재를 배출한 것은 사실이다. 유능한 여자 졸업생도 많다. 어느 대학보다 능력 있는 인물이 많은 것이 사실이다.

'야기녀(야당 기업인 여성)'가 빠진 인사

그러나 지방에도 명문 국립대가 있고 서울에는 명문 사립대도 많다. 외국 유명대 출신 능력자도 많다. 이에 서울대 남성 일색은 곤란하다. 그리고 이명박 정부나 박근혜 정부에서 요직을 거친

인물이 다수인 탓일까. 널리 알려진 익숙한 인물이 다수라는 점에서 '회전문' 인사라는 비판도 가능하다.

60대가 너무 많은 것도 비판받을 만하다. 유럽 등 세계 각국에서 30, 40대 장관이 많이 배출되고 있는 점을 생각할 때 윤석열 내각이 너무 고령화되는 것이 아닌가 우려된다. 국제감각을 갖춘 젊은 인재가 많은 것을 생각할 때 이들 30, 40대가 안 보이는 것은 유감이라 하겠다.

여성 후보군도 사회부처 2~3곳에 이름을 거쳤을 뿐이다. 게다가 야당 인사는 전혀 거론되지 않는다. 통합과 탕평 인사와는 거리가 멀다는 것이 다수 평론가의 평가이다.

윤석열 정부는 여소야대 상황에서 정치를 해야 한다. 야당의 협조가 필수적이다. 그런데 야당 인사가 전혀 거론되지 않아 아쉬움이 남는다. 결국 '야기녀(야당 기업인 여성)'가 없는 인사라는 평을 들을 만하다.

그리고 후보군에 오른 대다수는 과거 이명박 정부나 박근혜 정부에서 일한 고위 공무원 출신이나 국회의원 그리고 대학교수들이다. 그 인물이 그 인물 아니냐는 혹평이 나오는 것이다. 국제경쟁 사회에서 단련되고 미래 신기술에 능통한 기업인 등이 전혀 보이지 않는 것도 유감이다.

인사는 만사가 아닌가. 윤석열 정부의 초기 내각은 윤 정부의 성패를 좌우한다고 볼 수 있다. 그런 만큼 공약대로 통합과 탕평의 인사가 돼야 한다. 이제까지 알려진, 윤 당선인과 가까운 인물만 고를 것이 아니다. '서육남' 일색은 곤란하다. 유능한 야당 인사도 포함된 통합 내각이었으면 한다.

그리고 젊고 새로운 30, 40대 인재를 찾아 기용해야 한다. 국제적 감각도 갖춰야 한다. 다양성도 고려해야 한다. 여성도 다수 기용해야 한다.

〈2022년 4월, 정세용〉

'오만' 경계하고 야당과 항상 대화를

윤석열 전 검찰총장이 대통령으로 확정된 날은 3월 10일. 그러니까 이제 며칠 후면 당선인이 된 지 한 달이 된다.

윤 당선인이 당선일부터 취임하기까지 약 2개월은 새 정부에 대한 국민의 기대가 많은 기간이다. 이에 국정 지지도가 가장 높은 시기이기도 하다. 새 정부가 시작되면 야당이 되는 각 정당들도 국민의 높은 지지도 때문인가. 인수위 시절부터 당선인에 대한 공격을 별로 하지 않는다.

그러나 웬일일까. 윤석열 당선인에 대한 지지도가 높지 않다. 과거 김영삼, 김대중, 노무현, 문재인 대통령의 경우 차기 정부에 대한 관심과 기대에 인수위 시절 지지도는 70~80%에 이르렀다. 하지만 최근 각종 조사를 보면 윤석열 당선인의 지지도는 50% 안팎이다. 역대 어느 대통령 인수위 시절보다 낮다.

리얼미터가 미디어 헤럴드 의뢰로 지난 3월 21일부터 닷새 동안 전국 18세 이상 2,512명을 대상으로 조사한 결과에 따르면 윤 당선인이 취임 후 국정 수행을 잘할 것이라는 응답은 이전 주보다 3.2%포인트 낮아진 46%였다. 잘 못할 것이라는 응답은 49.6%에 달했다.

물론 이번 대선이 호감 가는 인물을 뽑는 '호감' 선거가 아니었다. 덜 나쁜 후보를 뽑는 '비호감' 선거였다. 이에 당선인의 지지도가 높지 않을 수 있다. 여기에다 이번 선거는 1, 2위의 표 차가 24만여 표에 불과했다.

50대 50의 대결이었기에 2위 후보를 찍은 국민이 윤 당선인 정부를 희망적으로 보기는 힘들었을 것이다. 역대 어느 선거보다 진보, 보수의 진영대결이 치열해 진보 개혁 쪽 국민이 보수 정부를 지지하기 힘들어졌다는 것이 일반적 분석이다.

게다가 지방선거가 불과 두 달도 남지 않았다. 일반적으로 대선 이후 1년 이내에 치르는 선거의 경우 대선에서 승리한 정당이 유리했다. 새 정부에 힘을 실어주려는 국민 마음이 반영되기 때문이다. 그러나 이번 지방선거는 대선 이후 석 달도 안 돼 시행된다. 정권을 뺏긴 더불어민주당은 지방선거마저 완패하면 정국 주도권을 윤석열 정부에 완전히 넘겨준다는 점에서 '미래 권력'을 흔들 수밖에 없다는 것이다.

더불어민주당이 허니문 기간을 무시하고 윤석열 당선인 쪽에 화살을 겨누는 것은 당 내부 사정 때문이라는 분석도 가능하다. 현재 더불어민주당은 친문과 친이재명으로 나뉘어 있다. 더불어민주당이 8월의 전당대회를 앞두고 내부의 갈등을 수면 아래로 가라앉힐 가장 좋은 방법은 윤석열 인수위와 여당이 될 국민의힘에 대한 공격이라는 것이다.

그러나 다수 국민이 윤석열 정부에 대한 기대가 크지 않은 것은 당선된 지 한 달이 다 되어가는데도 '미래'와 '비전'을 제시하지 못하기 때문이라는 것이 대다수 평론가 분석이다. 오히려 청와대의 용산 이전을 갑자기 제안하면서 신구정권 갈등을 야기하는 등 윤석열 당선인이 통합과 협치보다 독선과 고집의 정치를 한다는 비난이 솟구쳤다.

윤석열 정부의 '미래'와 '비전'은?

청와대의 광화문 이전은 문재인 대통령도 공약했다가 경호 문제 등으로 취소했으나 국민적 반대는 없었다. 그러나 후보 시절에는 광화문으로의 이전을 공약했다 갑자기 용산으로 이전하겠다는 것은 윤석열 당선인 1인의 아집 때문이라는 것이 일반적 분석이다.

윤석열 당선인 측의 강력한 요구에 따라 용산 이전 예비비가 통과되는 등 청와대의 용산 시대가 열릴 것은 분명하다. 그러나 국민적 환호와 여망 속에 진행된다기보다 윤석열 당선인 개인의 고집 때문에 이뤄지는 것으로 공론과는 동떨어진 이전이라는 평가가 많다.

역대 대통령의 고집과 독단 때문에 제왕적 대통령제의 시정을 위한 개헌이 필요하다는데 다수 국민이 동의하고 있다. 그렇건만 윤석열 당선인이 오만과 독선이라는 전임자의 전철을 밟지 않을까 우려되는 것이다.

용산 이전에 몰입한 탓일까. 인수위가 발족한지 한 달이 다 되어가는데도 윤석열 정부의 '미래'와 '비전'은 별로 보이지 않는다. 코로나19 위기 극복과 청년 일자리 문제, 중소상공인의 생계 문제 등 현안에 대한 새 정부의 청사진도 아직 안 보인다.

국무총리와 국무위원 인선에서도 참신성이 보이지 않는 등 국민 기대에 못 미친다는 평가가 많다. 한덕수 국무총리 후보자의 경우 1949년생으로 70대 중반이고 거론되고 있는 국무위원 후보들도 다수가 '서육남(서울대 60대 남자)'으로 참신성과는 거리가 멀다는 지적이 많다.

인수위에서는 오로지 실력 위주로 인사를 할 것이라고 예고한다. 그러나 과거 이명박-박근혜 시절 인사가 중용되는 등 한물간 인사라는 평도 나온다.

그리고 산업통상자원부 블랙리스트 의혹 검찰수사와 김정숙 여사 옷값 논란 등은 '적폐 청산'의 예고편이라는 지적이 많다. 6월 지방선거가 끝나자마자 일부 보수 언론 등에서 여론몰이를 한 뒤 일부 검찰이 대대적 과거청산 작업을 할 것이라는 우려가 상당하다. 검찰 공화국이 될 것이라는 우려가 크다.

행정부 구성이 잘 이뤄진다 해도 여소야대 상황에서 윤석열 정부가 성과를 내기는 힘들다. 여기에다 과거 정부에 대한 사정에 본격 돌입하면 여소야대 상황에서 야당의 반발로 정국은 혼미 상황에 빠질 가능성이 크다.

윤석열 정부는 절대로 오만에 빠져서는 안 된다. 야당과 항상 대화하고 민심을 대변하는 정치를 해야 한다. 가난한 사람과 장애인 등 약자를 항상 생각해야 한다. 겸손해야 한다. 빈부격차를 해소하는 데 앞장서야 한다.

〈 2022년 4월, 정세용 〉

독선(獨善)은 독악(獨惡),
국가와 국민 위한 초심을

나와 똑같을 수 없는 상대방과 함께 살아가는 세상에서 나만
옳다고 주장하는 것을 독선(獨善)이라 부른다. 만약 상대방에게도
옳은 점이 있다는 것을 인정하면 나는 부분선(部分善)이거나, 구성
원 다수가 옳음을 인정받는 복선(複善)이라고 불러야 할 것이다.

선(善)과 악(惡), 극단으로만 구성된 이분법적 세상이 아니고서
야 독선(獨善)이라는 것은 존재하기 어렵다. 독선이 성립되기 위
해서는 나 이외의 모든 타자(他者)는 반드시 옳지 않아야 하기 때
문이다.

악(惡)이 세상을 지옥으로 만드는 것처럼, 독선(獨善)도 세상을
지옥으로 만든다. 독선은 세상을 구조적으로 갈라치게 함으로써
반드시 대립과 갈등을 부른다. 독선이 성립되기 위해서는 모든
타자(他者)를 악으로 규정하는 프레임을 씌워 몰아붙여야 하기 때

문이다.

상대가 옳지 않다는 것만으로 내가 옳다는 것이 증명되는 것은 아니다. 선(옳음)의 권위를 독점하겠다는 자체가 욕심이고 악이다.

그런데도 이번 대선은 역대급 비호감 선거로서 누가 덜 악하냐? 차선으로 선택의 기준을 삼아야 했고, 누가 더 보복을 잘하겠느냐? 하는 응징심리가 작용한 선거였다고 본다. 그간 권력 잡은 자들의 독선과 내로남불이 부른 사회적 인과응보가 아닐 수 없다.

나의 선함은 상대의 악함과 관계없이 독립적으로 증명되어야 하는데, 그를 증명하는 유일한 방법이 바로 나의 삶이다. 내적 평안과 더불어 외적 화평이 있는 조화로운 삶의 모습 속에서만 선(옳음)의 향기가 드러날 수 있기 때문이다.

나만 옳다는 독선은 독재와 극한 대립 직결

그런데도 많은 사람이 외적 권위에 의지해서 나의 옳음을 증명하려 한다. 외적 권위라는 것은 다수(多數)에게 인정된 권력일 수도 있고 다수가 걷고 있는 길이기도 하다. 그러나 그 권력과 그 길은 다른 길을 허용하지 않는 또 다른 독선이 될 수 있다는 점에서 위협 요소를 내포하고 있다.

경천(敬天)과 인애(仁愛)를 보편적 가치로 내세우고 있는 종교마저도 선(옳음)의 권위를 독점하려는 욕심으로 인해 얼마나 많은 사람을 고통으로 몰고 갔던가? 지난날 종교 전쟁의 비극이 오늘

윤석열 정부 지금

날까지도 사라지지 않고 있다는 것이 그를 증명하고 있으며, 지동설을 주장함으로써 당시 주류 종교의 권위에 도전했던 이탈리아 과학자 '갈릴레오'가 끔찍한 고문을 당해야만 했던 사실이 그를 말해주고 있다.

다름을 인정하지 않는 것은 옳음이 아니다. 차이를 인정하지 않으면 반드시 차별을 낳고, 차별은 가해를 부른다. 그래서 나만 옳다고 하는 독선은 반드시 독재로 이어지기 마련이다. 그러므로 내가 옳다고 하는 것과 내 신념이 참이라고 하는 것은 강한 주장이나 상대에 대한 공격과 억누름만으로 설득되지 않는다.

그것은 오로지 내 삶으로 증명해야 한다. 그렇지 않고서는, 극한 대립은 영원히 종식될 수 없다. 탄압과 공포로 억눌렀던 독재가 끝까지 성공한 예가 없지 않은가?

독일 근대희곡의 아버지로 칭송되는 계몽주의자, 고트홀트 레싱의 작품 "현자 나탄(Nathan der Weise)"에 반지 비유 이야기가 있다. 성지 예루살렘을 두고 이슬람과 기독교가 각축전을 벌이는 십자군 전쟁 시대를 배경으로 하는 이야기로, 살라딘은 나탄에게 질문한다. 기독교, 이슬람교, 유대교 중 어느 종교가 참 진리 종교인가?

그때, 나탄은 반지 비유 설화를 이야기한다. 특별한 반지 한 개를 가진 아버지 슬하에 세 아들이 있었다. 이 반지는 가지고 있으면 지혜롭고 현명하며 평화를 만들어 내는 능력의 반지다. 아들들 각자는 그 반지를 자기가 상속받을 것을 기대하고 있었다. 그런데 아버지가 세상 떠날 때, 어느 한 자녀에만 그 반지를 줄 수가 없기에, 장인을 시켜서 그와 똑같은 모조 반지 2개를 더 만들어

3개가 된 반지를 아들들에게 각각 나누어 주었다.

아들들은 처음에 자기만 반지를 물려받은 줄 알았었는데, 결국 세 아들 모두 반지를 받은 사실을 알게 되었다. 그래서 현자에게 어느 반지가 진짜인지 밝혀 달라고 한다. 그때, 현자는 "당신들이 사는 모습을 보면 알 수 있겠다"라고 대답한다. 정말 온유하고 지혜롭고, 사람들을 아껴주는 삶이 나타난다면 그 반지가 참 반지라는 것이다.

권좌의 프리미엄은 포기, 보람 하나 만 추구해야

이제, 전임 정권의 그릇됨을 국민 정서에 자극하고, 정권교체를 기치로 해서 당선된 윤석열 정부의 행로가 그리 만만치만은 않으리라는 것은 전문가가 아니어도 손쉽게 예측할 수 있다. 여소야대 국회 권력구조 속에서 협치가 그리 녹록지 않을 것이 분명하고, 2,000조를 넘어서는 국가부채의 무게를 어떻게 견뎌낼 것인가?

코로나 변이바이러스의 문제와 함께 푸틴이 시작한 전쟁의 후유증으로 겪어야 할 세계적인 인플레이션, 그리고 뛰는 물가 속에서 경기가 침체하는, 즉 스태그플레이션을 어떻게 극복할 것인가? 게다가 패배한 정치권력은 와신상담하면서 향후 윤 정부의 실정을 매의 눈으로 감시하고 있다.

경기를 부양시키면서도 물가를 잡는다는 것은, 반대 방향으로 달아나는 두 마리 토끼를 한 번에 잡아야 하는 난제다. 북한의 군사 위협 또한 예측 불가의 지뢰밭이며, 미국에서의 금리 인상은 외국자본의 유출로 이어질 수밖에 없는 진퇴양난의 형국이다.

난제의 백화점 같은 환란의 시대, 이 하늘 아래 첩첩산중에서, 보살피고 돌봐야 할 대상도 백성이지만, 믿고 의지할 대상도 백성뿐이다. 국민에게 솔직하고 겸손한 자세로 인내와 이해를 구하지 않는다면 이 싸움은, 지는 싸움이 될 수밖에 없음을 경고한다.

승자의 축배나 논공행상의 잔치를 벌일 틈이 없다. 더구나 지난날의 교훈을 잊고 또다시 독선과 독단의 모습이 재현된다면, 그것에 알레르기 반응을 가진 지금의 백성들에게 일순간 외면당할 것이다. 그러므로 잡은 자의 프리미엄을 포기하고 살신성인하는 자세와 소명으로, 보람 하나만을 추구해야 한다. 돈과 명예 두 개의 떡을 양손에 다 잡고 놓지 않겠다고 하면 국민이 용서치 않을 것이다.

'백주홍인면 황금흑사심(白酒紅人面 黃金黑土心/술을 마시면 얼굴이 붉어지는 것처럼 선비가 돈을 알면 마음이 검어진다)'이라고 했다. 견물생심을 경계하라는 교훈이다.

돈맛과 권력 맛에 취하면 약도 없다는 것을 한시도 잊지 않기를 권한다. 반지 비유에서 언급되었듯이, 누가 진짜인지는 말이 아니라 그의 사는 모습을 봐야만 알 수 있다. 진정 국가와 국민만을 위하는 초심을 지니고 있다면, 임기 동안 초지일관 실천함으로써 그것을 증명해 주길 바란다.

〈2022년 4월, 윤영호〉

강경 대치 정국,
'유능제강(柔能制强)'의 지혜를

　푸른 동해 가에 푸른 민족이 살고 있다/ 태양같이 다시 솟는 영원한 不死身이다.// 고난을 박차고 일어서라/ 빛나는 내일이 證言하리라// 산 첩첩 물 겹겹 아름답다 내 나라여/ 자유와 정의와 사랑 위에 오래거라 내 역사여

　노산 이은상 선생의 시 「기원(祈願)」의 앞부분이다. 대선 후 작금의 국내 정세와 사회 현상을 보노라면 아슬아슬한 벼랑 끝을 걷는 느낌이다. 정권교체기 신·구권력 간의 '허니문 기간'마저 실종된 채 요즘 정가에는 전투적 용어만 난무하고 있다.

　'검수완박(검찰수사권 완전 박탈)'을 둘러싼 극한 대립 등 난마처럼 얽혀있는 정국이 국민을 불안하게 만들고 있는 것이다. 하지만 어쩌겠는가. 노산의 시처럼 고난을 박차고 오롯이 일어서야 하지 않겠는가. 태양같이 다시 솟아야 하지 않겠는가.

　　　　　　　　　　　　　　　　　　　윤석열 정부 지금

허준의 『동의보감』에 '통즉불통(通則不痛) 불통즉통(不通則痛)'이란 말이 있다. 이는 '통하면 아프지 않을 것이고, 통하지 않으면 아플 것이다'라는 뜻으로 한의학에서 흔히 인용하는 말이다. '인간의 육체가 아픈 이유는 서로 혈기와 경락이 막히고 통하지 않기 때문'이라는 것이다.

마찬가지로 어느 조직이나 국가도 구성원 개개인이 서로 소통하지 못하고 반목하게 되면 여기저기 아프고 병이 생길 수밖에 없는 것이다. 우리 사회에 만연한 갈등과 대립의 병폐를 치유하기 위해서는 '소통'이 가장 중요한 해법임을 알려주는 말이다.

조직이 병드는 원인은 불통에서 비롯된 것이다. 서로 소통이 되지 않으니 오해와 갈등이 빚어져 정치적, 경제적, 문화적, 이념적 양극화가 심해져만 가는 것이다. '소통의 리더십'이 거시적인 국가 차원에서 대통령에게만 필요한 것은 아니다. 크고 작은 조직에서 불통이 원인이 되어 갈등과 반목이 빚어져 조직문화를 악화시키고 의욕 상실을 빚는 사례를 주변에서 많이 볼 수 있다.

대통령과 여당은 국정에 무한 책임을 지는 존재

노자(老子)의 「도덕경(道德經)」에는 부드러움과 유연함을 주제로 하는 역설의 철학이 있다. 바로 '부드러움이 강한 것을 이긴다'라는 '유능제강(柔能制强)'이다. 풀이나 나무가 살아 있을 때는 부드럽지만 죽으면 딱딱하게 말라버리고, 사람도 살아 있을 때는 근육이 유연하고 신축성이 있지만 죽으면 굳어버림을 지적하면서 '강고함은 죽음의 이치요, 부드러움은 삶의 이치'라는 논리를 펴고 있다.

흔히들 큰소리치고 모진 말을 잘해야 자신의 권위가 서는 것으로 착각하는 사람들이 있다. 권위는 위력이 아니라 깨우침을 주는 지혜에서 나온다. 곧게 흐르는 물은 바다에 이르지 못한다. 돌아갈 줄 아는 물이라야 바다에 다다른다. 물은 강철을 녹슬게 한다. 강철이 물을 이기지 못하듯 강한 것은 부드러운 것을 이기지 못한다.

긍정의 말로 상대를 배려하고 존중해야 하며, 소통하는 것이 중요하다. 날 선 직선의 말보다는 미소 띤 곡선의 말들이 상대의 마음을 더 잘 움직일 수 있다. 강압이 아니라 마음을 움직여야 의도한 바를 손쉽게 달성한다. 아름다운 생각을 하는 동안은 생각하는 사람도 아름다운 사람이 되고, 아름다운 말을 하는 동안은 말하는 사람도 아름다운 사람이 된다. 상대를 공격하고 아프게 하는 비수 같은 말보다는 아름다운 생각, 아름다운 말들이 더욱 소중하다.

모두가 끝 모를 '불신의 시대'를 우려한다. 이러한 위기의 상황에서 새로운 리더십은 어떻게 정리될 수 있는가. 바로 지금은 '불도저 리더십'보다 '유능제강의 리더십'이 절실한 시점이다. 그런 리더십이야말로 현재 우리 사회의 제반 영역에서 골 깊어진 갈등을 치유할 수 있는 유일한 '힘의 원천'이자, 유일한 '처방전'이다.

대통령과 여당은 국정에 무한 책임을 지는 존재다. 거대 야당이 발목을 잡는다고 해서 그 책임을 떠넘길 수 없다. 야당을 설득하고 타협해 국가와 국민에 보탬이 되는 성과들을 만들어 내야 하는 게 집권 세력의 책무이기 때문이다.

윤석열 정부 지금

그래서 '유능제강'의 지혜로 야당의 국정 협력을 끌어내야 한다. 남에겐 봄바람처럼 부드럽게 대하고, 자신에겐 가을 서리처럼 엄격하게 대한다는 '춘풍추상(春風秋霜)'의 자세도 당부드린다. 부디 실패한 정부들이 빠졌던 불통, 독선, 내로남불의 덫에 걸리지 않고 국민에게 '빛나는 내일'을 열어주길 기원(祈願)한다.

〈2022년 4월, 조석남〉

순간 포착으로 변화 이끄는 지도자를

윤석열 정부 내각 구성 초기부터 야당의 공세가 만만치 않다. 통상의 허니문 기간도 군사작전을 방불케 하는 입법 대치 정국 소용돌이에 묻혀 취임도 하기 전에 실종됐다. 평생 검찰에 불려가 조사받을 일 없는 평민 대부분은 남의 나라 패거리 싸움을 보는 듯 답답하다.

자리에 연연하는 정치인들은 '국민을 위하여~' 외치며, 국민팔이를 하지만 속내를 뜯어보면 '자신들 안위와 기득권을 위하여~'라는 것을 그동안 학습된 대부분 백성은 눈치채고 있다. 다만 극렬하게 분열된 사회 구조 속에서 표현을 자제하며, 구체적으로 어떤 것이 어떤 과정으로 국민을 위하게 되는지? 자신 있으면 공개적으로 알려주기를 바랄 뿐이다.

진영의 보호막과 공천을 받기 위해 양심을 손쉽게 저버리는 진부한 정치 모습을 보면 모 대권후보가 말했던 것처럼 국회의원을

100명으로 줄이고 싶은 심정이다. 세금이 아깝고 그들 연기를 봐 줘야 하는 시간이 아깝다.

그동안 역대 정부의 불공정과 불합리와 비생산적인 모습도 이 제 과거의 일이다. 더 이상 같은 불행이 되풀이되지 않기를 바라 면서, 분명하지 않지만 새 정부에 희망을 걸어본다.

어느 시대이건 악이 관영(貫盈)하여 극단에 이르면, 개혁의 목 소리와 함께 세상은 재편되었고, 경천동지할 자연재해가 발생하 거나 놀랄 만한 신기술이 발명되면 인간의 삶의 패턴은 순식간에 진화되었다. 변화를 통해서 문제를 해결하거나, 적응을 통해서 살아남기 위해서다.

'궁즉변 변즉통 통즉구(窮卽變 變卽通 通卽久)'라고 했다. 주역에 나오는 말이다. 막다른 곳에 이르면 변화가 없을 수 없고, 변화는 곧 새로운 길로 통하게 하며, 통해야 지속될 수 있다는 의미로 해 석된다. 변해야 산다는 이야기다.

시대마다 세상 변화를 이끌어 낸 영웅들이 있었다. 철의 여인 영국의 대처 수상이 그렇고, 노예 매매를 없애는데 공헌한 영국 의 양심 윌리암 윌버포스가 그러하며, 연합군을 도와 2차 세계 대 전을 승리로 이끌었을 뿐만 아니라 미국을 대 공황 위기에서 탈 출시킨 뉴딜정책의 원조 루즈벨트 대통령이 그렇다. 모두가 그 시대가 요구하는 결단의 순간을 놓치지 않았던 영웅들이다.

급변 트렌드에 대통령 5년 임기는 순간

그렇다면 지금 우리나라 지도자에게는 어떤 결단이 요구되는 시대인가? 좋은 처방을 위해서는 정확한 진단이 우선이다. 미래를 조명하지 않는 역사는 박제된 역사일 뿐이다. 그래서 역사는 현재와 과거와의 대화라고 하지 않던가? 과거를 통해서 미래를 예견하는 지혜가 필요하다.

우선 현시대 10년은 과거 100년의 변화보다 훨씬 더 빠르다는 사실이다. 우물쭈물하다가는 대통령의 5년 임기는 순식간에 지나간다. 또한 개발도상국이던 과거와 같은 고성장은 특별한 계기가 있지 않은 한 기대하기 어렵다. 흔하지 않은 이 특별한 계기를 놓치지 않기 위해서 시대변화를 이끌었던 기술혁신의 사례를 주목한다.

기계를 생산에 투입하는 산업혁명이 일어났을 때, 일자리가 없어진다는 노동자들의 반발은 당연했다. 만약 그때에, 포퓰리즘에 빠져, 기계설비 개발에 등한시했다면 지금 같은 자동화 기계문명이 가능했겠는가? 오늘날처럼, 고도화된 기술 근로자들이 세상을 떠받치는 위치에서 일할 수 있었겠는가? 화이트칼라와 블랙칼라에서 골든칼라 근로자가 배출될 수 있었겠는가?

산업혁명은 단순한 생산성 향상이 아니라, 삶의 축을 바꾸는 일이었다. 삶의 모델이 차원을 달리하여 진화하는 것이기 때문이다.

그렇다면 변화하지 않을 수 없는 환경 속에서 갈등을 극복하며 함께 살아남게 하는 방법은 무엇인가? 이른바 구조조정이고 산업인력 재편이다. 실직자들에게 새로운 모델에 쓰임 받을 수 있도록 교육을 통해서, 저마다 소외됨 없이 그 사회에 중요한 필수인력으로 성장할 수 있도록 지원하면서, 변화에 연착륙시키는 것이 정부가 해야할 일이다. 기존의 감시자에서 견인자로 정부의 역할도 변해야 하는 것이다.

이름도 생소했던 테슬라 회사 주가와 시가총액이 최근 1~2년 사이에 열 배 스무 배 올랐다. 세상 변화를 극명하게 반영하는 주식시장의 생리 때문이다. 지구환경문제가 심각한 현실로 등장하면서 전기자동차 같은 에너지원의 변화가 요구되고 있기 때문이다. 그러나 테슬라가 만들어진 것은 20년 전의 일이다.

결코 우연한 횡재가 아니라, 그때에 뿌린 씨앗을 지금 수확을 하는 것이며, 그때 쏜 화살이 지금 과녁을 관통하고 있는 것이다. LG화학이 언제부터 배터리 산업을 선도하는 기업이라고 불리었나? 기후변화가 드디어 사회를 변화시키는 순간을 우리가 주식시장에서 목격하고 있다.

지엽적 선거 공약보다 큰 그림을 그려야

오늘날 과학발전에 밑거름이 되었던 컴퓨터도 불과 40년 전에 개발되었고, 연이은 PC 시대를 통해 인터넷세상을 만났다. 지금 우리 몸의 일부가 되어버린 스마트폰도 불과 10년 전에 만들어졌다. 10년 동안 세상이 얼마나 크게 변했는가? 스마트폰을 사용하지 못하는 세대와 스마트폰을 몸의 일부처럼 사용하는 세대는 이 땅에 지금 함께 살고 있을 뿐, 원시인과 현대인만큼이나 별개의 인간인 것이다.

몸집이 작으면 순발력을 이용해야 하고, 몸이 무거우면 무게중심을 활용해야 한다. 발상 전환이 우리의 살길이다. 그것이 없는 한, 거북이는 달리기 경주에서 영원히 토끼를 따라잡을 수 없다.

든든한 갑옷을 입은 거북이는 돌아가는 내리막길을 거부하고 굴러서 직진하겠다는 발상의 전환이 필요하다. 아니면 경기장을 육지에서 바다로 옮겨야 한다. 절박한 상황인식이 없다면 사람도 거북이 신세를 면할 수 없다.

우리는 지금 어떤 변화의 순간에 있는가? 빠르게 변하는 이 시대에 20년 후 우리의 먹거리는 무엇이며 없어지는 직업과 새로 생기는 일자리는 무엇인가? 고민해야 한다. 그래서 임기 5년 동안 그 기초를 다져야 한다.

선거 과정에서 말했던 지엽적인 공약 모두에 너무 집착해서 큰 그림을 그리지 못하면 안 된다. 나라가 망한 후에 약속 잘 지킨 대통령이 무슨 의미가 있는가? 국가 위상 바뀌는 것도 시간문제다. 본인이 외국 주재원으로 있을 때, 왕년에 대국인 이집트인들이 작은 나라 쿠웨이트로 일자리 구하러 오는 것을 보았다.

과거 우리보다 잘 살던 필리핀 사람들이 우리나라에서 일하기 위해 지금 줄 서고 있다. 개방 초기 중국 정부 공식 초청으로 장쑤성을 방문했을 때, 우리나라 사람들이 중국에 와서 돈 자랑하고 있다는 혹평의 소리를 들었었다. 지금 격세지감을 느낀다.

급격한 기후변화에 따른 수익모델과 가치변화, 코로나19와 같은 제3, 제4의 팬데믹, 출생률 저조에 따른 인구절벽, 최근 보도되고 있는 계곡 살인사건처럼 돈이 우상이 되어 생명의 존엄함을 잃어버린 인간성 상실 시대에 우리에게 부여되는 숙제는 끝이 보이질 않는다.

이토록 긴박하고 절박한 이 시대에, 현실에 안주하며 자기 가족의 안위만 집착하는 사람이 권력을 잡으면 안 된다. 큰 권한을 부여받고도 큰 기회를 놓치면 직무 유기를 넘어 역사의 죄인이 될 수밖에 없다. 자신도 할 수 없으면서 남이 할 수 있는 기회마저 증발시켜 버렸으니 말이다. 그래서 권한과 책임은 비례해야 마땅하다. 대통령 아래에 있는 권력도 마찬가지다.

〈2022년 4월, 윤영호〉

'문재인 정부 5년' 공과 반면교사를

촛불 항쟁 끝에 문재인 정부가 들어선 것이 엊그제 같은데 이미 지난 정부로 역사의 뒤안길로 사라졌다. 촛불 항쟁 덕분에 등장하였기 때문인가. 문재인 정부에 대한 기대가 컸던 것이 사실이다. 제왕적 대통령제의 폐해를 극복하기 위한 개헌이 당연히 이뤄질 것으로 생각했음은 물론이다. 재벌과 선거 개혁 등 각종 개혁도 순조롭게 진행되리라 믿었다.

그러나 기대가 컸던 탓일까. '문재인 5년'을 후회하는 국민이 많다. 문재인 정부의 성과를 나열하는 국민은 많지 않다. 이 기간에 우리나라가 선진국이 됐음을 세계만방에 알렸음에도 불구하고 '5년'에 대해 실망하는 국민이 많다. 다수 국민이 실망함에 따라 지난 대선에서 정권이 교체된 것이 아닌가.

그러나 문재인 정부에 몸담았던 많은 사람은 5년 동안 많은 성취를 이뤘다고 자랑한다. 과거 정부와는 달리 대통령 친인척의

윤석열 정부 지금

비리가 한 건도 발생하지 않았느냐고 반문한다. "모든 경제지표가 좋아졌고 분배도 개선됐다. 온당한 평가를 받아야 한다"라고 말한다. '선진국 등장'도 문재인 정부 공으로 여긴다. K-팝 등의 세계적 유행도 문화 외교의 공으로 해석한다.

다수 국민이 씁쓸하게 5년을 회고하고 있음에도 문 정권의 다수 고위인사가 '흘러간 5년'의 성과를 자랑하는 것은 무엇 때문인가. 아마 퇴임 직전임에도 불구하고 40% 중반을 유지하는 견고한 문재인 대통령의 지지도 때문이라는 견해가 많다.

문재인 정부의 한 고위인사는 차기 정부 지지도보다 문 대통령 지지도가 더 높지 않으냐며 5년의 성취를 늘어놓는다. 문재인 대통령은 손석희 앵커와의 대담에서 "노무현, 문재인 정부에서 한 건의 군사적 충돌도 없었다. 누가 우리 안보와 평화를 잘 지킨 것인가. 진보가 더 잘 지켰다"라고 강조했다.

문 대통령은 "우리 국민은 고통을 감내하며 나라를 회복 발전시켰다"라며 "이제 우리도 성공한 나라라는 자부심을 품었으면 한다"고 강조했다.

그러나 다수 국민은 문재인 정부가 전반적으로 성공적이었다고 생각하지 않는다. 오히려 실패했다고 판단하는 국민이 많다. 여당인 더불어민주당의 이재명 후보가 낙선하고 야당인 윤석열 후보가 대통령에 당선된 것이 그 증거가 아닌가.

문재인 정부가 성공하지 못했다고 다수 국민이 여기는 것은 무엇 때문인가. 많은 국민은 문 대통령의 인사 실패와 '촛불 정부'의 부동산 정책 실패를 꼽는다.

하지만 다수 국민이 문재인 정부에 후한 점수를 못 주는 수훈

갑은 누구보다 문재인 대통령 자신이다. 노무현 정부 부동산 정책 실패의 책임자인 김수현 씨를 다시 발탁해 청와대 정책실장으로 승진시킨 사람이 문 대통령이었다. 그는 청와대 수석비서관에서 정책실장으로 승진을 거듭하며 문재인 정부 부동산 정책을 이끌어 전국의 집값을 폭등시켰다. 2030은 물론이고 다수 국민이 문재인 정부 실정의 가장 큰 항목으로 부동산 정책 실패를 꼽고 있음은 물론이다.

어디 그뿐인가. 윤석열 당선인의 경우 두 전직 대통령을 구속하는 등 적폐 청산에 공이 있다고 생각하고 그를 파격적으로 검찰총장으로 특진시킨 사람도 문 대통령이었다. 추미애 장관과 윤석열 총장 간의 '투쟁'이 한창인 시절 '윤석열은 문재인 정부의 검찰총장'이라며 모호한 태도를 보인 사람도 문 대통령이었다. 추-윤 투쟁을 거치며 윤석열 총장은 보수 세력의 '대선 주자급'으로 성장한다.

문 대통령이 정권 말에도 40% 안팎이라는 견고한 지지를 보내는 '친문'에 안주한 것도 정권 재창출에 성공하지 못한 이유가 됐다고 다수 정치학자는 분석한다. 촛불 항쟁에 참여한 많은 중도층 인사와 양심적인 보수 세력을 껴안지 못한 것이 안타깝다고 다수 국민은 얘기한다.

이와 관련해 문희상 전 국회의장의 회고담이 생각난다. 그는 국회의장 퇴임 직전 본인을 사석에서 만난 자리에서 자신은 세 사람의 대통령을 경험한 장본인이라며 '깡'에 대해 얘기했다. 김대중, 노무현 전대통령은 '깡'이 있는 지도자였다며, 문 대통령은 좋고 착한 사람이나 '깡'이 없음을 안타까워했다. 지금 생각하면

문 전 의장이 말한 '깡'은 리더십 내지 지도력이 아니었던가.

국민이 정권 재창출보다 정권교체를 선택한 책임은 물론 여당인 더불어민주당이 져야 한다. 촛불 항쟁에 참여한 많은 국민은 '친문' 중심의 더불어민주당만의 개혁을 원한 것이 아니다. 촛불 항쟁에 참여한 중도 세력과 양심적 보수 세력이 연합해 개헌하고 개혁할 것을 요구했건만 캠코더(캠프 코드 더불어민주당) 만의 국정 운영을 고집해 정권 초기 개혁하지 못하고 표류했다는 것이다.

5년 후에는 정권교체가 될까. 아니면 정권 재창출이 이뤄질 것인가. 윤석열 정부의 출범을 앞두고 '문재인 5년'을 반면교사로 삼았으면 한다.

〈 2022년 4월, 정세용 〉

갈등을 통합으로 이끈 만델라 리더십을

드디어 20대 윤석열 정부가 공식 출범했다. 취임사에서 가장 많이 언급된 단어가 '자유'였다. 역대 대통령 때와 비교할 때, 짧은 취임사에서 무려 35회나 언급될 정도였다. '자유'와 '국민'과 '소통'이 키워드라고 할 만한 취임사였다. 자유의 주체도, 소통의 대상도 바로 국민이라는 의미로 해석하고 싶다.

자유~!! 자유를 빼앗겨본 사람이라면 누구나 가슴 설레는 말이다. 취임사에서 밝혔듯이 자유의 가치를 정확히 인식할 필요가 있고 재발견해야 하며, 자유에 대한 보편적 가치를 공유하는 것이 중요하다는 것에 공감한다.

그러나 자유에는 책임과 배려가 따른다. 내 자유가 남의 자유를 침해해서는 안 되기 때문이다. 그래서 승자 독식의 자유만 있고 약자에 대한 책임과 배려가 따르지 않은 자유는 다른 이에 대한 '반자유(反自由)'라는 것을 잊어서는 안 된다.

　　　　　　　　　　　　　　　　윤석열 정부 지금

제한된 공간과 유한한 자원 속에서 인간의 무한한 욕망의 충돌은 당연하다. 그러기에 이 세상에서 손잡지 않고 유아독존으로 살아남은 생명은 없었다. '나비효과'라는 말이 있듯이, 함께 사는 지구촌에서 자타가 서로 영향을 주고받지 않는 삶은 있을 수 없기 때문이다.

소통~!! 불통이라고 불리고 싶은 지도자는 없다. 더구나 팡파르 울리는 황홀한 취임식에서 국가와 국민을 위해 내 한 목숨 던져서 소통하며 헌신하겠다는 초심이 없는 지도자도 없을 것으로 본다. 외국에 나갔을 때, 애국가가 울려 퍼지고 태극기가 휘날리는 것만 보아도, 누구나 가슴 뭉클한 애국심이 솟아나듯 말이다.

역대 어느 대통령도 자기가 한쪽 편만 든다고 생각하는 사람은 없었다. 당연하다. 자기 자신이 진영의 장벽 속에 갇혀 있으면 진영 밖이 보이지 않기 때문이다.

걸어서 청와대를 나오는 대통령이나 타의에 의해서 하야했던 대통령을 막론하고 온전한 자기 모습을 객관적으로 볼 수 있었던 대통령은 없었을 것으로 확신한다. 항아리 속에서는 항아리 모습을 볼 수 없기 때문이다. 진영에서 벗어난다는 것이 그만큼 어려운 일이다.

진영 간에 통합을 위한 소통을 원한다면, 말싸움하는 논쟁은 무익하다. 싸워서 불통이 해결된다면 얼마든지 싸워라. 매일 매일 싸워라. 그러나 이해가 상충하고 모두가 저 잘난 세상에서 언쟁만으로 이루어 낼 수 있는 것은 없다.

감옥에서 풀려난 만델라의 용서 방식

‘정부는 정책을 만들고, 국민은 대책을 만든다’라고 하는 유행어가 있다. 소통이 안 된 상태로 밀어붙인 정책이 성공하지 못하는 이유를 한 마디로 시사해 준다. 대표적인 사례가 그동안 실패한 부동산 정책이었음을 부인하기 어렵다. 시장을 무시한다는 것은, 소리 없이 작동하는 국민의 자기 대책, 즉 ‘보이지 않는 손’의 위력을 무시하는 것이기 때문이다. 그러므로 그 일을 겪어야 하는 사람들과 충분한 소통을 거치지 않은 정책은 반드시 실패했던 사례에서 교훈을 얻기 바란다.

우리는 하나하나가 별개의 생명체이다 보니, 소통은 원래 잘 안되는 게 정상이지만, 다 같이 살기 위해서는 안 되는 소통을 되게 만들어야만 하는 과제가 우리에게 있는 것이다. 그러기에 우리에게는 다른 동물에 없는 말과 글이 있고 정치가 있다.

소통을 위한 대화는 이기는 것이 목적이 아니라 답을 찾는 게 목적이어야 한다. 그러기에 누가 잘못했냐에 초점을 맞추면 대결만 생기고, 무엇이 잘못 되었는가에 초점을 맞추면 대안을 찾을 수 있다. 기싸움하고 말싸움하던 토론(討論)의 장은, 이제 깊이 생각하여 충분히 의논하는 숙론(熟論)의 장으로 바뀌어야 한다.

이 대목에서 갈등을 통합으로 이끈 넬슨 만델라의 리더십을 주목할 필요가 있다. 흑인의 자유를 위해 싸우다가 27년간 수감생활 끝에 석방된 그의 쌓인 원한(怨恨)이 얼마나 컸겠는가? 그러나 그는 350년 지속되어온 인종 분규에 마침표를 찍고 통합을 이룬 남아공 최초 흑인 대통령으로 노벨평화상을 수상한 위인이다. 그어떤 개인이나 분파, 단체도 국민의 이익보다 위에 있을 수 없다고 한 그의 리더십의 핵심은 ‘용서와 화해’였다.

감옥에서 풀려난 만델라는 BBC와의 인터뷰에서 '바보는 용서하지도 않고 잊지도 않지만, 현명한 사람은 용서하되 잊지는 않는다'라고 말했다. 그동안 백인들에 의해 무참히 인권이 유린 당하였던 흑인들이, 권좌에 오른 그에게 보복해 줄 것을 얼마나 바랐겠는가? 그러나 대통령에 선출되어 5년 재임기간에, 보복의 유혹을 극복하고 자신을 투옥 시킨 사람들을 내각에 등용하고 백인과 흑인 간의 갈등을 넘어 통합을 끌어내는 데 성공했다.

그의 통큰 지혜는 족장이었던 아버지로부터 배웠다. 그의 아버지는 부족 어른들을 만날 때면, 항상 둥글게 모여 앉았고, 족장인 그의 아버지는 늘 마지막에 발언을 했다는 것이다. 경청을 중요한 덕목으로 삼았다는 이야기다.

이해 상충하는 문제를 대표들이 숙론(熟論) 하면서 얻은 결론을 가지고 각자가 자기 진영에 가서 그것이 가져올 영향과 결과에 대해서 시뮬레이션해 보고, 그 디테일을 가지고 다시 대표자 숙론회의를 반복한다는 것이다. 마침내 디테일이 반영된 통합된 결론으로 수렴해 간다는 것이다. 수많은 인내의 소통 과정을 거쳐서 말이다.

만델라의 리더십처럼 '함께 하자'로

타임지가 소개한 만델라의 8가지 리더십 가운데 6가지만 되새겨본다.

첫째, 다른 사람이 나서도록 뒤에서 밀어주라는 것, 즉 경청하고 힘을 보탠다는 뜻이다. 둘째, 적을 알고 그가 좋아하는 스포츠를 배우라는 것으로 인종차별 극복을 위해 그들을 잘 이해함으로써 더 나은 전술을 생각할 수 있다는 것이다. 셋째, 친구를 가까이, 경쟁자는 더 가까이 두라. 넷째 외모가 중요하니 항상 웃어라. 즉 인상 쓰는 지도자 밑에서 소통이란 있을 수 없기 때문이다. 다섯째, 세상에 흑백논리는 없다. 흑백논리보다는 '모순'에 직면하는 것에 익숙해지고 모순을 끌어안음으로써 어려움을 극복할 수 있다고 믿었다. 여섯째, 포기할 줄 아는 것도 리더십이다.

그가 1994년 남아공 대통령으로 당선됐을 때, 그동안 희생한 데 대한 보상으로 '종신 대통령' 제안을 받았지만, 그는 과감히 거절하며 일관된 원칙을 지켰다. '나 스스로가 변화를 거부하면서 어떻게 국민이 변하길 바라겠느냐?'고 했다. 결국 분노한 흑인들이나 기득권을 내려놓아야 하는 백인들에게 그의 말이 통할 수 있었던 것은 솔선수범하는 그의 리더십 때문이었다.

지금 우리나라 진영 갈등은 남아공의 흑백 갈등에 버금갈 정도로 심각하다. 죽기 살기로 우겨야 하는 사정도 만만치 않고, 당한 대로 갚아줘야 한다는 보복심리도 팽배하다. 노련한 웅변도 통하지 않는다. 옳고 그름은 실종되고 진영대결만 존재하기 때문이다.

화려하게 취임식은 마쳤지만, 갈 길이 험난하다. 주변국 전쟁에 따른 물가와 환율 문제를 비롯해서, 언제 또 만연할지 모르는 팬데믹 등 어느 것 하나 녹록한 것이 없다. 무엇보다 극단으로 갈린 갈등을 녹여내기 위해 수많은 고뇌와 인내의 과정이 필요하다. 만델라 같은 신뢰를 갖지 못하면 야대여소 정국에서 순항이 어렵겠다는 것이 솔직한 예측이다.

윤석열 정부 지금

만델라 부친 족장 마을에서처럼, 상충하는 아젠다는 케이스 별로 그에 따라 국민에게 미칠 구체적 영향에 대한 시뮬레이션을 통해 진지하게 공익의 방향을 모색해야 할 일이다. 억지가 아니라 합리적인 데이터로 승부를 걸어야 한다. 무엇보다도 만델라 리더십이 통할 수 있어야 한다. '협치(協治) 하랬더니 협작(挾作) 하고 있더라'하는 순간 그 나물에 그 밥이 되고 만다. 도둑과 장물아비가 한통속 되는 것을 참아줄 국민은 없기 때문이다.

지금까지 권력자가 주장하는 협치가 '나를 따르라' 였다면, 이제는 '함께 하자'로 바뀌어야 한다. 국민의 신뢰가 지속할 수 있기 위해서는 달콤한 '내로남불'은 거부하고, 쓰디쓴 '솔선수범'은 수용해야 한다. 그래야 신상필벌의 영(令)이 선다. 그래야 구조적으로 사악한 것은 수술해도 국민이 이해한다.

이제, 어렵지만 희망을 가지라. 우리는 머리에서 이해되고, 가슴에서 감동만 되면, 전광석화처럼 빠르게 진행하는 민족이다. 수백 년 이어온 매장문화가 화장문화로 바뀐 것도, IMF 때 전 국민 금 모으기를 했던 것도, K-POP이 W-POP 된 것도 우리가 예측 못했던 기적 아닌가? 우리는 또 다른 한강의 기적을 만들 수 있는 저력의 민족이다.

〈2022년 5월, 윤영호〉

'글로벌 포괄적 전략동맹'을

윤석열 대통령이 국제 외교무대에 성공적으로 데뷔했다고 할 수 있다. 취임 열하루 만인 21일 한미 정상회담을 했지만, 초보치고는 실수를 거의 찾아볼 수 없었다. 참모들의 도움을 받는다고 해도 쉬운 일은 아니다. 특히 윤 대통령은 평생 검사만 해왔다. 정치나 외교를 잘 알 리도 없다. 그런데도 취임하자마자 전 세계의 스포트라이트를 받았다.

정상회담을 통해 한미 동맹을 '글로벌 포괄적 전략동맹'으로 업그레이드시킨 것도 평가할 만하다. 외교는 용어를 통해 그 성격을 규정하기도 한다. 글로벌이라는 말이 눈에 띈다. 이는 지금까지 해온 군사·안보 동맹을 강화하는 것에 더해 경제적 동맹 관계를 강화, 향후 한미 동맹이 나아갈 방향을 설정했다고 할 수 있다. 이번 정상회담의 가장 큰 성과로 분석되는 대목이다.

양국 정상은 한미 동맹을 '글로벌 포괄적 전략동맹'으로 격상해

윤석열 정부 지금

한미 동맹의 지리적 외연을 글로벌 범주로 확대하고 군사 안보는
물론 공급망 등 경제 안보, 원자력 등으로 공동 대응 분야를 확대
하기로 했다. 또 지속 가능한 성장, 에너지 안보, 인프라 시설 등
에 대한 투명하고 양질의 투자를 촉진하기 위해 동남아 국가 및
태평양 도서국 국가들과 협력하기로 했다. 한국은 특히 인도·태
평양 전략을 구체화하기 위해 쿼드 협력을 위해 미국은 물론 일
본, 호주, 인도와의 협의 본격화할 계획이다.

바이든의 방한 목적도 읽힌다. 군사·안보 분야에서는 2018년
1월 이후 사실상 중단됐던 한미 외교·국방(2+2) 차관급 확장억제
전략협의체(EDSCG)의 조기 재가동에 합의한 것도 그렇다.

미국 전략자산의 적시 전개 재확인…

한미 연합연습도 정상화, 상시 대비 태세를 유지하기로

특히 양국 정상은 공동성명에서 미국 전략자산의 적시 전개를
재확인하고, 향후 양국 외교·국방 당국 간 공조를 통해 확장 억제
력 제고를 위한 액션 플랜을 마련하는 한편 구체화하기로 했다.
수년간 조정된 규모로 실시돼 온 한미 연합연습도 정상화해 상시
대비 태세를 유지하기로 했다.

대북 문제에 있어서는 북한의 핵 프로그램이 한반도와 역내 및
전 세계의 평화·안정에 중대한 위협이라는 현실 인식하에 북한의
안보리 결의·기존 합의 준수와 협상 복귀 촉구 및 국제사회의 철
저한 대북 제재 이행 촉구하기로 했다. 비핵·번영의 한반도를 위
한 '담대한 계획'을 통해 남북관계를 정상화해 나간다는 윤석열

정부의 대북정책에 대한 미국 측의 지지를 확보했다는 점도 성과로 꼽힌다.

윤 대통령은 이날 "한미 동맹은 각종 새로운 도전과제에 직면해 있다"라며 "이런 도전은 자유민주주의와 인권이라는 보편적 가치를 공유하는 국가들의 연대를 통해서만 극복할 수 있다. 한미 동맹은 그런 연대의 모범"이라고 했다. 김성한 대통령 국가안보실장도 정상회담 후 가진 브리핑에서 "새 정부 출범 후 최단 시일에 열린 정상회담을 통해 한미 관계의 목표와 원칙에 합의했으며, 한미 동맹이 나아갈 이정표를 확립했다"라고 평가했다.

윤석열 정부의 첫 출발은 순조롭다고 하겠다. 미국과의 관계는 공고히 할수록 좋다.

〈2022년 5월, 오풍연〉

존이구동(尊異求同) - 구동화이(求同化異)의 민족 어젠다를

생태학자 연구에 따르면, 개미사회의 일개미는 천만 마리가 한 굴에 있어도 서로 견제한다고 한다. 여왕개미가 아닌 일개미가 알을 낳으면 즉시 잡아먹고, 자기 공동체가 아닌 타 소속 개미가 발견되면 떼거리로 달려들어 즉시 죽여버린다. 일개미가 경찰 활동을 겸하고 있는데 이를 '워커 폴리싱(worker policing)'이라고 한다.

이들은 공통으로 가지고 있는 냄새, 즉 같은 게슈탈트 냄새로 피아를 구분한다. 같은 냄새가 아니면, 서로 공존할 수 없는 구조다. 묻지도 따지지도 않고 즉시 배척하는 문화이기 때문이다. 한마디로 익명성이 전혀 허락되지 않는 끼리끼리의 사회다.

그러나 만물의 영장, 인간은 냄새가 다르다고 해서 죽이지 않는다. 피부가 다르다고 해도 소통, 공생할 수 있는 능력이 있기에, 지구촌 동물 중에서 최상의 위치를 견지하며 오늘날처럼, 모든 생물 최상 위치에서 관리자로서 살아갈 수 있다.

그렇지 않고서야 이토록 인류가 지구에서 번성할 수 있을 리만무하다. 냄새도 다르고, 피부도 다르고, 종교도 다르고, 사상도 다른 다민족 사이에서, 같지 않다고 해서 즉시 배척해서 죽여버렸다면, 오늘 같은 상생, 공존하는 인류사회는 있을 수 없기 때문이다.

그러나, 언제부터인가 우리나라는 극단적인 패 갈림으로 인해 '묻지마 배척'에 올인하는 극대립 사회가 되었다. 5,000년 유구한 역사를 지켜온 단일민족이라고 하는 자랑과 자부심이 무색할 정도다. 이제 싸움 구경하던 선거철이 지나면 무슨 재미로 살까 하는 정도다.

과거, 외세가 침입할 때, 국력을 하나로 모아 안보를 지켰고, 가난의 보릿고개를 온 국민이 힘겹게 넘어야 할 때, '잘 살아보세'라는 구호 아래 온 백성이 희망과 보람으로 힘 모아 극복할 수 있도록 한, 정치 지도자의 역할도 있었다.

그러나 이와 반대로 국론을 분열시키고 이간질을 통해서 진영 결속을 도모하며 그들만의 특권을 유지하려 했던 것도 정치인들의 이기적인 술수였음을 부인할 수 없다. 익명성을 수용할 수 있는 고등동물 인간을, 색깔 프레임을 씌워, 나와 다른 색이면 무조건 배척하고 응징하는 하등동물 개미로 만들어 버린 것이다.

통 큰 리더십으로 증오 선동정치 종식을

모함과 비난을 통한 진영의 결속이 아니라, 서로 다를지라도 같이 갈 수 있는 통 큰 리더십을 발휘할 때가 되었다. 물론 끈질기게 살아남아서 악행이 반복될 수 있는 암 같은 적폐라면 진통이 따르더라도 그에 맞는 청소가 필요할 것이다.

주기적으로 청소가 진행된다는 시그널이 확실하게 인식되어야 함부로 쓰레기 버릴 생각을 하지 않는다. 숨겨진 비리는 반드시 드러나고 평가받는다고 예상될 때, 스스로 자제하고 자숙할 수 있으며, 백신을 통해 감염을 예방하듯, 자각을 통해 범죄도 사전 예방할 수 있기 때문이다.

이제, 증오를 부추기는 선동정치가 부끄러울 수 있는 세상을 만들어 나가야 한다. 그러기 위해서는 힘 가진 자가 명분을 잃지 말아야 하고, 저급한 과거로 회귀하려는 잠정적 범죄자들의 유혹을 원천 차단할 수 있어야 한다. 그 이후 최종 단계에서는 통합을 이뤄 함께 가겠다는 대명제를 전제로 말이다.

목소리 큰 극단주의자들은 말한다. 나는 '색깔이 분명한 사람'이라고, '양쪽을 다 넘보는 것은 비겁하다'고. 그러나 나와 다르면 반드시 눈감고 귀 막고 철천지 원수가 되어야만 할까? 같지 않으면 도저히 함께 갈 수 없는 것이 만고의 진리인가?

바닷물과 민물이 만나는 곳에 어족이 풍부하고, 진흙과 물이 적당히 조합된 갯벌은 정화작용과 함께 풍부한 생물 영양의 보고가 되며, 서로 상극인 찬 기운과 더운 기운이 만날 때, 비가 만들어져 이 땅의 생명을 키운다.

역사적으로 커다란 진보의 꽃은 서로 다른 것의 경계선에서 피어났고, 어우르는 변화의 능력은 갈등의 밭에서 태동하였다. 서로 다른 것의 만남이 풍요와 발전의 토양이 되었기 때문이다.

그러기 위해서는 갈등을 수용할 그릇이 준비되어야 한다. 갈등은 서로가 원하는 것이 충돌할 때, '우리'는 깨지고 '나'와 '너' 그리고 '아군'과 '적군'만 존재하는 것이다. 그러므로 서로 원하는 것을 함께 담을 수 있는, 공동의 그릇 '우리'가 마련되어야 한다.

민족의 어젠다도 정치에만 함몰되지 않게

함께 상생할 수 있는 '비무장 지대'를 만들어 '우리의 그릇'을 키우는 비결은 서로의 차이를 존중하되, 같은 것을 찾아 그것을 확대해 나아가는 것, 즉 공감 지대를 함께 일구어 나아가는 것이다. 지금 당장 다르다고 해도, 일개미 세상처럼 '묻지 마 배척'을 하지 않으면서, 앞으로 같을 수 있는 것을 진지하게 찾아가는 것이다.

이번 한국을 방문한 조 바이든 미국 대통령이 삼성 반도체 공장을 처음 찾았고, 현대 자동차 공장에서 마무리하였다는 것은, 정치가 세상의 중심이라고 착각하는 시각에서 보면 파격이 아닐 수 없다. 백성이 먹고사는 문제 해결과, 질병과 기아로부터 보호하는 능력을 상실한 정치라면, 아무리 화려한 말로 현혹할지라도 용도폐기할 수밖에 없는 '정치인을 위한 정치' 그 이상도 그 이하도 아님을 알아야 한다. 나라가 잘 살고 백성이 편안해야 정치인도 외국 가서 대접받는다는 사실을 알아야 한다.

과거, 필자가 외국 주재원 생활할 때, 한국은 몰라도 '삼성', '금성' 제품은 알고 있는 외국인이 더 많았다. 우리나라 태극기를 거꾸로 매달아 놓은 외국 행사도 목격했었다. 그나마 88올림픽 이후 한국의 위상도 인지도도 크게 개선되었다는 것이 개인적 소견

윤석열 정부 지금

이다.

지금도 한국 정치가 한류의 확대를 돕는 것이 아니라, BTS가 한류를 견인하고, 멋진 한류가 화장품 수출을 돕고 있음을 볼 때, 정치인의 시각은 정치 아닌 것을 볼 수 있는 안목이 필요하다는 것을 강조하고자 한다. 그래서 '너'와 '나' 정치적인 이분법적 대립 관계에 함몰되어 있던 시각을 '우리'의 눈으로 함께 바라볼 수 있는 범국가적 아젠다를 만들어 내야 한다.

짧은 기간이지만, 미국 대통령의 한국방문 시간 중에는 여야의 싸움은 비교적 조용했다. 정치 패거리 싸움보다 더 강력하고 더 긴요한 이슈가 우리 눈에 보인다면 싸움질도 멈춰질 수 있다는 방증이다.

이념보다 우선하는 것이 생존이며, 사상보다 중요한 것이 혈육이다. 세상에 어떤 제도나 사상이라 할지라도 가족이 분열되고 생존이 기로에 서야만 한다면, 그게 무슨 가치가 있다는 것인가? 러시아와 전쟁 중인 우크라이나 국민의 해외 망명 생활하는 비참한 모습을 보면서 그것이 남의 일이 아니라, 우리의 문제일 수 있다는 것을 알아야 한다.

정치인 출신 아닌 윤석열 대통령이 대한민국 선장이 되었다. 그렇기에 우리 민족의 현안 아젠다도 정치에만 함몰되지 않은 것에 모일 수 있도록 고민하고 또 고민해 주기 바란다. 언제까지 내부 총질로 인해 국가의 원대한 미래를 바라볼 수 없도록 백성들을 정치 싸움터에 묶어 둘 것인가.

〈2022년 5월, 윤영호〉

진실한 성품으로 소통의 능력을

세계적으로 자랑할 만한 우리의 인프라가 있다면, 인터넷과 공중화장실이다. 인터넷을 통한 정보 공유속도는 선진국이 부러워할 정도의 수준이고, 대중이 모이는 터미널이나 고속도로 휴게소 화장실은 수많은 여행객이 소대변을 지체없이 처리할 수 있는 세계 최고 수준이다. 외국 여행을 많이 다녀본 사람은 내국인이나 외국인이나 공히 인정하는 바이다. 막혀서 기다려야만 하는 답답함이 거의 없는 흐름이다.

그럼에도 작금의 우리나라 정치권 소통 흐름은 교통 체증만큼이나 말이 통하지 않는 불통이다. 생각 없이 불쑥 한 말이나, 꼼수를 섞어서 던진 정치인의 말은 거의 예외 없이 그 말의 의미를 부연 설명하는 후속 멘트가 뒤따를 수밖에 없는 모양새다. 외국어를 사용하는 것도 아닌데 구구한 변명과 해명이 따라붙지 않으면 말이 끝나지 않는다. 내뱉은 말의 후폭풍을 진화해야 하기 때문

윤석열 정부 지금

이다.

일반 백성이 듣기에는 그리 어려운 말도 아닌데, 유독 정치권에서 주고받는 말은 해설이 필요하다니 참 아이러니하다. 그만큼 상식과 순리가 무시되는 왜곡이 일상화되었다는 방증이다. 진실이 결여된 모순과 꼼수의 대전이다.

성경에 보면, 극도로 교만해진 인간이 바벨탑을 높이 쌓아서 하나님 반열에 도달하려고 했을 때, 무모한 인간의 욕망을 좌절시키기 위해 신(God)이 동원한 수단은, 채찍이 아니라 언어의 교란이었다. 그만큼, 말이 통하지 않는다는 것은 인간을 한계상황에 감금하는 장벽이고 형벌이다. 육체나 정신이나 통(通)하지 못하면 고통(苦痛)이기 때문이다. '기(氣)가 막혀 죽겠다'는 우리들의 평범한 말 속에도 '죽지 않으려면 막히지 않아야 한다'라는 순환 원리가 들어있다.

역대 정치권의 시행착오를 반면교사로

소화되지 않은 음식은 악취가 나고, 이해되지 않은 말은 의심을 자아낸다. 정신이 온전한 사람이 악취를 내기 위해 음식을 만들겠는가? 의심을 부르기 위해 말을 하겠는가? 숨겨진 의도가 없는데 굳이 머리 아프게 그럴 필요가 전혀 없는데도 말이다.

말은 화자(話者)의 수사학(修辭學)이 아니라 청자(聽子)의 심리학(心理學)이다. 상대방의 처지와 이해를 고려하지 않는 말은 악취 나는 쓰레기에 불과하다. 진영 내 강성 지지자들의 귀를 즐겁게 하려고 상대에게 던져 대는 막말이나, 자기 분을 참지 못해 뱉어

대는 분풀이 폭언이나, 언어의 유희를 통해서 거짓 프레임을 상대에게 씌워 대는 뻔뻔함은, 이 시대 소시오패스들이 만들어 내는 전형적 정치판의 병리 현상이다. "그런 뜻이 아니다"라고 사후 해명해도 소용없다. 모래밭의 발자국은 지울 수 있지만, 말이나 글의 자취는 지울 수 없기 때문이다.

아리스토텔레스는 그의 저서 '수사학'에서 "무슨 말을 하느냐가 아니라 누가 말하느냐가 더 중요하다"라고 강조한다. 말하는 사람이 어떤 사람이냐에 따라서 상대에게 전달되는 의미의 진실성은 확연하게 달라질 수 있기 때문이다. 비록 어눌하게 말할지라도, 진실한 팩트와 따뜻한 권위를 가진 사람의 말이 곧바로 마음에 와닿기 때문이다.

이제 그들만의 정치 술수 언어가 세상의 소통을 교란하지 않았으면 좋겠다. 설명이 구구하다는 것은 내용이 부실하거나 진실이 없다는 방증이다. 과거 역대 정치권에서 많은 사례를 보면서 반면교사로 삼기 바란다. 기존 정치 언어의 교활함에 식상한 국민 눈높이에는 윤석열 대통령처럼 아직 프로가 아닌, 아마추어 정치인의 말이 오히려 강점이 될 수도 있다. 언어가 순수하고 포장이 단출하다면 굳이 별도의 해석이 없어도 되기 때문이다.

철학자 하이데거는 "존재가 편해지려면 사는 집이 단출해야 하고, 인간관계가 편해지려면 사용하는 말이 쉽고 간결해야 한다"라고 했다. 할 일이 태산 같은 현 시국에서 소통 비용이 너무 들어서는 곤란하다. 말을 믿지 못하면 관계를 진전시키기에 앞서 일일이 팩트를 체크해야 하기에 이해 시간과 신뢰 회복 비용이 너무 많이 든다. 모두가 국민이 낸 세금이다. 안 써도 될 부분에 너

윤석열 정부 지금

무 많은 국가역량을 낭비할 필요가 없다는 말이다.

박세리, 손흥민 선수처럼 청년에게 희망과 용기를

말은 인격이다. 말은 거짓과 진실을 담는 그릇이다. 아무리 좋은 음식도 더러운 그릇에 담아주면 먹지 않는다. 이제 국민의 의식도 달라졌다. 뻔한 거짓말은 금 그릇에 담아주어도 식상해 한다. 이기적인 자기 목적 달성을 위해서 사람을 물건처럼 사용하고 버리는 권력형 소시오패스들의 모습을 그동안 너무 많이 경험해 왔기 때문이다.

길은 따라 걷기 쉬워야 하고, 말은 알아듣기 쉬워야 한다. 그러기 위해서는 국민을 혼란케 하는 과대포장을 제거해야 한다. 얼굴색 하나 변하지 않고 거짓을 마케팅하는 소시오패스의 달콤함과 뻔뻔함에 넘어가서는 안 된다. 그런 인격의 참모를 구별해 내는 것도 능력이다. 원래 진짜보다 더 진짜 같은 거짓을 능수능란하게 전할 수 있는 사람만이 간신의 자리를 유지할 수 있는 것이니까.

정권 초기부터 쓰레기 청소를 잘하면 적폐 걱정 안 해도 된다. 거짓은 들통날 때까지 거짓으로 덮어야 하는 것이니, 적폐의 이불은 쌓일 수밖에 없다. 아직 감춰야 할 치부가 비교적 많지 않은 정권 초기부터 그런 쓸데없는 일을 만들지 않겠다고 단단히 결심하고 실천하기 바란다. 구중궁궐 청와대에서 용산으로 나온 것은 화장한 정치 언어 대신 심플한 국민 언어를 접하겠다는 각오 아닌가? 백성의 소리에 둔감했던 청와대 퇴임 대통령의 불행한 역사를 반복하지 않겠다는 결단 아닌가?

플라톤은 이상 국가의 지도자 덕목으로 지혜, 용기, 절제, 정의 4가지를 들었다. 마키아벨리는 잔인하고 냉혹한 결단력과 카리스마, 사악한 기회주의적 요소가 필수적이라고 봤다. 그러나 갈등과 대결 현상이 두드러진 현대사회에서 더욱 영악해진 국민에게는 공포나 권위가 아니라, 진실과 상생 정신에 입각한 협상과 조정의 리더십이 더 필요하다. 그런 의미에서 노무현 대통령의 '과거사 청산 위원회'와 만델라 대통령의 '진실과 화해 위원회'가 지향하는 목적과 방법이 어떻게 다른지, 조용히 비교 검토해서 보다 업그레이드된 철학으로 접근해 보기를 권한다.

우리나라가 외환위기로 온 국민이 실의에 빠져 있을 때, 맨발로 물속에 들어가 수렁에 빠진 골프공을 올려 치면서 용기를 불어넣어 줬던 박세리 선수와, 지금 세계 최고의 축구 리그에서 신들린 듯 뛰고 있는 손흥민 선수의 모습은, 그때 못지않은 좌절의 수렁에 빠져 있는 우리 젊은 세대들에게, 구구한 설명 없이 희망과 용기를 불어넣어 주고 있다. 진한 감동과 울림이 있는 교훈은 귀로 들려지는 것이 아니라 눈으로 보여지는 것이기 때문이다.

〈2022년 5월, 윤영호〉

대통령만의 '뉴 프론티어' 비전을

윤석열 대통령의 국정 수행에 대한 부정 평가가 긍정 평가를 또다시 앞서는 여론조사 결과가 3일 나왔다.

여론조사 업체 리서치뷰가 지난달 28~30일 사흘간 전국 만 18세 이상 남녀 1,000명을 대상으로 조사한 결과, 윤 대통령이 직무수행을 '잘하고 있다'는 응답은 45%, '잘못하고 있다'는 응답은 51%로 집계됐다.

이 기간은 윤 대통령이 나토 참석차 스페인을 방문하고 있던 시기다. 부정 평가가 긍정 평가를 오차범위 내인 6%포인트 차이로 앞선 것으로, 리서치뷰 조사 기준 취임 50여 일 만에 첫 데드크로스(부정 평가가 긍정 평가를 앞서는 현상) 조사 결과다.

앞서 리얼미터(지난달 20~24일), 한국사회여론연구소(KSOI·지난달 24~25일)에서도 잇달아 윤 대통령 취임 후 첫 데드크로스 결과를 발표했다. 리서치뷰는 이번 조사에서 긍정 응답률(45%)이 지난 대선 윤 대통령의 득표율인 48.6%보다 낮아졌다고 설명했다.

또 1일 한국갤럽의 여론조사에 따르면 윤 대통령에 대한 긍정 평가는 43%로 한 달 새 10%포인트 하락했다. 반면 부정 평가는 42%로 데드크로스를 눈앞에 뒀다는 결과를 발표한 것이다.

윤 대통령은 지난 5월 10일 취임했다. 취임 초기 대통령의 지지율이 50%를 밑도는 것은 물론 부정 평가가 긍정 평가를 앞지르는 데드크로스 현상이 나타난 것은 매우 이례적이다. 취임 후 첫 해외 나들이인 북대서양조약기구(NATO·나토) 순방 효과가 미미한 것 아니냐는 분석이 나온다.

국민의힘 지지율 또한 하락세다. 심지어 더불어민주당에 역전을 허용했다는 여론조사 결과까지 나왔다. 오는 7일 이준석 국민의힘 대표의 당 윤리위원회 징계 심의를 앞둔 만큼 당내 권력투쟁이 지속될 가능성이 크다.

윤 대통령의 공정과 통합, 말로만 안 돼

이에 따라 국민의힘 지지율 반등이 쉽지 않을 전망이다. 대통령이 취임 후 으레 누리던 허니문 효과가 보이지 않는 가운데 당내 주도권을 둘러싼 내홍 격화 및 이준석 대표 징계 심의라는 악재로 대통령과 국민의힘 지지율이 동반 하락하고 있다.

현재로서는 윤 대통령이 이 고비를 넘더라도 남은 5년 동안 국정을 원만하게 운영해 나갈 목표와 동력이 잘 보이지 않는다. 앞으로 대통령이 해야 할 일과 과제는 산처럼 쌓여있는데 윤 정부만의 확고한 비전이나 대표상품이 없다는 것이 문제이다.

임기 초 대통령의 지지율이 곤두박질 치는 것은 매우 이례적이다. 정권교체를 내세웠던 윤 정부가 출범 뒤 국민에게 와 닿는 확고한 비전이나 대표상품을 제시하지 못했다는 점이 지지율 하락의 주요 요인으로 꼽힌다. '민간 주도 경제 성장' 같은 과거 정부에서 이미 시도했다가 한물간 이야기만 늘어놓고 있다는 지적이다.

'공정'과 '통합'이 윤 대통령의 대표상품이다. 하지만 공정과 통합이 말로 해서 되는 것이 아니다. 공정은 새 정부 조각 과정에서도 무자격자나 함량 미달의 인사들을 많이 임명하는 바람에 많이 무너졌다. 많은 사람이 고개를 갸웃거리게 하는 인사들을 일방적으로 임명했기 때문이다.

또 검찰총장 출신 대통령이 자기가 속했던 검찰 출신 인사들을 많은 요직에 발탁, 검찰공화국이라는 비판을 받은 점도 반성해야 한다. '인사가 만사'라고 한다. 인재를 폭넓게 구해서 쓰지 않고 아는 사람과, 자신이 믿을 수 있는 사람만을 중용했다는 점에서 적지 않은 국민을 실망하게 한 것이다.

공정의 시작점은 바로 경제라는 점을 깨달아야 한다. 취임 후 발표한 경제정책의 첫발로 법인세 인하 같은 것을 내세워서는 국민이 쉽게 수긍하지 못한다. 통합도 마찬가지다. 반통합적인 각종 경제정책이 난무하는데 통합이 쉽게 이뤄질 수 없다는 진단이다. 또 능력만을 앞세운 인사를 주장하는 바람에 상대적으로 지역 안배나 성별 배려가 미흡했다는 것은 국민 통합이라는 차원에서 아쉬운 대목이 아닐 수 없다.

당장 8월 18일이면 새 정부 출범 100일을 맞는다. 그런데 '윤 대통령이 그동안 뭘 했나'라는 질문에 대한 속 시원한 답변을 아직 찾지 못하고 있다는 지적이 많다. 이제라도 윤 대통령과 새 정부가 앞으로 남은 5년 동안 국정을 어떻게 이끌어나가겠다는 청사진과 로드맵을 국민 앞에 제시해야 한다.

경제 실상을 냉정하게 분석하고 국민이 어떻게 고통을 분담해야 하는지, 또 다른 국정의 현안들은 정부가 어떻게 해결해 나갈 것인지 등 당면한 현안들을 구체적으로 약속할 수 있어야 한다.

뉴 프런티어 정신으로 새로운 비전과 방향을

지금 한국경제는 올해 상반기, 역대 가장 큰 폭의 무역적자를 기록한 가운데 해외 원자잿값 폭등에서 시작된 위기가 고물가, 고금리, 고환율의 이른바 '3고'로 이어지면서 경제 상황을 더욱 어렵게 만들고 있다.

이 같은 경제난국을 맞아 새 정부가 국민 모두 자신에게 이익이 된다고 느끼는 정책을 추진한다면 다행한 일이다. 문제는 누군가의 희생 또는 양보가 있어야 하거나, 첨예한 갈등에 직면한 구조적 개혁과제들이다. 개혁을 추진하려면 그 결과가 모두에게 더 나은 미래일 것이란 확신을 주는 높은 정치적 신뢰가 필요하다.

과거지향적 편 가르기와 진영논리에 매몰된 정치공학만이 판치는 가운데 국민이 정치권에 선뜻 마음을 내주지 못하고 있다. 반쪽 국민의 지지도 받지 못하는 대통령이 나라를 이끌게 되면 위기를 극복하기 어려울 수도 있다는 우려다. 더욱이 국회가 여소야대인 상황에서 대통령의 리더십을 제대로 발휘할 수 있을지 매우 걱정스럽다.

윤 대통령이 국민 지지율을 높이고 인기를 되찾으려면 1960년대 당시 더 이상 개척할 서부가 없던 미국인에게 '뉴 프런티어(New Frontier, 새로운 변경)'라는 비전을 제시했던 존 F. 케네디 대통령을 배울 필요가 있다고 제언한다.

케네디가 사후 50년을 훌쩍 넘겼음에도 그에 대한 미국 국민의 관심은 식지 않고 있다. 암살당해 짧은 임기 중 이렇다 할 업적도 남기지 못했지만, 그는 "조국이 여러분에게 무엇을 해줄 것인가를 묻지 말고 국가를 위해 무엇을 할 것인지를 물으라"라며 국민에게 과감히 고통 분담을 요청했다.

케네디는 미국인들에게 프랭클린 루스벨트 이후 가장 인기 있는 대통령이다. 1983년 갤럽조사에서 케네디는 역대 대통령 중에서 가장 인기 있는 대통령이었다. 미국인들이 케네디를 좋아하고 그리워하는 이유가 바로 그가 보여준 진취적이며 미래지향적 리더십 때문이다.

1960년대 미국은 문화적, 정신적, 정치적으로 혼돈의 시대였다. 2차 세계대전 후 평화는 찾아 왔지만 미국의 도심은 황폐화했다. 케네디는 이러한 시대의 흐름을 읽고, 이를 극복하기 위해 새로운 비전을 제시하고자 했다.

이때 케네디의 선택은 '뉴 프런티어'였다. 이 가운데 '평화봉사단(Peace Corps)'을 통해 미국의 젊은이들에게 그들이 국가와 세계를 위해서 할 일을 제공하는 것이었다. 국민에게 국가를 위해 무엇을 할 것인가를 능동적으로 찾고 실행할 것을 주문했다.

위대한 리더는 문제를 뛰어넘어 구성원들이 추구해야 할 미래

지향적 비전을 제시하는 게 마땅하다.

좋은 리더는 조직이 당면한 문제에 대한 해결책을 제공한다. 하지만 위대한 리더는 문제를 뛰어넘어 구성원들이 추구해야 할 미래지향적 비전을 제시한다고 한다. 뉴 프런티어 정신으로 미국의 당면한 문제를 뛰어넘어 국민에게 새로운 비전과 방향을 제시했던 케네디의 리더십은 현대 미국을 만들어 낸 주요한 원동력이었다.

지난달 20일 서울 용산 대통령실 청사 출근길에 기자들과 주고받은 문답에서 한 기자가 '미 연방준비제도가 기준금리를 많이 올리고 전 세계적으로 경제 침체가 우려되는데 대책이 있는지' 물었다.

윤석열 대통령의 첫 발언은 이랬다. "통화량이 많이 풀린 데다가 고물가를 잡기 위해서 지금 전 세계적으로 고금리 정책을 쓰고 있는 마당에 생긴 문제들이기 때문에 이것을 근본적으로 어떻게 대처할 방도는 없습니다."

물론 그 뒤에 "그렇지만 정부의 정책 타깃은 우리 중산층과 서민들의 민생 물가를 어떻게든 최선을 다해 잡기 위해서 노력하고 있습니다"라고 덧붙였지만, '근본적으로 대처할 방도가 없다'는 말이 국정 최고 책임자의 해야 할 적절한 답변인지, 의아해하는 국민이 많다.

윤 대통령은 과거 케네디가 보여준 것처럼 진취적이며 미래지향적인 리더십을 제시해야 한다. 경제난에 근본적으로 대처할 방도가 없다는 답변은 아무래도 대통령의 대국민 메시지로서는 부적절하다는 지적이다. 국정 최고지도자가 내놓는 발언은 기본적으로 긍정적이고 국민에게 꿈과 희망을 줄 수 있어야 한다.

지금 우리나라는 문화적으로나 정신적으로, 그리고 정치적으로도 혼돈의 시대이다. 해방 후 77년을 지나는 동안 눈부신 경제 성장 속에서 외형적으로 번영을 이루었으나 고령화와 출산율 저하, 빈부격차와 사회의 양극화, 지역, 계층, 세대 간 불균형 속에서 국민은 매일매일 여러 가지 갈등과 불안을 안고 살아가고 있다.

윤 대통령은 이러한 시대의 흐름을 읽어야 한다. 국민이 미래사회에 갖는 회의와 불안을 파악하고, 이를 극복하기 위해 한국적인 뉴 프론티어 정책 같은 새로운 비전과 목표를 제시해야 한다.

〈2022년 7월, 정종석〉

2금융권 부동산 PF, 선제적 대응을

"부동산 프로젝트파이낸싱(PF) 사업장 300~500곳을 '중요 관리 대상 사업장'으로 지정해 관리하고 있습니다." 이복현 금융감독원장은 5일 서울 종로구 우리은행 종로4가 금융센터에서 열린 중소벤처기업부와 금융감독원의 전통시장 상인의 금융 환경 개선을 위한 업무 협약 체결식 후 기자들과 만나 이같이 밝혔다.

이 원장은 전국 부동산 PF 사업장 5천 곳 가운데 300~500곳을 중요 관리 대상 사업장으로 지정했다고 언급하면서 "해당 사업장의 경우 세밀한 관리를 통해 시스템 위험을 초래하지 않도록 관리해야 한다는 의미에서 챙겨보고 있다"고 말했다. 다만 해당 사업장들이 실제 부실이 생겼거나, 부실의 우려가 크다는 의미는 아니라고 설명했다.

이 원장은 "고금리 상황이 오래 지속되는 가운데 적절한 형태의 (부동산) 가격 조정을 불가피하다고 생각하지만, 지나치게 쏠림이 있거나 급격히 불안감을 야기하는 형태로 나타나지 않도록 중장기적으로 관리하고 있다"라고 덧붙였다.

그는 윤석열 대통령의 검사 출신 측근으로 실세 금융감독원장이다. 그런 그가 "부동산 PF 사업장 300여 곳, 중요 관리 대상으로 지정했다"고 발언한 것은 우리나라 제2 금융권의 부동산 PF 부실 문제의 심각성을 일깨운 것이다.

부동산 시장 침체가 이어지면서 국내 건설사와 제2금융권의 부동산 프로젝트파이낸싱(PF)이 부실화할 위험이 크다는 경고가 잇따르고 있다. 미국 실리콘밸리은행(SVB) 파산이 촉발한 은행 위기의 불길이 완전히 잡히지 않은 상황에서 부동산 경기가 더 악화할 경우 사업이 중단되는 PF 사업장이 늘면서 관련 건설사와 금융사가 줄도산할 수 있어서다.

국제통화기금(IMF)은 최근 금융안정보고서를 통해 "실리콘밸리은행(SVB) 파산이 촉발한 은행 위기가 금융 부문 취약성을 드러냈다"라며 "이 같은 위험이 수 개월간 심화할 수 있다"라고 했다. 특히 비(非)은행권의 취약성과 관련해 한국의 부동산 프로젝트파이낸싱(PF) 부실 사례를 언급하며 "부동산 가격 하락에 따른 위험 요인, 채무 불이행에 대한 우려가 여전하다."라고 지적했다.

한국은행도 부동산 PF 부실 가능성에 촉각을 곤두세우고 있다. 건설사, 금융사 등이 실타래처럼 얽혀 있는 부동산 PF에 문제가 생기면 금융시장은 물론 실물경제에도 악영향을 미칠 수 있다. 이에 한은은 지난해 말부터 부동산 PF 위험을 강조하는 보고서를 연달아 내는 등 경고 메시지를 쏟아내고 있다.

부동산 PF 우발채무가 현실화하면 제2금융권 타격

한은은 제2금융권의 부동산 PF 위험노출액이 최근 몇 년 사이 급증해 금융시장 불안의 '뇌관'으로 부상한 점을 우려한다. 지난해 9월 말 기준 보험·증권·여신전문금융(카드·캐피털사)·저축은행·상호금융 등 비은행권 금융사의 부동산 PF 위험노출액은 115조 5,000억 원으로 전체의 70%에 달했다.

실제로 저축은행, 여전사 등은 최근 몇 년간 수익성 제고를 위해 PF를 포함한 부동산 관련 익스포저를 확대했다는 것이 한은의 설명이다.

문제는 비은행권의 PF대출 연체율이 상승하고 있어 부실 위험이 더 커졌다는 점이다. 증권사의 부동산 PF대출 연체율은 2021년 말 3.7%에서 지난해 9월 말 기준 8.2%로 큰 폭 올랐다. 여신전문금융사는 같은 기간 0.5%에서 1.1%로, 저축은행은 1.2%에서 2.4%로, 보험사는 0.1%에서 0.4%로 각각 상승했다.

홍경식 한은 통화정책국장은 최근 국회 세미나에서 "은행권은 자산규모가 크기 때문에 우려하지 않지만, 부동산 PF 익스포저가 큰 비은행 금융기관은 부동산 시장 부진이 악화할수록 자본 적정성과 유동성이 저하될 수 있다"라고 말했다.

최근 미분양주택이 늘어나는 등 부동산 경기가 부진한데, 집값 하락과 거래 위축이 더 심화해 건설사의 부동산 PF 우발채무가 현실화할 경우 자금을 공급한 제2금융권이 타격을 입을 것이 뻔하다는 설명이다.

물가 안정이 최우선 목표인 한은이 부동산 PF 부실 위험을 계속

윤석열 정부 지금

강조하는 이유는 부동산 시장에서 시작된 문제가 금융안정을 저해하고, 이는 금융 위기의 도화선이 될 수 있기 때문이다.

이창용 한은 총재는 그간 "부동산 경기가 빠르게 위축되면서 관련 금융시장의 불안이 재연될 가능성이 있다"면서 부동산 부문 리스크를 우리 경제의 '약한 고리'로 지목했다.

기준금리 결정을 내리는 한국은행 금융통화위원회 소속 위원 중 한 명은 "부동산 관련 업종 대출의 연체가 늘고 있는 가운데 주택 가격의 급격한 조정이 가세하는 경우 신용리스크가 확대되면서 금융시장이 불안정해질 수 있다"고 경고했다.

부동산 시장 부진, 당장 회복 징후 안 보여

미국에서도 상업용 부동산 대출의 부실화 가능성이 다음 위기의 진원지가 될 수 있다는 우려가 나온다. 미국 상업용 부동산의 평균 공실률이 지난해 말 20% 수준으로 뛰었다. 대출금의 70%가 중소형 지방 은행에서 조달된 점이 위험 요인으로 꼽힌다.

우리나라 금융권은 최근 새마을금고를 포함한 저축은행 등의 부동산 PF 연체율 상승 우려에 대해 "아직 관리 가능한 수준"이라는 입장이다.

그러나 한국은행과 경제학계는 부동산 PF 부실화가 금융시스템을 뒤흔드는 상황을 사전에 방지하려면 부실 우려가 큰 PF 사업장부터 정리하는 등 '옥석 가리기'에 미리 착수해야 한다고 주장한다.

한은 관계자는 "지속 가능한 사업장에는 자금을 공급하되 부실 사업장은 신속한 정리를 유도해야 한다"라고 강조했다. 자금을 공급해도 소용이 없는 사업장부터 정리하고, 부실 건설사와 금융기관 구조조정에 돌입해 피해를 최소화해야 한다는 설명이다.

이제 정부는 부동산 경기 침체와 세계 금융시장 불안이 계속되면서 부동산 대출이 위기의 도화선이 될 것이라는 경고를 흘려들어서는 안 된다. 지난 1997년 말의 외환위기와 IMF 사태가 숱한 위기 경고에도 "우리 경제의 펀더멘탈은 견고하다"라고 버티다가 자초한 역사적 사실을 잊어서는 안 된다.

부동산 시장 정체가 당장 회복될 징후가 보이지 않는 데다 PF대출 부실의 진원이 되는 미분양이 조만간 10만 가구가 넘을 것이란 예측까지 나온다. 물론 금융당국은 부동산 PF와 관련 지나친 쏠림으로 일시에 리스크가 발생해 특정 기업·건설사 연쇄 부실 '트리거 포인트'로 작용하지 않도록 분산 노력하고 있다고 강조한다.

그러나 건설업계의 자체 대응력은 이에 못 미치고 있다는 진단이다. 업계 중심의 선제적 구조조정으로 부실 우려가 큰 PF 사업장을 정리하는 등 불확실성을 최소화하는 노력이 그 어느 때보다 화급한 시점이다.

정부는 부동산 PF나 주택담보 대출의 작은 부실이 금융 전반의 위기로 확산하지 않도록 리스크 요인을 점검, 비상계획(contingency plan) 등 빈틈없는 대응책을 마련해야 한다. 특히 연체율이 높은 금융사에 대한 감독을 강화하고, 부실 위험이 큰 PF 사업장은 민간 중심의 선제적인 구조조정에 먼저 들어가야 한다. 부동산 경기 연착륙을 유도하면서도 부동산 금융 비중을 줄여 나가는 묘책이 필요하기 때문이다.

〈2023년 4월, 정종석〉

윤석열 정부 지금

제3장

윤석열 정부의 사회,
지금

소상공인-자영업, 코로나 팬데믹 특단 대책을

소상공인과 자영업은 경제의 아픈 손가락이다. 경기 침체와 코로나19의 가장 큰 피해자다. 정부도 지원을 아끼지 않는다. 경제부총리가 제55차 비상경제중앙대책본부 회의를 열고 소상공인·자영업자 금융지원책을 내놨다. 소상공인에 대한 대출 만기 연장과 상환유예 연장을 발표했다. 코로나로 힘든 소상공인 지원을 위해 2020년 4월 시행됐던 조치다. 이후 6개월 단위로 세 차례 연장됐다.

시중은행과 국책은행을 포함한 전 금융권과 중소기업진흥기금, 소상공인 진흥기금 등 정부 기금 대출이 대상이다. 세부 시행 방안은 관련 부처와 금융권과 협의해 정해진다. 이를 위해 금융위원회와 금융감독원 주도로 자영업자의 경영 및 재무 상황에 대한 미시 분석이 이뤄진다. 누적된 부채 해결을 위해 대출자별 맞춤형 지원 방안도 마련된다.

그도 그럴 것이 대출로 버텨온 소상공인과 자영업의 자금난이 심각하다. 대출 연장이 절실하다. 중소기업중앙회 조사가 이를 잘 확인한다. 코로나 대출 지원 추가연장이 필요하다고 밝힌 기업이 10곳 중 8곳이다. 연장의 이유로 코로나 재확산으로 인한 매출 감소, 대출 금리 인상, 대출 상환 및 이자 납부를 위한 자금 여력 부족 등을 꼽는다.

예고된 수순 같다. 금융위원장이 지난달 시중 은행장과의 간담회에서 대출 만기 연장과 상환유예 조치를 연장하겠다는 의도를 내비쳤다. 경제부총리 또한 금융당국 수장들이 모인 확대 거시경제 금융 회의에서 "역대 최대 실적을 기록한 금융권이 자율적으로 소상공인들의 금융 애로를 조금이라도 덜어드리는 선제적 상생협력 모습을 기대한다"라며 운을 뗐다. 사상 최대의 돈 잔치를 벌이는 금융회사로서는 어쩔 수 없이 따를 수밖에 없는 상황이 연출됐다.

부작용 경계해야…
코로나 상황에서 빚만 계속 쌓여가면 금융부실 뇌관으로 작용할 소지 커져

민생을 헤아린 시의적절한 조치라는 평가가 나온다. 반론도 있다. 거래는 당사자 서로의 이익이 교환되는 행위다. 한쪽에 유리하면 다른 쪽엔 불리해진다. 일방적 희생은 오래가지 못한다. 은행도 엄연한 영리 추구 기업이다. 대출 이자와 예금 이자의 차액으로 이문을 남기는 상인이다. 대출 만기를 계속 연장하고 원금은 물론 이자조차 받지 못한다면 피해가 막심하고 존속까지 위협

받게 마련이다.

대출 규모가 어디 작기나 한가. 소상공인 대출 만기 연장·상환유예 조치가 시작된 2020년 4월부터 2021년 12월까지 금융권이 284조 4천억 원을 지원했다. 만기 연장 270조 원, 원금 상환유예 14조 3천억 원, 이자 상환유예 2천 400억 원이다. 지난해 말 기준 금융권의 만기 연장·상환 유예 대출 잔액이 133조 8천억 원에 이른다. 만기 연장 116조 6천억 원, 원금 상환유예 12조 2천억 원, 이자 상환유예 5조 1천억 원이다.

코로나 팬데믹이라는 피치 못할 돌발 상황에서 대출 만기 연장과 상환유예가 이뤄질 수밖에 없었던 저간의 사정이야 이해가 된다. 그렇다고 이 같은 극단의 비상조치를 그것도 금융회사의 일방적 희생을 담보로 언제까지 이어갈 순 없다. 이번 연장만 해도 벌써 4번째다. 이 또한 마지막이 아닐 수 있다. 전례로 봐서 9월 말에 가서 재연장이 또 거론되지 않으리란 보장이 없다.

정부가 그동안 말을 하도 자주 바꾸다 보니, 정책의 신뢰성이 땅에 떨어져 있다. 연장할 때마다 6개월만 더 하고 끝내겠다고 누누이 강조했던 정부다. 이번 연장도 그렇다. 오미크론 확산이 여전한데다 정치권 요구가 겹치면서 재연장 쪽으로 갑자기 방향을 틀었다. 국회가 지난 2월 추가경정예산을 의결하면서 '정부는 전 금융권의 만기 연장·상환유예 조치를 추가로 연장하는 방안을 조속히 마련해 시행한다'라는 부대의견을 달았다.

낮아진 연체율은 원리금 상환유예에 따른 착시 효과…
상환유예 대출은 건전성 분류상 '정상'

부작용을 한껏 염려하고 경계해야 한다. 만기 연장과 상환유예가 자칫 '언 발에 오줌 누기'식이 될 공산이 크다. 여태까지도 자금 사정이 안 좋아 만기 연장과 상환유예를 받아온 기업이 6개월 후라고 자금 사정이 나아질 것으로 기대하기 어렵다. 그때 가서 밀린 원금과 이자를 한꺼번에 갚지 못하는 기업이 쏟아져 나올 것이다.

더구나 금리 인상까지 예고되는 마당에 다른 대안도 없이 그저 대출 만기를 늘리고 상환을 미뤄준다고 차주의 경영난이 해소될 리 만무하다. 한 치 앞이 안 보이는 시계 제로의 팬데믹 상황에서 빚이 계속 쌓여가면 금융회사의 부실로도 번질 수 있다. 대출 원리금 상환이 본격화되면 숨어있던 부실 위험이 한꺼번에 터지면서 연체율을 비롯한 건전성 지표가 나빠질 게 불을 보듯 뻔하다.

겉으로 드러난 지표만 보고 안심해선 안 된다. 4대 금융지주의 핵심 계열사인 각 은행의 2021년 말 평균 연체율은 0.17%다. 전년보다 0.05%포인트 낮아졌다. 되레 개선된 것으로 나타났다. 거대한 잠재 부실에도 연체율이 이처럼 낮아진 것은 원리금 상환유예로 인한 착시 효과라는 해석이다. 이자라도 받아야 연체 여부를 판별할 수 있으나, 그러지 못하다 보니 생기는 기현상이다. 실제로 상환유예 대출은 은행에서 자산건전성 분류 시 '정상'으로 판정된다.

연장 종료 시 충격에 대비해야 한다. 금융당국은 부실 가능성에 대한 모니터링을 강화해야 한다. 금융회사는 미래 손실을 감안해 대손준비금을 추가로 적립, 손실흡수 능력을 키워야 한다. 현재의 연체율이나 대손율 등을 반영하여 쌓는 대손충당금과는 별도다. 이자 감면, 금리 우대, 분할 상환 기간 조정과 중도상환 수수료 면제 등 인센티브도 있어야 한다. 사업 재편과 업태 전환, 구조개선 등 경쟁력 강화 지원도 병행함이 마땅하다. 그러잖아도 밀린 숙제를 잔뜩 떠맡은 새 정부의 어깨가 더 무거워지게 생겼다.

〈2022년 3월, 권의종〉

국민 통합·공생형 부동산 정책을

국토교통부는 보유세의 과세표준이 되는 2022년도 공동주택 공시가격안을 발표, 이달 24일부터 열람할 수 있도록 했다. 문재인 대통령은 "부동산 자신 있다"라고 장담했지만 5년간 서울 공시가격은 2배 껑충 뛰었다. 올해 전국 평균 공동주택 공시가격 상승률은 17.22%로 집계됐다. 지난해 공시가격이 19.05% 올랐던 것에 비하면 상승률이 1.83% 낮아진 것이지만, 2년 연속 두 자릿수 상승률을 기록하며 크게 올랐다.

2년간 합산 상승률은 36.27%다. 현 정부가 공시가격 현실화를 추진하면서 공시가격이 매년 5%대 상승률을 기록했다. 작년과 올해는 예상치 못한 집값 급등으로 17~19%대 높은 상승률을 이어갔다. 2017년 4.44%, 2018년 5.02%, 2019년 5.23%, 2020년 5.98% 등으로 완만한 상승곡선을 그려 오다 최근 2년간 급등한 것이다. 이는 과거 참여정부 시절 공시가격을 한꺼번에 많이 올렸던 2007년 22.7% 이후 14~15년 만에 가장 높은 수준이다.

올해 17% 급등한 공동주택 공시가격 상승으로 해당 주민들의 세 부담도 늘어나게 됐다. 다만 정부는 공시가격 급등에 따른 실수요자 등의 부담을 덜어주기 위해 1세대 1주택자에 대한 보유세 과세표준은 작년 공시가격을 적용하기로 했다.

반면 다주택자는 정책 대상에서 제외돼 수억 원에 달하는 '세금폭탄'을 맞을 전망이다. 특히 서울에 2주택 이상을 보유한 다주택자들은 작년보다 보유세가 30% 이상 늘어날 것으로 추산됐다. 공시가격 급등 여파는 주택보유수에 따라 희비가 교차하여 서울 1주택자 보유세 437만 원 → 464만 원, 서울 반포동과 광진구의 2주택자 보유세 8,814만 원 → 1억 1,668만 원으로 추산되는 등 정부의 '1주택자 사랑'과 '다주택자 편 가르기'가 정권 말까지 시도되는 느낌이다.

지방 2주택 공시가격의 합계가 서울 강남 1주택자 공시가격보다 올해 보유세가 적어도 40~50% 늘어나 "강남 1채 수십 억 하는데 세금 경감되고, 왜 지방 2주택자는 세금폭탄을 맞나"며 곳곳에서 불만이 터져 나오고 있다. "'가진 자가 죄'라는 프레임을 씌워서 국가가 너무 많은 세금을 매기고 집이 두 채만 있어도 죄인 취급당하는 나라가 정상인가"라며 성토가 일어나고 있다. 1주택자 보유세 부담 완화의 역설(逆說)이다.

공시가격 급등에 따른 '유탄'은 다주택자에게

윤석열 당선인은 이러한 문제점을 해결하기 위해 보유세의 과세표준인 공시가격을 2020년 수준으로 환원, 급등한 세금을 인하하고 △종부세를 재산세와 장기적으로 통합 추진 △종부세 공정시장가액비율을 95%에서 동결 및 1주택자 세율 문재인 정부 이전으로 인하 △종부세 부과 기준을 보유주택 수에 따른 차등에서 주택가액 합계 기준으로 전환하겠다고 공약했다.

종부세가 호수에 따른 차등이 아니고 가액기준으로 변경되면 지금처럼 똘똘한 1채로 몰림 현상이 완화되는 가운데 지방 소액 물건 또는 상대적으로 똘똘하지 않은 주택에 대한 수요가 유지되고 1주택자와 다주택자에 대한 편 가르기가 완화될 수 있다고 보고 있다. 따라서 윤 당선인은 공약을 반드시 이행할 수 있도록 부동산 공시가격 2020년 수준 환원, 종부세 공정시장가액비율을 95%로 인하 등 관련법 시행령을 개정, 가능한 한 취임 즉시 처리할 수 있도록 철저한 준비를 해야 한다.

1주택자만 사랑하고 다주택자를 '죄인' 취급하는 징벌적 세제를 과감하게 바꾸기 위해 종부세 부과 기준을 보유주택 수에 따른 차등에서 주택가액 합계 기준으로 전환할 수 있도록 거대 야당과의 협치를 통해 해당 법률을 개정, 국민 통합·상생할 수 있는 부동산 정책을 시행해야 한다.

문재인 정부는 출범 직후부터 집값 상승의 주범을 다주택자의 투기 수요로 지목, 다주택자에 대해서는 주택의 '취득-보유-처분(양도)' 등 모든 단계에 걸쳐 세금을 중과하는 방법으로 수요 억제책을 펴왔다. 실거주하는 주택 1채만 남기고 나머지 주택을 모두 처분하라는 취지였다.

그 결과 규제지역에서 취득세는 최고 12%로 높아졌다. 또

조정대상지역에서 2주택자 이상부터 종합부동산세 세율은 1.2~6.0%로 1주택자(0.6~3.0%)보다 높게 됐다. 양도세도 역시 최고 75%(지방세 포함하면 82.5%)로 중과된다. 기본세율(6~45%)에 조정대상지역 기준 2주택자는 20%포인트, 3주택자 이상은 30%포인트를 더해 세금을 중과하고 있다. 지방세까지 포함하면 세금은 82.5%까지 올라간다.

하지만 규제로는 시장이 잡히지 않는다. 다주택자 보유를 막으니 지방의 아파트를 팔고 더 오를 서울 강남권의 '똘똘한 한 채'로 집중하는 추세가 강화되면서 수요가 높은 지역 집값은 더욱 급등했다. 또 다주택자가 보유세가 버거워 주택을 매물로 던지기보다는 양도세 중과를 피한 증여를 택해 매물 유도 효과도 미미했다.

조세로 집값 문제를 해결하려는 것은 오히려 시장 왜곡 현상이 더 심화될 수 있다. 조세는 집값과 상관없이 조세 차원에서 논의해야 한다. 문재인 정부의 부동산 정책 실패가 '투기와의 전쟁'을 앞세워 수요 억제에만 집중, 규제를 남발하고 공급에는 소홀했기 때문이라고 분석된다.

이에 다주택자에 대한 과도한 규제가 매물 잠김을 심화시키면서 시장 불안을 가중했다고 판단한 윤 당선인은 '부동산 규제 완화'를 기치로 수요에 맞는 주택을 공급하는 데 집중하겠다는 구상이다. 윤 당선인은 다주택자에 대한 양도세 중과세율 적용을 최대 2년간 한시적으로 배제해 다주택자의 주택 매각을 유도하겠다는 공약을 제시했다.

잘못된 규제와 세제 혁신으로 시장 기능 회복을

이와 함께 서울 같은 조정지역 다주택자에 대한 고율의 취득세도 완화하겠다고 약속했다. 양도세 중과 한시적 면제(22.07~24.06까지 약 2년간 면제하는 개정안 발의 상태)는 국회를 거치는 법률 개정이 아닌, 정부의 시행령 개정으로 가능하다. 시행령은 정부 입법예고와 국무회의 통과로 가능하다. 신속하게 진행이 가능한 것이다.

주택 거래절벽 현상이 장기화하는 만큼 윤 당선인 취임 후 거래 활성화를 위한 규제 완화 조치가 선제적으로 이뤄져야 한다고 전문가들은 보고 있다.

다주택자 양도세 중과 유예와 관련, 다주택자가 시세차익을 실현하는 기회로 작용할 수 있다는 비판도 있다. 하지만 충분한 매물 출회를 통해 거래 확대를 유도할 것으로 기대된다는 의견이 지배적이다. 새 정부 취임 한 달여 뒤인 6월 1일 올해 부동산 보유세가 산정되고 나면 양도세 중과가 유예된다고 하더라도 다주택자 매물 출회 효과가 제한적일 수밖에 없다. 따라서 윤 당선인은 취임 후 이를 최단기 실행과제로 준비, 차질 없이 시행하여야 한다.

아울러 1주택자 취득세율 단순화, 다주택자 조정지역 취득세 중과 완화를 시행하기 위해서는 패러다임을 전환, 윤 당선인 취임 후 전국의 모든 조정지역을 해제하면 해결이 기대된다. 물론 거대 야당의 법률 개정 협조를 필요로 한다. 다만 조정지역 해제는 관련법 시행령 개정과 국토부 장관 결정으로 가능하다.

이렇게 다주택자에 대한 규제와 거래세가 완화되면 매매가 활성화하고, 수요와 공급에 따라 시장원리와 기능에 맡겨진 부동산 가격은 장기적으로 안정화될 것이다.

공시가격 6억짜리 1채와 지방에 1억짜리 임대주택 1채를 갖고 있으면 전체 인구 2%에 속하는 종부세를 내는 부유층일까? 왜 집을 두 채 갖고 있으면 국가에서 무조건 다주택자로 사실상 '죄인' 취급받고 국민 사이에서 소외당하는 걸까? 서울에 11억 원짜리 집 한 채를 가지고 있는 사람은 종부세를 내지 않아도 되고, 1주택이 11억 원 초과하는 경우에도 여러 가지 감면 혜택이 주어진다.

무언가 공정하지 않다. 문 정부는 사유재산권이 인정되는 민주주의 국가에서 다주택자는 부동산저축을 통한 재산형성을 한 민간임대주택 공급자라는 순기능을 인정하지 않았다. 거주할 주택이 있는데도 추가로 주택을 구매, 주택가격을 상승시키는 투기꾼처럼 내몰았다.

우리나라 2,100만 가구 중 무주택 가구는 920만 가구이며 이 가운데 공공임대주택에 200만 가구, 다주택자가 공급하는 민간임대주택에 720만 가구가 거주한다. 모든 임차 가구에 공공임대주택을 제공할 수 없고 공공임대주택과 함께 다주택자가 공급하는 민간임대주택의 공급 활성화가 필요하다.

1주택자와 무주택자, 다주택자가 모두 상생해야

그런데 문재인 정부는 다주택자에게 실거주 1채만 남기고 모두 매도하라고 징벌적 규제와 세금폭탄을 안겼다. 그 결과 수도권의 똘똘한 한 채 선호 현상이 나타나면서 수도권 임대공급 물량이 줄었다. 수요와 공급의 불일치로 전월세 가격이 상승하고, 다주택자에 대한 종부세 대폭 인상분이 전·월세에 전가되어 가구의 임차료 부담이 상승하게 되었다.

그럼에도 수요와 공급이 불일치하는 상황에서 2020년 7월 문정부는 사실상 주택임대시장의 작동원리를 무시한 임대차 3법을 강행하여 전월세가 급등, 전세 매물 감소를 부추기는 상황을 만들었다. 아울러 주택임대사업자의 각종 혜택을 폐지, 다주택자들의 민간임대주택 공급 의지를 꺾어 버렸다.

현재 우리나라 200만 가구의 공공임대주택으로는 920만 무주택 가구 모두에게 임대주택을 공급할 수 없다. 민간임대주택의 임차 수요는 100인데 공급이 80인 상태에서 임차 기간 2년을 4년으로 늘리는 계약갱신청구권을 시행하면서 공급을 40으로 감소시켰으니 전월세가 급등하는 것은 당연한 결과물이다.

윤 당선인은 "주택은 수요가 있는 곳에 공급되어야 하고, 이를 위해 잘못된 규제와 세제는 과감하게 혁신해야 한다"라고 강조했다. 윤 당선인은 다주택자가 부동산저축을 통한 재산형성을 한 민간임대주택 공급자라는 순기능을 인정하고 공생할 수 있는 부동산 정책을 실행에 옮겨야 한다.

임차인의 수요를 100 이상 충족할 수 있는 공급이 될 때까지 다주택자를 임대주택의 공급원으로 인정하고 폐지된 주택임대사업자 제도와 혜택을 부활해야 한다. 장기 민간임대주택 시장을 활성화하기 위해 다주택자와 공생할 수 있는 세제 및 금융지원을 강화해야 한다. 투기가 아닌 부동산저축형 주택은 여러 채로 가져가도 되도록 보유세와 거래세를 완화해 주어야 한다.

문 정부의 다주택자에 대한 정책 실패와 편견을 반면교사 삼아 다주택자와 투기꾼을 구별하고 민간임대주택 공급원으로서의 다주택자와 공생할 수 있는 제도와 시스템을 만들어야 한다.

임대차 3법의 적절한 개정과 보완 장치 마련을 통해 임대차시장의 왜곡을 바로잡고 민간임대주택 공급원인 다주택자와 임차인 권익을 상생 보호하면서 주택임대 시장을 정상화하여 임차인의 주거 안정을 강화해야 한다.

아울러 다주택자를 죄인 취급하는 잘못된 규제와 세제를 과감하게 혁신하고 1주택자와 무주택자, 다주택자가 모두 상생할 수 있는 투기와 재산형성을 구분하는 국민 통합·상생형 부동산 정책을 마련하고 실행하여야 한다.

〈2022년 3월, 송인석〉

폐교되는 학교시설 재생 대책을

급격한 저출산이 가져오는 첫 번째 현상은 학생 수가 줄어들어 많은 학교시설의 이용률이 감소하고 종국에 폐교가 되면 멀쩡한 시설의 학교가 방치되어 녹슬고 있다는 사실이다.

입학하는 학생 수의 감소로, 초등학교가 통폐합되면서, 본교가 분교로 변하고, 얼마 후에는 그나마 학생 수의 감소로 폐교가 된다. 농촌 지역에는 최근 매년 폐교 결정으로 멀쩡한 학교가 주인 없는 흉물로 변하고 있다. 그나마 타 용도로 사용하지 않는 학교 마당은 밭으로 변하고 많은 돈이 투자된 체육관이나 교실, 관사 등이 흉물스럽게 방치되어 관리 부재 상태로 되어 간다는 것이다.

농토로 이용되지 않는 경우는 그저 무성한 잡초가 주인이 되기도 한다. 과거 천여 명의 학생이 공부하던 방대한 시설에 전교생이 몇십 명에 불과한 경우도 많다. 인구절벽이 가져오는 당연한 결과다.

문제는 이러한 유휴시설의 국가 재산이 합리적으로 이용될 수 없다는 데 있다. 일반 행정기관과 교육청이 각각 다른 관리주체라는 이유 때문이다. 한 마디로 부처 간 소통과 협력의 담이 남의 나라 국경처럼 높다는 이야기다. 물론 사고 등에 따른 책임 문제도 후속적으로 마련되어야 할 사항이다.

마을 공동체나 각종 협치 기구 또는 면과 리 단위 행정복지를 위한 시설과 공간은 필요에 따라, 따로 예산을 들여 새로 건축하거나 리모델링을 한다. 새로 지은 노인정이 없는 곳이 없다. 면마다 노인 게이트볼장이 없는 곳이 별로 없다. 모두가 국민 세금이다.

얼마 전까지 농림부 등에서 소관하는, 몇 개 마을을 묶어서 권역 별로 하는 도농 상생 사업도 한 건물당 통상 50억 이상의 국가 지원사업으로 지어졌다. 자체 독립예산으로 운영되기 전까지 처음 몇 년간은 운영자금 지원도 받는다. 그러나 자체 인건비나 관리비가 나올 정도로 수익을 창출하는 도농 상생관은 전체에서 몇 퍼센트가 되지 않는다는 통계다.

외딴 산골 노인 요양원으로 대체 이용할 수

마을마다 우선 정부에서 지원되는 예산을 따고 보자는 지역 이기심에서 뚜렷한 미래 전략이 없이도 우선 신청하고 보자는 것이다. 어느 정도 형식과 컨설팅 된 미래 전략 그림이 그려지면 브리핑 점수에 따라 지원이 결정되는 정책이었다.

그 외에 아직도 마을에서 필요한 시설지원을 지방관청에 신청하면 관례와 절차에 따라 결정되고 지원되는 모습을 볼 수 있다. 더구나 관선이 아닌 민선 체제이다 보니 유권자의 명분 있는 요구를 거절할 수도 없는 노릇이다. 모두가 표밭이니 말이다.

거기까지는 좋다. 문제는 학교의 남아돌아 가는 시설과, 폐교 결정되어 방치되고 있는 시설을 근처에 두고서도, 따로 예산을 들여 복잡한 절차를 밟아 새로 지어야 하는 비경제적인 모습이다. 일반 지방행정관청에서 교육청 소관의 재산처분에 관여할 수 없기 때문이다. 물론 폐교된 학교를 관리하거나 처분하는 나름대로 규정은 있다.

그러나 큰 규모의 재산을 개인이 공개매각에 참여할 사정이 못된다는 것이다. 지역 사정을 모르는 대기업에서 매입해서 사업에 이용하겠다는 생각도 선뜻 할 수 없다. 지역 주민공동체에서 사회사업이나 공동 수익사업을 위한다는 명분이 있으면 수의계약도 가능하다는 교육청의 입장이지만 농사일이 전문이었던 주민들에게서 위험을 감수한 사업계획과 학교시설 매입자금을 마련하기란 그리 쉬운 일이 아니다.

폐교의 용도는 찾아보면 얼마든지 있다.

우선, 현재 산속 외진 곳에서 운영되고 있는 노인 요양원으로 대체하여 이용할 수 있다. 교통과 주차도 용이하고, 조금만 리모델링하면 호텔 수준의 합숙시설로 손색이 없다. 산속 외진 곳에서 살아가는 외로운 독거노인들을 위해서도 지금보다 훨씬 좋을 것이다.

어느 정도 규모가 있어서 단체 급식도, 단체 진료도 가능하다.

각종 사회복지 단체의 방문도 용이하고, 노년의 삶의 질을 높일 수 있는 기본 프로그램과 인프라가 마련될 수 있다는 장점이 있다. 더 나아가서 백세 장수 시대에 일할 수 있는 건강한 준 노인층의 인력활용도 가능하다. 인근 지역에 학교가 있기 때문이다.

연수원, 도시민 수련 및 휴가 시설로도 이용 가능

자원봉사 희망자가 이곳에서 더 열악한 노인을 케어해 준 그 시간을 등록해서 언젠가 자신이 필요할 때, 자신도 다른 젊은 노인에게 케어받을 수 있는 시간 권리를 정부의 보증으로 저축하게 하는 것이다. 젊은 인력이 부족한 이 시대에 건강한 노인이 불편한 노인을 돕는 시스템으로 연구해 볼 만한 가치가 있다.

또 교통이 좋은 곳은 연수원이나 도시민 수련이나 휴가 시설로도 이용 가능하다고 본다. 그곳이 학교가 되기까지는 얼마나 많은 입지 조건을 고려했나를 생각하면 금방 답이 나온다.

또 한 가지 활용방안을 제시해 보겠다. 지금 농촌에는 점차 기업형 농사와 기계농으로 바뀌고 있다. 특수작물이나 대량생산 농장에서는 외국 근로자 없이는 농사를 지을 수 없는 실정이다. 고령화 사회로 접어든 이유때문에 젊은 근로 인력이 부족하다. 그래서 외국 근로자 인건비도 엄청 뛰었다.

코로나19 이전에 일당 8만 원 하던 인건비가 코로나19로 입국이 제한되자 지금은 일당 15만 원에도 외국 노동자 구하기가 힘든 지경이다. 어차피 외국 근로자들이 상시 필요하다면, 지방별 외국인 수급 계획을 세워서 폐교를 이용한 집단 수용시설로 이용할 수도 있다. 외국인 관리도 용이하고 범죄도 줄일 수 있다. 물론 저렴한 비용을 수익자 부담원칙에 따라 관리비용을 받을 수도 있다.

이토록 찾아보면 폐교의 합리적인 이용은 얼마든지 찾을 수 있다. 그러나 관리청에서 적극적인 행정을 펼칠 것을 기대하기는 어렵다. 이래도 월급 나오고 저래도 월급 나오는데 굳이 일을 만들어서 리스크를 만들 필요가 없으니 말이다. 필자가 생각하기에 이런 문제는 범국가적 차원에서 정책을 결정하고 법률로써 지원하지 않으면 해결의 실마리는 찾을 수 없다고 본다.

이달 10일 윤석열 새 정부가 출범한다. 지방소멸을 예방하고 국가 균형발전을 도모하겠다는 목표가 있다면, 이제는 정부에서 나설 때다. 그러기 위해서는 지방의 현실을 구체적으로 진지하게 알아볼 필요가 있다. 언제나 답은 현장에 있기 때문이다. 앞으로 이와 관련된 지방의 현실을 연속해서 제시하고자 한다.

〈2022년 5월, 윤영호〉

윤석열 정부 지금

우사(牛舍)·돈사(豚舍), 주민 갈등 해결책을

서울 광화문 시청 앞에 정치적인 집단시위가 있다면, 지방 행정기관 앞에는 돈사 축사 피해를 호소하는 주민들의 집단항의 집회가 있다. 매년 똑같은 민원성 집회가 연중행사처럼 일어나도 관련 행정부서는 면역이라도 생긴 것처럼 덤덤한 모습이다. 흥분한 주민들의 모습도 시간이 지나면 지치고 결국 포기할 것이라는 경험이 작용하는 듯하다.

그때마다 경찰이 출동하고, 관련 지방 행정기관과 면담을 하지만, 똑같은 민원이 몇 년이 지나도 근본적으로 해결되지 않고 반복된다. 행정기관은 화난 민심을 달래며 대화는 하지만, 결국 '법 아래 행정'이니 우리로서도 어쩔 수 없다는 변함 없는 태도다.

그런데 문제는 그 법(조례)이라는 것이 지방마다 다르다는 것이다. 예컨대 우사나 돈사 신축 허가 규정이 주민들 주거지역에서 얼마나 떨어져야 하느냐 하는 규정 등이다. 악취, 소음, 모기 파리 등의 개체수 증가, 폐수 및 분진, 지하수 오염 등 주민들의 피해를 방지하기 위한 목적의 규정이다.

지방마다 관련 조례 내용이 다르다 보니, 규제가 심한 지역에서 비교적 규제가 약한 지역으로 원정까지 와서 대형 축사를 짓고 축산업을 한다는 것이다. 그러면 행정기관에서는 민원에 따라 현지 거주민이 아니면 신축 허가를 내주지 않는다는 새로운 규정을 발표한다.

그렇다고 해결되는 것이 아니다, 현지 주민의 이름으로 신축하고, 현지 주민에게 소 한 마리당 얼마씩 관리비용을 주는 변칙이 일어난다. 당사자 간 이해가 맞아떨어지니 이러한 변칙은 암암리에 일어날 수밖에 없다. 그러니 허가되고 신축된 우사 돈사는 프리미엄까지 붙을 정도다.

그렇다면 많은 주민과 전쟁같은 갈등을 감내하면서 왜 대형 축사를 계속 지으려 하는가? 우선 당장 돈이 되기 때문이다. 다른 농사에 비해 수입이 짭짤하다는 것이다. 매년 아프리카돼지열병이나 조류 인플루엔자 같은 가축전염병으로 수백 마리씩 살아있는 가축을 땅에 생매장하는 방역 조치가 반복되는데도 그 손해 이상으로 돈벌이가 되는 이 사업을 중단하거나 축소하고 싶은 생각이 없는 것도 당연하다.

조용하고 쾌적한 환경에서 노후를 살기 위해 도시 집을 팔고 귀농 귀촌, 또는 귀향하는 주민들은 예상 못한 복병을 만나게 되는 것이다. 풍경 좋은 주변 농토가 혐오시설 축사로 변하게 된다. 이에 따라 거액을 들여 전원주택을 지었지만 오히려 그것이 인질이 되어, 가슴앓이를 하는 것이다.

대형 축사는 웬만한 공장과 맞먹는 규모

인구 분포의 변화를 보면 기존 원주민보다 새로 이주하는 주민의 숫자가 늘어나고 있다. 저출산 고령화 시대이다 보니 농촌에서 아기 우는 소리를 들을 수 없다. 지방소멸을 방지하기 위해 지방 행정기관에서는 귀농 귀촌을 장려하고 홍보하며 이사비용까지 주는 형국이지만, 그 이면에는 이처럼 예상치 못했던 복병이 숨어있는 것이다.

사실, 우리나라는 땅이 넓은 캐나다나 호주, 미국 등에 비하면 축산환경이 열악하고 생산성이 월등히 떨어진다. 언제까지 지속될지 모르지만, 현재 국산 쇠고기나 돼지고기값이 수입에 비해 월등히 고가라는 점이 이런 상황을 부추긴다. 외국에서 수입되는 각종 사룟값이 점차 인상될 수밖에 없고, 외국산 고기 수입이 점차 늘어날 수밖에 없는 상황이지만 아직 피부에 와 닿지 않는다.

이러한 형태의 축산업이 자연환경을 훼손하고 주민 간의 갈등으로 인한 사회적비용을 유발하며, 더구나 농사 용수 공급시설이 완벽하게 갖추어져서 전천후 농사가 가능한 절대농지를 감소시킨다. 10년 전에 비하여 벼농사 지역이 현저히 줄어들어 비상시 식량안보가 심각한 실정인 점을 고려하면, 남의 일 보듯 간과할 일이 아니다.

지금은 옛날 농가에서 한두 마리씩 키워 가축으로 농사짓던 시절의 낭만적 모습이 전혀 아니다. 축사당, 적게는 수십 마리, 많게는 수백 마리씩 사육하는 대형 축사는 웬만한 공장과 맞먹는 규모다. 그러다 보니, 그 마을에서는 비교적 잘 사는 농가 재벌만이 할 수 있는 사업이다. 기본 재산이 있는 사람으로, 요령 있고 정보에 눈 밝은 재주꾼만이 행정관청의 각종 보조금이나 지원금을 받을 수 있다.

이렇게 대형 축산업을 하는 사람의 비율은, 곡식을 재배하는 일반농민을 포함하여 마을 전체 인구의 5% 내외다. 소수 주민의 돈벌이를 위해 다수 주민이 피해입는 형국이다. 가령 송아지 10마리가 새로 사입되면, 어미 떨어진 송아지는 목이 쉴 때까지 합창으로 울어 댄다.

그 소리는 밤낮을 가리지 않아 전쟁터를 방불케 한다. 인근 농토는 값이 내려가고 매매도 어려워진다. 또한 연중 불어대는 바람 방향에 따라서 이격 거리가 멀어도 각종 해충과 악취 속에 있어야 하는 때도 있으나, 아직 조례는 풍향까지 고려하지 못하고 있다.

그러다 보니, 축산인이 주장하는 '생존권'과 일반 주민이 주장하는 '행복 추구권'이 충돌할 수밖에 없다. 축산인은 말한다. 내 땅을 법대로 사용하는데 웬 생존권 침해냐?

피해 주민들은 주장한다. 사유재산도 공공에 적합하도록 사용해야 하는 것이 법의 정신이다. 우리가 낸 세금으로 각종 혜택을 누려가며, 다수 주민의 피해를 볼모로, 공장 같은 대형 축사를 계속 늘려가는 것이, 과연 생존권이냐? 욕심이냐?

가축별 집단 사육단지 운영 해법을

윤석열 정부 지금

오랫동안 지방자치행정이 해결하지 못한 민원의 근본적 해결을 위해서, 이제 중앙정부가 나설 때다. 피해 주민 수천 명의 서명을 받아 조례개정안을 지방의회에 합법적으로 요청해도 그냥 방치한 채, 의원 임기를 넘겨 자동 폐기되도록 하는 특정 사례 이면에는 이해충돌 문제를 회피하는 직무 유기가 감춰져 있는 것이 아니냐? 라는 볼멘소리도 있다.

그렇다면 축산인도 살고, 일반 농민과 주민도 사는, 상생의 방법은 전혀 없는 것일까? 그 대안으로 가축별로 집단 사육단지를 형성해서 운영하는 방법을 제시해 본다. 주거지역 인근에서 대형 축사 신축하는 것을 지양하는 대신, 지방 산야 넓은 땅에서 입지를 선정하여 현대식 축산단지를 형성하고 입주하는 축산인에게 파격적인 혜택을 주는 것이다.

일반 공산품을 생산하는 공단지역의 장점을 축산단지에서도 갖게 하는 것이다. 공동방역, 공동위생, 공동 도난 방지 시스템 등 규모의 경제 혜택과 각종 자동 시스템의 장점을 누릴 수 있다고 본다. 공동 관리 인원의 일자리도 생길 수 있다. 인근에 가축 인분을 원료로 하는 농사용 퇴비공장을 운영하면 일거양득이다. 외국인 상주인력 사용도 더 효율적일 수 있다.

혹자는 축산인이 거주하는 지역과 떨어져 있으면 관리가 안 된다고 하지만, 그건 모르는 소리다. 지금은 먹이나 물을 주는 작업 공정도 반 자동화 수준이다. 뿐만아니라, 현재 베트남에 지어진 공장의 상황을 한국에 있는 사업주가 가정에서 스마트폰으로 실시간 모니터링할 수 있는 세상이다. 암소가 새끼를 낳는 상황까지 안방에서 모니터링 가능한 시대인 점을 고려하면 그건 전혀 해결이 불가능한 문제는 아니라고 본다.

이제 윤석열 정부에게 바란다. 새 정부는 탁상행정이 아니라, 문제를 실질적으로 해결해 주는 현장 중심의 행정을 펼쳐 주길 바란다. 오랫동안 지방자치행정에서 해결하지 못한 민원의 근본적 해결을 위해서, 이제는 중앙정부에서 나설 때다. 백성들의 만성적 고통을 누군가는 해결해 줄 수 있어야 국가 아닌가.

토착 세력과 이해관계에 얽혀 이러지도 저러지도 못할 수 있는 지방 행정에만 맡겨두는 것은 '격화소양(隔靴搔癢/신을 신고 발바닥을 긁는다는 뜻에서, 필요한 것을 제대로 해결하지 못해 성에 차지 않는다는 것을 말함)'에 그치는 전시행정이 되기 쉽다.

목소리가 작아도 똑같은 유권자요, 중앙에서 멀리 떨어져 있어도 똑같은 백성이다. 윤석열 정부 110대 국정과제 중, 국민께 드리는 20대 약속에서, 살고 싶은 농산어촌을 만들겠고 했다. 이제 고질적인 농촌문제를 근본적으로 해결하는 남다른 실력을 보여 주기 바란다.

〈2022년 5월, 윤영호〉

'65세 정년 연장' 카드 재고를

새 정부가 근로자 정년 연장을 추진한다. 대통령직인수위원회가 저출산 고령화 사회로의 변화 대응을 위한 인구 정책 방향을 제시했다. 현행 60세 정년을 5년 더 늘려 '65세 정년'을 공론화할 전망이다. 범정부적 인구전략을 기획할 수 있도록 '인구정책기본법' 마련에도 착수한다. 청년 인력 감소를 고려해 근로자 정년을 적절히 조절하겠다는 뜻으로 풀이된다.

정년이란 공무원이나 회사의 직원이 일정한 나이에 이르면 퇴직하도록 정해진 나이를 의미한다. 법령과 사규에 정년을 명시한 것은 고용주가 정년까지 종업원의 일자리를 보장하라는 게 본래 취지다. 지금에 와서는 의미가 달라졌다. 정해진 나이가 됐으니 이젠 그만두고 나가 달라는 강요가 깔려있다. 일자리 구하기가 그만큼 어려워졌다는 방증이리라.

우리나라는 2013년 '고용상 연령차별 금지 및 고령자 고용 촉진에 관한 법률' 개정안이 국회를 통과하며 정년 60세 시대를 맞았다. 상시 근로자 300인 이상 사업장은 2016년, 300인 미만은 2017년 각각 시행됐다. 그리고 얼마 안 돼 2019년에 추가연장이 다시 거론됐다. 재연장 시기가 너무 빠르다는 지적과 함께 청년고용에 미치는 영향, 기업 부담 등의 비판이 일면서 흐지부지됐다.

정년 연장이 우리나라만의 문제는 아니다. 일본은 2021년 국가공무원 정년을 60세에서 65세로 연장하는 법안이 통과됐다. 독일은 65세인 정년을 2029년까지 67세로 늘리는 계획을 추진 중이다. 프랑스도 마크롱 대통령이 재선에 도전하며 62세 정년을 65세로 늘릴 것을 공약했다. 미국과 영국은 정년이 따로 없다. 미국은 1986년, 영국은 2011년 정년제도를 폐지했다. 근로자 정년을 법으로 정하는 것 자체가 '나이를 이유로 한 또 하나의 차별'이란 여론 때문이었다.

정년 연장 필요성 인정되나, 섣부른 접근은 금물⋯

청년고용 악영향, 기업 부담 등도 살펴야

정년 연장의 필요성은 인정된다. 노동 공급을 늘리는 효과가 있다. 베이비붐 세대의 고령 인구이동이 이미 시작됐다. 2025년이면 우리나라가 초고령사회에 들어선다. 국내 노동시장에서 생산가능인구가 빠르게 줄고 있다. 통계청이 발표한 '2020년~2070년 장래인구추계'에 따르면 15~64세의 생산연령인구는 2020년 3,738만 명에서 계속 줄어든다. 2070년에는 1,737만 명을 기록할 거라는 전망이다.

연금고갈 시기를 늦춘다. 인수위 측은 "국민연금은 2055년에 고갈되고, 2088년이 되면 누적 적자가 1경 7,000조 원에 달할 것"이라고 설명했다. 또 "이는 출산율 1.3명 정도를 가정한 것으로, 출산율을 현 수준인 0.8명으로 계산하면 더 빨리 고갈될 수 있다"라고 말했다. 정년이 65세로 늘면 '노년 부양비' 증가 속도가 9년 늦춰진다는 통계청 분석도 나와 있다. 대법원도 2019년 육체 노동자로 일할 수 있는 최고 나이를 기존의 만 60세에서 65세로 올려 판결했다.

역기능이 우려된다. 정년을 65세로 연장하면 청년고용에 악영향이 미친다. 가뜩이나 심각한 청년실업에 직격탄을 날린다. 2016년 60세 정년이 시행되고 나서도 청년 취업난 심화로 세대 갈등이 표출됐다. 한국개발연구원의 보고서, '정년 연장이 고령층과 청년층 고용에 미치는 효과'에 따르면, 종업원 1,000명 이상 대기업의 경우 실제 고령층 고용이 1명 늘어나면 청년층 고용이 1명 줄어드는 것으로 나타났다. 고령층과 청년층 간 고용 충돌 가능성이 크다.

기업 부담이 커진다. 대한상공회의소 조사에 따르면, 기업 10곳 중 7곳은 65세 정년 연장이 일자리에 악영향을 줄 걸로 내다봤다. 기업들은 경직된 정년 제도가 노조의 기득권 유지의 도구로 악용될까도 걱정한다. 실제로 노조들이 단체협상 테이블에 정년 65세 연장 카드를 단골 메뉴로 올리고 있다. 4차 산업혁명 시대를 맞아 일자리 감소 추세가 뚜렷한 상황에서 생산성과 무관하게 65세까지 고용 보장을 요구하는 것 자체가 규제라고 주장한다.

현장에서 제대로 가동하지 않는 정년 연장…

조기 퇴직 늘고, 퇴직 연령 낮아지는 '역설' 발생

　정년 연장이 현장에서 제대로 가동하지 않는다. 현행 60세 정년도 지키지 않는 기업들이 수두룩하다. 그런가 하면 정년이 지나도 고용을 연장하는 기업들도 44%에 이른다. 정년 연장이 청년고용의 감소로 이어질 수 있다는 연구 결과도 잇따른다. 2016년 정년 60세 시행 이후 되레 조기 퇴직이 급증하고 평균 퇴직 나이가 낮아져 고령자들이 직장에서 더 빨리 쫓겨나는 '역설'까지 발생한다.

　한국노동연구원의 보고서 '인구구조 변화와 고령자 고용정책 과제' 내용이 충격이다. 정년 60세 법제화 이후 근로자들이 직장에서 더 빠르게 이탈했다. 정년퇴직자는 2013년 28만 5,000명에서 2021년 39만 4,000명으로 느는 데 그쳤다. 반면, 명예퇴직이나 권고사직, 정리해고를 이유로 일자리를 떠난 조기퇴직자는 같은 기간 32만 3,000명에서 63만 9,000명으로 급증했다. 주된 일자리 평균 퇴직 연령은 2005년 50.0세에서 2021년 49.3세로 낮아졌다.

　섣부른 접근은 금물(禁物). 노동시장의 '뜨거운 감자'로 떠오른 정년 연장은 난제 중의 난제다. 경영계, 노동계, 국민연금 등의 이해관계가 복잡하게 뒤엉켜있다. 생각과 입장이 다들 제각각이다. 의견 수렴과 사회적 합의가 쉽지 않다. 단순히 일자리 수나 취업자 인구 등의 총량적 셈법으로 해결돼선 안 된다. 저출산 고령화 등 인구 통계적 요인 말고도 연금개혁, 연공형 급여체계, 고용시장 구조개선 등의 이슈들과 연계한 종합적인 검토가 필수적이다.

있어도 지켜지지 않는 법정 정년을 계속 늘리는 게 능사가 아니다. 법에서 최소 가이드 라인만 정하고 실제 정년 운영과 고용형태 등은 기업 자율에 맡기든지, 아니면 미국이나 영국처럼 정년을 아예 없애든지 등 다양한 선택지를 두고 심사숙고 끝에 결정해야 맞다. 급한 마음에 정년 연장의 여부와 시기를 달랑 정했다간 화를 자초할 수 있다. 인구 대책은커녕 고용정책마저 꼬이게 하는 악수가 될 수 있다. 급할수록 돌아가라 했다.

〈2022년 5월, 권의종〉

'사회 안전망' 더욱 촘촘히 구축을

최근 서울 종로구 창신동의 한 오래된 주택에서 병과 가난에 시달리던 80대 어머니와 50대 아들이 숨진 지 한 달여가 지나 발견되는 비극이 발생했다. 이들 모자는 기초생활보장 제도의 혜택을 받지 못했다. 지난해 두 차례나 생계급여 신청을 했으나, 일제강점기에 지어진 낡은 주택 한 채를 소유하고 있다는 이유로 탈락한 것이다.

모자의 소득은 사실상 어머니 앞으로 나온 기초연금 50만 원가량이 전부. 가스가 끊긴지는 3년이 넘었고, 곧 전기마저 끊길 상황이었다. 더 이상 버틸 수 없었다. 아들은 용기를 내 도움의 손길을 내밀었다. 하지만 안타깝게도 이 모자는 정부가 세워놓은 '가난의 기준'에 부합하지 않았다.

지난 2014년 발생한 서울 송파구 세 모녀 사건을 계기로 '송파세모녀법'이 만들어져 지원 기준이 완화됐지만 창신동 모자의 딱한 사정을 헤아려 주지는 못했다. 정보기술(IT) 강국 한국의 자랑인 '복지 사각지대 발굴관리 시스템'도 구멍을 드러냈다.

송파 세 모녀 사건 이후 지방자치단체마다 '찾아가는 복지'를 다짐했지만 복지망은 여전히 허점투성이다. 그사이 2019년 탈북자 모자 아사 사건, 2020년 방배동 모자 사건에 이어 올해 성북구 네 모녀, 대전시 삼부자 사건 등 안타까운 죽음이 이어지고 있다.

누가 이들을 죽음으로 내몬 것일까? 소설가 황석영은 작품 『아우를 위하여』에서 '겨울에 거지 한 사람이 얼어 죽는 것도 우리 모두의 책임이다'라고 했다. 그렇다. 그들을 죽음으로 내몬 것은 이 땅에 사는 우리 모두의 책임이다.

정치인들은 극빈층의 복지보다는 정권의 유지나 쟁취에 혈안이었고, 대학교수를 비롯한 지식인들은 정치인들과 공생하며 기득권 지키기에 몰두했고, 종교인들은 사랑과 자비를 베풀기보다는 교세 확장에 열심이었고, 일반 시민은 각자의 이익에만 급급하여 목숨을 부지하기 위해 몸부림치는 사람들의 처절한 모습을 외면했다. 눈앞의 이익에 다른 사람의 고통이 보이지 않았다. 모두가 '무정한 이웃'들이다.

이름 모를 죽음이 아닌 우리 이웃과 가족의 죽음

'살아남은 자의 아픔'이라고 했던가. 그들의 죽음을 보며 같이 아파하지 못한 '무정한 이웃'의 한숨만 깊어진다. "복지제도의 사각지대를 없애야 한다"라는 주장이 쏟아지고 있지만, "언제는 제도가 없어서 살지 못했나" 하는 비난도 거세다.

제도가 미비하다면 고치면 된다. 문제는 '우리'가 이런 죽음에 대해 미안해할 줄 알아야 한다는 점이다. 그들을 지켜주지 못한 죄, 아픔과 고통이 있는 곳에 '우리'가 함께 하지 못한 무관심에 대해 반성할 줄 알아야 한다.

『김수환 추기경 이야기 그 후』에는 이런 말씀이 있다. '가난하고 소외된 사람들, 슬피 우는 사람들을 수없이 찾아다녔지만, 그들과 삶을 나누지 못했음을 부끄러이 고백한다. 내가 죽어 하늘 나라에 가면 하느님한테 꾸지람들을 잘못이 그 점일 것이라고 생각한다.' 고통받는 이, 아픈 이들을 위해 평생을 바친 고 김수환 추기경의 이 말씀은 우리를 더욱 부끄럽게 만든다.

'국가는 곧 국민'이라고 했다. 그렇다면 우리는 연이어지는 국가의 장례식에 '상주'인 셈이다. 이름 모를 안타까운 죽음이 아니라 우리 이웃의 죽음이요, 우리 가족의 비극이다.

이 나라의 국민이라면 누구나 인간으로 최소한의 삶을 누릴 수 있도록 '사회 안전망'이 더욱 촘촘히 구축돼야 한다. 그리고 우리 모두 이웃의 가난하고 소외된 사람들에 대해 물질적인 큰 도움은 주지 못하더라도, 그들이 삶의 끈을 놓지 않도록 관심을 두고 따뜻한 말 한마디라도 건넬 수 있어야 한다.

이미 떠난 가족의 고통을 되돌릴 수는 없지만, 우리 이웃과 아픔을 함께할 수는 있다. 우리의 눈과 귀를 그들을 위해 계속 열어 놓아야 한다. 마음이 열리면 세상이 열리고 살 방법이 생긴다. 그러나 고통에 눈 감으면, 그들은 감은 눈을 다시 뜰 수 없다.

주변을 자주 둘러본다면, 우리 이웃을 한 번 더 살펴본다면, 꽃향기가 코끝을 스치는 이 찬란한 봄날에 '죽음의 향' 냄새를 맡아야 하는 이렇게 가슴 아픈 일이 반복되지는 않을 것이다.

〈2022년 5월, 조석남〉

공정사회 실현 농정 개혁을

지금 우리의 농업은 전례 없는 위기를 맞고 있다. 코로나19 사태가 장기간 지속되면서 경기 침체로 인해 농·축·수산물 소비가 위축됐고, 쌀 생산량 증가로 산지 쌀값이 하락하는 등 우리 농업계는 어려움을 겪고 있다.

또한, 도농 간 소득 격차와 이로 인한 경제·사회·문화 전반에 걸친 발전격차는 농촌 지역의 과도한 인구 유출로 이어져 지역 간 갈등과 불균형을 심화시키고 있다.

그동안 역대 정부에서 도농 간 균형발전을 위해 많은 노력을 기울였음에도 불구하고, 농가소득은 도시근로자소득 대비 64%에 불과하며 도농 간 소득 격차는 갈수록 벌어지고 있는 상황이다.

도농 간 소득 격차는 단순히 소득의 차이를 넘어 주거·의료·교육·환경 등 모든 영역의 불평등으로 확대될 수 있기 때문에 농업을 지속 가능한 미래성장산업으로 만들기 위해서 도시와 농촌의

윤석열 정부 지금

균형발전은 필수적이다.

그중에서 가장 시급한 과제는 바로 청년 농업인 육성이다. 윤석열 대통령 당선인도 청년 농업인 3만 명을 육성하겠다고 약속한 만큼, 주거·교육·친교·일자리 문제를 동시에 해결할 수 있는 청년 뉴타운 조성사업을 통해 미래 농업을 이끌어갈 인재를 육성하는 데 우리 모두 힘을 모아야 할 것이다.

또한, 농업진흥지역 내 일부 농지를 농촌소득원 개발 특별지구로 지정하여 쌀 생산 조정 및 농가소득 창출 지역으로 적극 활용해야 한다.

이와 더불어 농업직불금 5조 원 확대, 기술 자본 집약형 스마트팜 혁신 클러스터 조성, 농산어촌 생활 인프라 구축 등 농어촌 맞춤형 사회 안전망을 탄탄하게 구축하고, 농업인의 건강과 먹거리 안전, 식량주권을 확보하여 농업이 명실상부한 미래 산업의 한 축으로 성장할 수 있도록 지원해야 한다.

국민의 안전한 먹거리를 책임지고 있는 농업은 우리 삶의 근간이자 기초가 되는 국가기간산업이다.

농업이 발전하지 않고 선진국이 된 나라는 없다. 새롭게 출범한 윤석열 정부는 소멸하여 가는 농업에 새로운 활력을 불어넣을 것이다. 문재인 정부 5년 동안 무관심으로 일관해 위기에 빠진 농업·농촌을 살리고, 농업의 지속적인 발전과 국민의 건강을 지키기 위해 진정성을 갖고 확실하게 국정과제를 추진해 나갈 것이다.

또한, 4차 산업혁명에 대응하여 자본과 기술을 결합한 미래 산업으로서 경쟁력과 힘을 갖춘 농업으로 발전시켜 나가는 한편,

고령화된 농업인들의 복지와 소득지원을 함께 추진하여 상생을 위한 정책을 실현해 나갈 것이다.

윤석열 정부의 농정 개혁과제가 올바르게 나아가도록 하는 방향키 역할을 해줄 것이라 기대한다. 우리 모두, 농림어업의 새로운 미래를 향해 함께 노력해야 할 것이다.

〈2022년 6월, 정운천〉

영혼 있는 '활자 문화 진흥법' 제정을

'메타인지(metacognition)'라는 용어가 있다. 자기 생각에 대해 비판적 사고를 하고, 한 차원 높게 자신을 객관적으로 바라보는 능력을 뜻하는 말이다. '한 단계 고차원'을 의미하는 메타(meta)와 어떤 사실을 안다는 인지(recognition)가 합쳐져 생성됐다.

신경정신과 전문의들은 "독서를 하는 동안 우리는 일반적인 생각보다 한 단계 높은 고차원적인 사고인 '메타인지'를 하기 때문에 사고력이 발달하게 된다"라고 말한다. 또 "아이들이 게임처럼 강한 자극에 압도되면 '메타인지'를 할 여유가 사라지고 우발적 행동을 하게 된다"라고 지적한다.

특히 TV, 게임 등 영상에 과도하게 몰입하면 정상적인 사고훈련을 방해하게 된다. 예컨대 남을 이유 없이 폭행하면서도 '내 행동이 왜 잘못됐는지', '남을 때리면 어떤 결과가 나타날지' 생각하지 못하는 아이들이 많은데, 이들은 자극적 게임에 익숙해져 정상적인 사고 훈련을 못 했기 때문이라는 것이다.

'활자 문화' 없으면 영혼 없는 지식

다시 강조하지만 젊은 세대가 독서를 기피하는 나라에는 미래가 없다. 인터넷 정보는 시간적, 경제적 효율 측면에서 유용하지만 활자 문화의 뒷받침 없이는 '사상누각'이 될 수 있다.

활자 문화와 뿌리를 공유하지 않는다면 자칫 '영혼이 없는 지식'으로 흐를 수도 있다. 바로 '활자 문화 부흥 운동'이 시급하고도 절실한 이유이다. '아침 독서 운동', '집안 독서 운동', '독서 마을 조성', '북 스타트 운동' 등을 실천적인 방법론으로 제시할 수 있다.

그리고 이러한 운동이 성과를 거두려면 정부와 지자체, 기업들의 집중적인 지원이 필요하다. 그래서 '활자 문화 진흥법'의 제정이 절실하게 요구된다. 현재 '독서문화진흥법' '출판문화산업 진흥법' '인쇄문화산업 진흥법' 등 유사한 법률이 있기는 하다.

그러나 모두 유명무실한 법률로 상투적이고 산발적이다. 요식적으로 이런 법률을 만들어놓고 '내 할 일은 다 했다'며 뒷짐을 지고 있다면 그것은 국회의원들의 '직무 유기'에 다름 아니다.

활자는 비대해져 가는 정보 세계의 뼈대다. 질서 없이 부풀어 오르기만 하는 정보 세계는 어디가 중심이고 어디가 주변인지, 어디가 시작이고 어디가 끝인지 도무지 알 수가 없다.

활자는 편집이라는 작업을 통해 정보에 뼈대를 부여한다. 예컨대 신문에는 표제가 있고 기사의 장단이 있어 날마다 쏟아져 나

윤석열 정부 지금

오는 정보를 한눈에 파악할 수 있게 해준다. 책에는 단락과 목차가 있어 저자 생각의 구조를 분명하게 할 수 있다.

때문에 활자는 매우 중요한 매체다. 문자는 인간의 역사와 함께 태어났고, 활자는 지식이 전 인류의 것이 됐을 때 태어났다. 활자 문화는 인간 본연의, 인간다운 자세 그 자체이다.

21세기에 더욱더 성장해야 할 정보 세계가 무질서하게 표류하는 '방랑아', 기형적인 '비만아'가 되지 않으려면 확실한 닻과 뼈대를 준비해야 한다.

일본에는 '문자 활자 문화의 날'까지

일본은 젊은 세대가 책과 신문읽기를 멀리하는 '활자 이탈 현상'이 발생하자 지난 2005년에 모든 정당과 당파를 초월한 286명의 의원이 합심해 '문자 활자 문화 진흥법'을 제정해냈다. '문자 활자 문화의 날'까지 지정할 정도로 구체적인 실천 방안이 담겨 있다.

세계 2위의 경제 대국에 오른 원동력은 '국민의 왕성한 독서력'이라고 확신하는 일본의 정치인들은 책과 신문읽기를 활성화하기 위해 팔을 걷어붙이고 나선 것이다. 이 결과 정부와 지자체, 뜻 있는 기업들의 집중적인 지원 속에 '활자 문화 부흥 운동'이 대대적으로 펼쳐졌고, 큰 성과를 거뒀다.

우리의 열악한 출판 문화계 현실과 일본에 비해 취약한 독서층을 감안할 때 '활자 문자 진흥법'을 통한 지원은 필수적이다. 또한 법 제정에는 초당적인 협력이 필요하다.

'육체'가 문드러지는 것은 쉽게 알아차릴 수 있지만, '정신'이 피폐해지는 것은 바로 드러나지 않는다. '영혼 없는 지식'이 이 땅을 더 이상 잠식하기 전에 우리 의원들이 '활자 문화진흥법' 제정에 팔을 걷어붙이고 나설 것을 강력하게 촉구한다.

〈2022년 6월, 조석남〉

주민발의 폐기조례의 자동 부활 특별법을

지방주민 생활에 가장 직접적으로 영향을 미치는 것은 지방의회에서 결의하는 조례다. 조례안을 발의하는 통로는, 첫째, 의회의원이 직접 발의하는 방법, 둘째, 지방 행정기관에서 조례안을만들어 공시 기간을 거쳐 의회에 상정하는 방법, 셋째, 주민이 일정 요건을 갖춰 직접 발의하여 의회에 제출하는 방법이다.

문제는 주민이 발의하는 조례안이 지방의회 의원들의 직무 유기나, 석연치 않은 이유로 자신들의 임기가 끝날 때까지 방치할때에는 대책이 없다는 것이다.

위에서 언급한 세 번째 방법, 즉 주민발의 조례안은, 의회 의원발의나, 지방 행정기관 소속 과에서 발의하는 것과 비교할 때, 특별한 의미와 특별한 사정이 내포되어 있다는 것을 간과해서는 안된다.

첫째로 이 경우는 힘없는 백성이 억울한 사정을 신문고에 올려

임금에게 호소할 때에 버금하는, 주민 속사정이 있다.

통상 조례안 발의가 일상의 업무이면서 익숙한, 의회 의원들이 이해충돌 등의 사유로 절실한 조례가 발의되지 않거나, 지방 행정기관에서 유사한 사정으로 발의되지 않을 때, 주민들이 의회나 지방 행정기관에서 달가워하지 않은 조례안을 어려운 결심으로 의회에 제출하는 경우가 대부분인 경우다.

주민이 조례안을 발의할 때는 조직력이 약한 민초 다수가 인내의 한계를 넘어서 분노에 가까워진 시점에서 발의되는 경우가 많기 때문이다.

둘째로 이 경우는 발의 과정이 어렵다. 대개 군 단위 의회 의원은 비례대표를 포함하여 8명 정도의 소수다. 한 사람의 의원이 발의하여 과반 동의하면 조례안은 통과된다.

주민 직접 조례 발의는 변호사 없는 재판 격

지방 행정기관이 발의하는 경우도, 해당 과에서 기안하여 내부 결재 후, 지방의회에 송부하면 동일한 방법으로 결정된다. 물론 필요한 공시를 일정 기간 내부 홈페이지를 게시하여 주민 의견을 듣는다. 현실적으로 그러한 공시에 관심을 기울이고 고민할 시간과 안목을 일반 주민들에게 기대하기는 현실적으로 어렵지만 형식상 조정을 위한 공시 기간을 거친다.

그러나 주민이 직접 조례를 발의하는 것은 변호사 조력 없이 재판에 임하는 것만큼이나 어렵다. 한 마디로 맨땅에 헤딩하는 격이다.

일반 주민은 행정업무의 전문성도 부족할 뿐만 아니라, 그 일을 주 업무로 하는 의회 의원이나 행정공무원과 달리 농사일이나 기타 다른 직업의 일을 하면서 별도의 시간을 할애해야 하기 때문이다.

뿐만 아니라, 주민의 의사를 제대로 반영하여 모으기가 현실적으로 쉽지 않다. 예컨대 주민 생활에 심대한 영향을 미치는 축사 신축 조건이 타 지역에 비교해서 열악하므로 주민 생활에 심대한 피해가 있어, 균형 잡힌 개선 조례안을 발의코자 할 때, 우선 마을 이장의 개인 취향이나 이해관계에 따라, 어느 리는 의견조사 때부터 묵살되기 쉽다.

뜻 있는 주민이 조례안의 타당성과 필요성에 대해서 일반 주민들에게 설명하고 동의를 받아야 한다. 이장이 묵살하거나 방조하거나 암묵적 방해할 경우, 그 해당 마을 전체 주민을 상대로 동의를 받는 것은 고사하고 설명할 기회조차 얻기 어렵다. 조례안에 이해관계가 걸려있어서 적극적으로 반대하는 일부 주민이 있는 경우도 사정은 비슷하다.

셋째, 발의에 동의받아야 하는 필요인원수가 월등히 많다.

지방의원은 한 사람이 발의할 수 있고, 지방 행정기관도 과 단위에서 시작하여 결재라인 선상의 인원만 동의하면 되는 것에 비하여, 주민발의 방법은 2,000명 이상의 동의가 필요하다.

의원 임기 만료로 자동 폐기되는 조례 허다

이토록 어려운 과정을 거쳐서 다수 주민의 의사가 반영된 특별한 사정과 의미가 담긴 조례안이 공청회나 찬반투표, 또는 의회의 결의 없이, 임기 내내 방치하다가 자동 폐기 되도록 해서야 말이 되겠는가?

물론, 업무를 방치하는 공직자의 개인 사정은 있다. 조례안에 대해서 반대하는 사람들의 항의와 로비, 또는 암묵적 이해관계, 더 나아가서는 임기 내 시끄러움을 원치 않기 때문이다.

그러나 이러한 이해관계를 조정하고, 주민 대다수의 아픈 곳을 고쳐주겠다고 공약을 걸로 출마했거나, 국민의 공복이 되겠다고 공직에 들어온 것 아닌가? 어려운 일은 피하고, 쉬운 일만 처리하겠다고 한다면 국민이 이해하겠는가?

지금이 어떤 시대인가? 권력의 최고 기관인 대통령도 적극적으로 대처하지 않고 업무를 게을리하게 처리하거나 방치해서 국민 생명과 재산에 심대한 피해를 주면, 온 나라가 떠들썩한 시대가 아닌가?

밝고 공정한 세상을 위해서는 지방의 어두운 사각지대나 마피아 성 조례 운영이 더 이상 묵과되어서는 안 된다. 다양한 이해관계의 충돌이 있는 현실에서, 힘 있는 소수에 의해 강제로 입과 귀를 막는 세상이 되어서는 안 된다.

그런 의미에서 적어도 국민 다수가 이토록 힘든 과정을 거쳐서 발의한 조례안이 의원 임기까지 정당한 사유 없이 방치되어 자동 폐기되어 휴지 조각으로 변하는 것은 곤란하다.

이러한 특별한 경우는, 차기 의회 개원 시점에서 의안으로 자동 부활할 수 있는 특별법이 마련되어야 한다. 조례의 상위법인 시행령이나 국회에서 법률로 정하지 않으면, 조례권역 자체에서 해결된다는 것은 기대하기 어렵기 때문이다.

〈2022년 7월, 윤영호〉

예산 낭비는 감축, 시설 가동률은 제고를

지방인구는 감소하는데 유사 단체는 늘어나고 있다. 한 사람이 여러 단체에 구성원으로 중복 활동하기 때문이다. 그러면서도, 중앙정부 또는 지방정부 여러 부처에서 각각 시행하는 유사한 공모사업을 유사 단체 다수가 공모에 응할 수 있고, 심사 결과에 따라 각각 예산지원이 가능하다.

내실 있고, 생산적인 다수의 단체가 경쟁적으로 참신한 아이디어를 내고 그에 따른 알찬 결실을 본다고 한다면 문제를 제기할 이유가 없다. 그런데 문제는 행정 부처에서 요구하는 형식과 틀에 맞춰서 일단 예산을 확보하고 보자는 경향이 농후하다는 것이다. 당장 감당할 수 있는 인력자원이나 아이디어, 경험이나 필요성, 혹은 특별한 비전이 없어도 말이다.

그래서 공모 신청에 엄두도 낼 수 없는 단체에, 예산을 받아내는 지름길을 알려주는 전문 컨설팅업체가 한몫을 톡톡히 한다.

행정부처에서도 그럴듯한 형식과 모양새를 갖추면 예산집행이 가능하고 사후관리나 외부 감사에 응하는데도 서류상 하자가 줄어들기 때문이다. 예산을 주는 부처와 받는 단체와, 행정적으로 도와주는 컨설팅 업체의 사적 이해관계가 맞아떨어지기 때문이다. 한 마디로 공모사업을 따는 데에, 내용보다 브리핑 형식이 더 중요하게 다뤄진다는 것이다.

유사 예산 지원부처와 유사 수혜단체 통합관리 법안을

예컨대, 농촌과 도시가 상생하는 도농 상생관이라는 그럴듯한 명분으로, 한 사업 단위당 50억 이상의 예산이 지원되는 농촌 지역 공익사업이 한동안 마을마다 주요 관심사였다. 그래서 곳곳에 번듯한 상생관 건물이 세워지고, 자체적으로 부가가치를 창출하여 독립적으로 운영되기 전, 몇 년간은 기본 운영비가 지원되었다. 대개 종사하는 한 사람의 월급과 기본관리비를 감당하기 위해서는 연간 최소한 1억 이상의 소득이 있어야 운영이 가능하다.

그런데 막상 정부예산 지원 기간 3년이 지나고 나서, 자체 사업으로 기본 경비를 만들어 낼 정도로 수입 모델을 만들어 내는 실적은 생각보다 미미하다. 당초 목적대로 운영되지 못하여 애물단지처럼 되어버린 곳이 적지 않다는 지적이다. 마을주민 전체에게 수익과 혜택이 주어지도록 하는 당초 목적과는 더더욱 거리가 멀다. 종사자 기본 인건비와 관리비를 감당할 만큼의 영업이익조차 나오지 않기 때문이다. 그래서 현재는 그 사업과 관련된 예산지원제도가 중단되었다고 전해지고 있다.

이는 대도시마다 대형 체육대회를 위해 체육관을 만들고 대회를 마치고 난 이후에, 그 시설을 이용해서 수입을 내면서 독립적으로 운영되는 체육관이 많지 않다는 것과 유사하다. 서울과 수도권에서도 상암 체육관을 비롯해서 몇몇 곳을 제외하면 돈 먹는 하마가 된 곳도 적지 않다는 지적이다.

그런데도 지금도 이름을 달리하여 비슷한 사업이 지방마다 진행되고 있다. 마을 거점사업과 도시재생 사업과 같은 것들이다. 기존의 실적 부진 정책을 답습하지나 않을까 우려되는 바가 크다. 도시재생 사업에 주민들의 적극적인 참여와 통합이 쉽지 않을 뿐만 아니라, 획기적으로 뚜렷한 효과를 가져오지 못해, 사업 진행 중 또는 완성 후 주민들의 불만이 끊이질 않고 있기 때문이다. 한 마디로 "그 큰돈을 어디다 썼냐?"라는 것이다.

따라서 수혜단체나 마을에 처음부터 관련 사업을 전적으로 맡기는 것보다는 행정기관에서 전문가의 1차 선검토 후 어느 정도 타당성이 있다고 판단 될 때, 철저한 검증을 통해 시행될 수 있도록 하는 실질적인 사업절차가 요구된다. 부처별 또는 행정기관별 유사한 내용의 사업들을 집중과 선택을 통하여 통합관리하고, 적재적소에 쓰이는 사업이 진행되도록, 낭비성 요소를 줄여나간다면 우선 예산을 따고 보자는 관행은 줄어들 것이다.

상이한 부처 간 강제적 업무협력법안도

매년 늘어나는 폐교가 녹슬고 있다. 인근에서 같은 종류의 시설이 필요해도 관할 관청이 다르다는 이유로 별도의 예산을 들

윤석열 정부 지금

여 새로 신축해야 한다. 한쪽에서는 남아서 낡아 없어지고, 한쪽에서는 부족해서 새로 만들고. 한 지붕 두 가족처럼 남의 나라 일이다.

일반 지방정부(시군구)와 교육행정기관(교육청)과의 소통 부재의 업무장벽으로 인해 국민의 혈세가 새고 있음을 지적한다.

지방인구 감소, 특히 학생 수 감소로 인해 매년 폐교가 늘어나고 있다. 학생이 일정 숫자 이하로 감소하면 정식학교가 분교로 되고, 그 이하로 떨어지면 폐교가 되어 인근 다른 학교로 편입된다. 학생 수보다 교사 및 행정 인원 수가 더 많은 폐교 직전의 경우도 있다. 폐교가 매년 늘어날 수밖에 없는 농촌 현실이다.

그럼에도 불구하고 늘어나는 폐교는 방치된 채, 녹슬고 있다. 학교 근처 마을에서는 거점사업이나, 마을 활성화 사업이나, 청소년 유치사업 등을 위한 별도의 건물을 신축하고 있는데도 말이다. 가까운 장소에 있는 더없이 좋은 교육 공간과 업무시설과 주차장 시설이 번듯하게 있는데도 말이다.

방과 후에 남는 교실을 사용하는 것도 허용되지 않고 있다. 물론 사용 중, 안전사고 발생이나 관리 부재에 따른 불편함을 모르는 바 아니다. 그러나 막대한 예산이 투입된 멀쩡한 시설을 두고도, 국민 혈세를 새로 퍼부어 새로 지어야만 한다면 세계 10대 경제 강국이라는 한국 정부의 위상에 맞는 것인가?

행정관청과 교육관청이 주인의식을 가지고 의견을 맞대면 얼마든지 해결되고 운영되는 방법이 나올 수 있다. 방법이 있음에도 법에 근거해서만 움직일 수밖에 없는 공직자들의 생리로 볼 때, 빠른 해결 방법은 관련 사항을 법으로 정하는 것이다.

매년 일반 행정기관(시군구)에서 관할지역 교육청에 지원되는 예산도 만만치 않은 경우가 적지 않기에, 업무 협력법안만 강행 규정으로 만들어지고 매뉴얼만 준비된다면, 곧바로 개선될 수 있는 문제다. 복잡한 민원도 원스톱 서비스로 해결해 주는 행정 서비스가 있는 마당에, 관청이 다르다고 해서 협력못할 이유는 없다.

〈2022년 8월, 윤영호〉

미래의 자산 청년층에 재정지원 확충을

우리는 현재 전 세계 코로나 확산과 고물가·고금리·고환율의 3중고, 러시아·우크라이나와의 전쟁으로 인한 공급망 차질 등 복합적인 경제위기 속에서 스태그플레이션(경기 불황 속 물가 상승)을 우려하고 있다.

원자재 가격 급등으로 소비자 물가는 1998년 외환위기 사태 이후 처음으로 최고치인 6%대를 기록하여 원유, 외식 등 소비자의 생활에 꼭 필요한 물품 비용마저도 올려놓았다.

사회에 갓 나온 청년들은 거친 환경 변화에 대비할 틈도 없이 역풍을 고스란히 맞을 수밖에 없다. 불과 몇 년 전만 해도 인생은 한 번뿐이니 원하는 것들을 소비하며 행복하게 살자는 태도를 의미하는 욜로(YOLO, You Only Live Once)가 젊은 청년층을 대표하는 이미지였다.

그러나 행복감도 잠시 '영끌', 'N잡러', '파이어족', '짠테크'와 같은 신조어가 젊은 세대들을 묘사하고 있다. 급변하는 경제환경으로 인해 여유는 사라지고 자린고비 정신이 청년층에게 트렌드로 확산하고 있다.

'베어마켓 블루(bearmarket blue)'에 빠진 청년세대

베어마켓 블루는 주식시장에서 약세장을 말하는 '베어마켓(bear market)'과 '우울감(blue)'의 합성어로 최근 주식시장과 가상화폐 시장이 동시에 급락하면서 투자자 사이에 퍼진 우울감이나 불안감을 의미한다. 작년 2021년까지만 해도 1~2%에 불과한 저금리로 인해 많은 사람이 저축 대신 투자에 집중하였다.

이로 인해 주식 붐이 일었고 대부분의 주식 종목이 상승하는 불장(Bull Market, 장기적인 관점에서 가격 상승 추세를 의미하나 '불타오르는 장'으로 사용)이 지속되자 청년층에도 주식 열풍이 불었다. 더 나아가 청년층은 다른 세대들보다 먼저 가상화폐의 가치를 살펴보았고 일부 초기 투자자들이 수익을 보자 코인을 담보로 재투자하는 등 가상화폐 시장에도 적극적으로 투자하였다.

그러나 금리 인상과 초인플레이션으로 인한 가상화폐의 가치 하락은 젊은 세대들을 부에서 더욱 멀어지게 하였고 좌절감에 빠지게 하였다.

정부는 지난 7월 '금융 부문 민생안정 과제 추진현황 및 계획'을 발표하였다. 계획에는 청년들의 투자 실패로 인한 이자 부담을 고려한 채무조정 지원이 담겨 있었다. 동시에 일부 자영업자/소상공인을 대상으로 대출 이자의 60~90%의 원금감면 지원안이 함께 기재되어 있어 빚내서 코인에 투자한 청년층의 채무원금도 감면한다는 오해와 비판이 오갔다.

대통령실은 이를 의식하고 도덕적 해이가 발생하지 않도록 할 것이라고 발표하였지만 아직도 확실하지 않은 포퓰리즘 제도는 많이 있다.

일례로 젊은 청년 희망 키움 통장은 보건복지부에서 운영하는 사업으로 젊은 청년에게 근로 인센티브를 주어 근로 소득을 증가할 수 있도록 지원하는 제도다.

청년들에게 지속적으로 일할 동기부여를 제공하면서 자산 형성을 도울 수 있어 많은 호응을 얻었지만 2022년 1월 28일을 기점으로 신규 가입이 중단되었다.

'청년 희망 적금' 역시 청년층의 목돈 마련을 돕는다는 취지로 만들어져 비과세 혜택을 지원하였다. 그러나 중복과세 정비를 이유로 이 적금의 혜택을 기존 가입자에게만 제공하고 판매를 중단하였고 이마저도 가입자 수가 예상보다 많아 3월 초에 판매가 종료되었다.

이러한 청년지원 정책들은 홍보마저도 약해 대부분의 청년은 혜택을 받지 못했다. 우리나라는 저출산 고령화 사회에 직면한 지 오래다. 노동력 부족은 산업발전을 저해하고 이는 곧 국가 성장에 위기를 가져온다. 일부 산업 분야에서는 이미 오래전부터 노동력이 부족하여 해외로 산업기지를 이전하거나 불법으로 체류한 외국인들을 고용하고 있다.

우리나라의 인구감소 현황을 파악하기 위해 산업연구원이 지방소멸지수를 산출해 본 결과 전국 228개 기초 지방자치단체 중

59곳이 이미 지방소멸 위기에 처한 것으로 나타났다. 지방 위기가 오는 이유는 젊은 사람이 없기 때문으로 분명하고 단순하다.

사회 동반 성장 청년지원제도를

저출산을 해결하고 노동력을 확보하기 위한 해법은 청년층에게 있다. 청년들에게 노동을 통한 부의 축적을 느끼게 해 주어야 노동시장에서 이탈하지 않고 지속적으로 머무를 수 있게 된다.

또한 지속된 노동은 숙련된 기술을 보유하게 되어 노동력을 고품질로 성장하게 한다. 노동력이 지속적으로 유입된다면 기업 역시도 기술을 발전시키고 매출이 증대되어 개인의 성장을 지원할 수 있는 건강한 일자리를 만들 수 있을 것이다.

현실의 벽으로 인해 연애, 결혼, 출산 등 많은 것을 포기한 청년들 내에서도 다시 심기일전하여 도전하는 문화가 일고 있다. 내집 마련이나 노후 준비보다 현재의 즐거움을 더 중요시했던 욜로족은 어느덧 사라지고 한 푼도 쓰지 않는 무지출 챌린지와 짠테크(짠다와 재테크의 합성어로 '짠돌이처럼 아낀다'를 의미)가 젊은 세대들 사이에서 유행하고 있다.

SNS를 통해 하루에 1원도 지출하지 않은 것을 인증하기도 하며, 앱을 설치한 후 일정 걸음 수 이상을 걸으면 포인트가 적립되는 앱테크를 하기도 한다.

부강한 나라는 젊은이들이 꿈을 향해 도전하고 더 나은 미래를 꿈꾸는 나라이다. K 문화가 전 세계에 인정받는 것처럼 대한민국이 다시 한번 도약하기 위해서는 청년들에게 사회와 함께 성장할

윤석열 정부 지금

수 있도록 하는 지원제도가 필요하다.

따라서 '청년 도약 계좌(윤석열 정부의 청년 정책 중 하나로 10년간 최대 1억 원을 조성할 수 있도록 만든 상품)'와 같은 청년을 지원하는 제도가 많아지고 은행에서 청년층을 위한 금리인하 요구권을 활성화 등 적은 돈이어도 알뜰히 모아 저축하는 청년들을 위해 정부와 산업 모두 연대해야 한다.

〈2022년 8월, 백승희〉

지속가능발전 기본법의 실천을

120년 만에 충격적 폭우가 내렸다. 부유층이 가장 살고 싶어 하는 서울 강남지역도 곳곳이 물난리다. 수많은 외제 차량도 불어난 물에 잠기는 데는 예외가 없었다. 빗물이 역류하여 맨홀 뚜껑이 열렸고, 지나던 사람이 실종되는 사건도 있었다. 기록을 경신하는 엄청난 재난이다. 아직도 진행 중인 장마가 끝나면 그 피해는 더욱 늘어날 것이 확실하다.

비단 우리나라만의 문제는 아니다. 세계 도처에서 홍수뿐 아니라, 기온상승으로 인한 대형 화재가 끊이질 않고 만년설의 얼음 덩어리들이 결빙 이래 처음으로 녹아 흘러내리고 있다. 먹을 것을 구하지 못한 어미 북극곰이 자기 새끼를 잡아먹는 끔찍한 장면도 이제는 낯설지 않게 되었다.

우리가 지금 겪고 있는 코로나19 팬데믹도 적도 지역 특정 지역에나 생존하던 바이러스의 서식지가 이동한 탓이다. 그들의 서

윤석열 정부 지금

식지가 사람과 가축 근접거리로 접근되면서 인수감염 확률과 빈도가 높아진 탓이다. 앞으로 제2, 제3의 질병 팬데믹은 지속해서 발생할 것이라는 게 환경학자들의 지적이다. 이대로 가면 머지않아 8억 명의 인구가 사는 터전이 해수면 상승으로 물에 잠긴다는 예측이다. 지구 전체가 기후변화로 미증유의 몸살을 앓고있는 것이다.

우리나라에서도 기후환경 변화를 눈으로 목격할 수 있다. 지금과 같은 홍수 천재지변 말고도, 우선 농작물 재배지역이 바뀌고 있다. 육지에서 감귤 농사가 가능하게 됨에 따라 전통적인 제주지역의 감귤 가격경쟁력이 점차 약해질 수밖에 없다. 그래서 아열대 지역에서 재배하는 망고로 작목이 바뀌어야 한다는 지적이고 또 일부 그렇게 망고 농사를 하고 있다.

예전에 생각도 못 했던 홍천지역이 우수한 사과 농사 지역의 대표가 되었다. 상대적으로 더워진 남쪽 지역에서 재배지역이 북상하고 있는 것이다.

인삼도 마찬가지다. 기존 지역에서는 6년근으로 키워야 할 인삼이 4년이 지나면 견디기 어려워 인삼재배 적지가 바뀌고 있다는 것이다. 이 밖에 바다 어족 서식지의 변화를 보더라도 얼마든지 그 예를 들 수가 있다. 그만큼 기후변화가 우리의 생활과 직결되어 있으며 급진적인 기후변화는 우리의 미래를 보장할 수 없는 지경에 이를 수 있다는 결론이다.

지구환경의 파괴는 후손 미래의 파괴

그래서 우리의 삶의 터전인 지구환경이 절단나면 우리 후손은 지금처럼 살 수 없다는 절박한 인식에 따라 세계 지도자들이 의견 일치를 보았다. 미국도 탈퇴했던 파리 기후협약에 다시 들어갔다.

앞으로 지구 기후 평균온도가 2도 올라가면 어떠한 끔찍한 현상이 일어날지 시뮬레이션해 본 결과 기후상승 허용온도 마지막 한계선을 1.5도로 정하고 모든 국가가 함께 노력하자는 약속과 함께 2050 탄소중립을 세계적인 목표로 발표하기에 이르렀다. 탄소중립이나 탄소제로라는 것은 탄소 발생 요인과 제거요인을 합친 순 개념을 말한다. 단적으로 자동차가 뿜어 대는 매연이 발생 요인이고, 산에 나무를 심는 것이 제거요인이다.

마침내 우리나라 탄소중립과 관련하여, 올해 초 국회에서 통과된 지속가능발전 기본법이 지난 7월 4일 발효되었다. 중앙위원회가 생겼고 지방자치단체도 지방위원회를 만들어야 한다. 지속가능발전법과 관련한 주무 부서도 환경부에서 국무총리 산하 국무조정실로 이관되었다. 그만큼 유엔에서 지정한 17개 지속가능발전목표 실천이 절실하다는 이야기다.

그러나 지방정부나 지방자치단체는 아직도 그 절박성이 체감되지 않고 있는 것 같다. 그나마 도청에서는 고민하며 준비하고 있는 것으로 보이지만 최일선 지방자치단체에까지 가시적인 조직과 행정이 보여지는 것은 요원할 것만 같은 전망이다. 지금까지 통상 환경과로 되어 있는 주무 부서의 관할 이동 가능성도 몇

윤석열 정부 지금

몇 선진 자치단체를 빼고는 의심스럽다.

한 마디로 지속가능발전법이나 탄소중립이라는 용어 자체가 낯설다. 그러니 수행해야 할 행정순위에서 뒤로 밀리는 것이 당연하다. 예컨대 멀쩡한 산도 나무 종류를 바꾼다는 명목으로 산주가 신청만 하면 기존 나무를 베어버리도록 허용하는 것이다. 거기다 예산까지 지원되고 있다. 이번처럼 집중호우가 지속되면 서울 우면산도 무너져 내리는 마당에 산사태가 발생하고 지방도로가 끊기며 마을이 고립되지 않는다는 보장이 없는데도 말이다.

울창한 산림이 형성되기까지는 수십 년이 걸리지만 불확실한 경제성을 이유로 속절없이 사라진다. 산림이 훼손된 그 자리에서 어떤 반대급부가 형성되고 있는지 모니터링한다는 이야기는 들어본 적이 없다. 허가해주고 지원해주면 끝이라는 행정이라면, 기후 위기가 이토록 중차대한 이슈로 떠오르는 이 시대에 맞지 않는다.

보이기 위한 행정만으로는 더 이상 안 된다. 할 일이 너무 많다. 박수받는 자리나 모든 행사에 증명사진 찍으러 다닐 정도로 시간과 예산이 남아돌지 않는다. 한 마디로 진정한 지도자는 금방 보이는 단기성 행사보다는 후세까지 걱정하는 장기성 사업에 더 많이 고민 한다.

지속가능발전법과 같은 장기 과제와 정책을

세종대왕께서 그 당시 주변 사람들의 인기에만 연연했다면 우리가 지금 자랑스럽게 여기며 사용하고 있는 한글이 창제될 수 있었겠는가. 춘궁기 보릿고개를 면하기 위하여 국가 근대화사업이 시작될 때, 당장 인기 있는 이중곡가제에만 올인하고 인기 없는 인프로 사업을 외면했더라면 오늘날 산업의 혈맥인 고속도로가 생겨날 수 있었으며, 대만도 부러워하는 제철공장이 세워질 수 있었겠는가.

진정한 정치 지도자라면 적어도 국가와 국민의 장래를 위한 철학이 있어야 한다. 지금 당장 힘들고 인기가 없더라도 역사에서 평가받을 철학이 있어야 한다. 그러나 현실적으로 일선 정치 지도자나 행정 요원들에게 무작정 철학을 강요할 수도 없다. 당장 직면하는 문제들 속에 전전긍긍하고 있어야 하기 때문이다.

그러기에 지속가능발전법과 같은 장기 과제나 금세 눈에 가시적인 효과가 나타나지 않는 정책과 법률은 중앙정부의 지속적인 점검과 지원과 독려가 필요하다.

그것은 말로 하는 것이 아니라, 관련 법률을 수단으로 해야 한다. 법 아래 행정이기 때문이다. 이미 정해진 강행규정, 즉 어떤 것을 '해야 한다'라는 의무규정이 있어도 그에 따른 벌칙이 없으면 심각하게 받아들이지 않는 것이 보편적인 심리인데, '할 수 있다'라는 즉, 해도 되고 안 해도 되는 임의규정이라면 당연히 안 하는 쪽으로 가는 게 통상이다. 사람은 본능적으로 누구나 편한 길을 택하기 때문이다.

미국 대통령과 윤석열 대통령의 첫 전화 통화에서도 기후변화 관련 이야기가 나왔다고 들었다. 그만큼 국가적으로 중요한 어젠다가 되었다면 그 실행이 모니터링되어야 한다. 지시만 하고 결과를 중요시하지 않는 것은 무책임한 직무유기다. 법률만 제정하고 법의 취지와 목적이 살려지지 못한 채 방치하는 법이라면 죽은 법이다.

기업에서도 오래 함께 할 오너는 장기 목표에 중점을 두지만, 1, 2년 근무할 월급 사장은 금세 실적으로 드러날 수 있는 단기 목표에만 더 신경을 쓴다. 장기효과와 단기효과가 배치되는 경우라도 마찬가지다. 백세시대를 살고 있는 우리와, 우리 후손들을 생각한다면 더더욱 장기 과제의 중요성을 아무리 강조해도 지나치지 않는다.

단기적 과제로 끝날 수 없는 지속가능관련법이나 이에 따른 법률, 시행령, 조례는 지속적으로 보충되고, 변화는 상황과 실정에 부합되도록 지속해서 업데이트되지 않는 한, 절대적으로 지속가능할 수 없다는 점을 명심하기 바란다.

〈2022년 8월, 윤영호〉

시장 개혁, '노동시장 유연화'를

새 정부가 출범한 지도 100일이 훌쩍 지났다. 대통령을 비롯한 국정 담당자들은 새로운 국가비전 실현을 위하여 정책을 세우고 추진하는 데 전력투구하고 있다. 하지만 아직은 여기저기서 삐걱대는 소리가 들린다. 그 모습을 지켜보는 대다수 국민의 가슴은 조마조마하다. 역대 정권과 비교하여 집권 초기의 지지율이 턱없이 낮은 것도 마음에 걸린다.

하지만 제대로 된 정부라면 대중의 인기만을 좇아서 국정 운영을 할 수는 없다. 진정으로 국민을 위하는 길이라면 때로는 소신 있게 밀고 나가는 강단이 필요하다. 그동안 어느 정부도 제대로 해결하지 못했던 '노동시장 유연화'를 과감하게 추진하는 것도 그중의 하나일 것이다.

새 정부는 일찌감치 노동시장의 개혁을 외쳤다. 얼마 전, 이정식 고용노동부 장관이 경제계 인사들과의 간담회에서 한 발언에서도 그것이 잘 드러난다. 그는 임금체계 개편이나 근로시간제도 개선 등에 관해서 중점적으로 언급했다. 추경호 경제부총리도 "경제 현실과 괴리된 노동시장 구조를 방치하는 것은 국가의 경쟁력과 역동성을 잠식하는 일"이라며 주 52시간제의 기본 틀을 유지하면서 탄력적으로 제도를 운용할 방안을 추진하고 있다고 밝혔다.

임금 체계와 근로시간제 개혁부터

'노동시장 유연화'는 그동안 기업들이 일관되게 주장해 온 명제다. 전국경제인연합회는 오래전부터 산업구조의 변화에 따른 고용의 경직성 해소가 시급하다고 주장해 왔고, 한국경영자총협회도 대통령직 인수위에 제출한 '신(新)정부에 바라는 기업 정책 제안서'에서 새 정부가 추진해야 할 핵심 노동 개혁 과제로 일자리 창출을 위한 노동시장 유연성 제고와 노동법제 선진화를 추진해야 한다고 강조한 바 있다.

윤 대통령은 대선 후보 시절부터 노동시장 유연화의 필요성을 강조해 왔다. 노동시장의 경직성이 생산성 약화를 불러오고, 기업의 공급 비용을 높여 경제 성장을 저해한다는데 동의한 것이다. 또한 노사 간 타협의 중요성도 강조했다. 취임 100일을 맞아 실시한 기자회견에서는 합법적인 노동운동은 최대한 보장하겠다고 천명했다. 대화와 협상을 통한 선진적인 노사관계를 추구하고, 노동시장의 양극화와 이중구조 문제를 풀어보겠다는 의지를 피력한 것이다.

'노동시장 유연화'의 요체(要諦)는 자유로운 이직과 해고다. 이는 워낙 중차대한 주제라서 역대 어느 정부도 손대는 걸 꺼려왔다. 기업이 근로자를 자유롭게 해고할 수 있다는 표현에 대한 국민적 거부감이 크기 때문이다. 하물며 노동계의 반발은 말할 것도 없다. 하지만 그렇다고 언제까지 그냥 두고 볼 수도 없는 '뜨거운 감자' 같은 이슈다. 선진국들은 이미 시행하고 있는 제도를 우리만 따라가지 못한다면 치열한 경쟁에서 그만큼 불리할 수밖에 없다.

노동 개혁의 핵심은 '노동시장 유연화'

여기서 분명히 짚고 넘어가야 할 것은 '자유롭게 해고할 수 있다'라는 의미를 곡해(曲解)해서는 안 된다는 점이다. 알다시피, 현행 노동법은 해고 사유를 지나치게 엄격하게 제한하고 있다. 기업이나 경제단체의 주장은 이 규정을 다소 완화하여 정당한 사유가 있으면 지금보다 유연성 있게 적용하자는 취지이다. 근로자를 아무 때나 마음대로 자를 수 있다는 뜻이 아니다.

노동시장의 유연성이 높아지면 근로자들의 생산성이 향상되고, 기업의 경쟁력이 높아진다는 것이 경제단체들의 주장이다. 전경련은 프랑스의 고질적인 문제였던 실업난이 크게 해소된 배경으로 쉬운 고용과 해고, 공공부문 축소 등을 통해 노동시장 유연화를 추구한 친기업적 개혁이 있었다고 주장했다. 마크롱 대통령 취임 이후 법인세 인하, 노동시장 유연성 제고 등 개혁 정책이 효과가 있었다는 것이다.

윤석열 정부 지금

하지만 노조의 입장에서는 그와 같은 주장을 선뜻 받아들이기 어렵다. 언제라도 종업원을 해고할 수 있다는 말이 주는 부정적인 이미지가 너무 강렬해서 처음부터 아예 마음을 열 생각조차 들지 않는 것이다. 오랫동안 노사협상을 하는 과정에서 쌓인 사(社)측에 대한 뿌리 깊은 불신을 털어내는 것도 결코 쉽지 않은 일이다.

노사 간, 머리 맞대고 상생 모색해야

이 같은 구조적 한계는 노사 간의 협상을 어렵게 만든다. 그런데 노사는 단지 적대적 관계일 뿐인가? 만약 그렇다면 앞으로도 계속 대결할 것이고, 대화나 타협은 기대할 수 없다. 하지만 실상은 그게 아니다. 그들은 서로가 원해서 만난 사이다. 개인은 생계를 유지하고 자신의 성장 기회를 찾아 취업을 선택했고, 기업은 조직을 제대로 영위하는 데 필요한 인재를 채용한 것이다. 즉, 그들은 같은 배를 타고 항해하는 상생의 관계다.

그러므로 노동시장 유연화가 아무리 시급해도 일방적으로 거칠게 밀어붙여서는 안 된다. 관련 법률을 만들고 시행하기에 전에 충분한 토론과 의견 수렴 과정을 거쳐야 한다. 무엇보다, 상대적 약자인 종업원들이 불이익을 당하는 일이 없도록 세심하게 배려해야 한다. 그러기 위해서는 기업의 횡포를 원천적으로 차단하는 제도적 장치를 먼저 마련하는 것이 필요하다.

세상은 하루가 다르게 변하고 있다. 러시아의 우크라이나 침략을 전하는 뉴스를 지켜보면서, 힘이 없으면 당할 수밖에 없다는 국제관계의 엄혹한 현실을 다시 한번 절감하게 된다. 이러한 때에 여전히 정신 차리지 못하고 싸우는 것은 정치권 하나로도 족하다. 지금은 정책당국과 노사가 서로 진지하게 머리를 맞대야 할 때다. 해묵은 숙제였던 '노동시장 유연화'를 이번엔 반드시 이루어내기를 기대한다.

〈2022년 8월, 나병문〉

윤석열 정부 지금

자연재해와 기후 환경문제 해결을

역대급 태풍 '힌남노'로 곳곳이 재난지역 선포되고 후유증이 심각하다. 인명피해와 도로 파손같은 가시적인 뉴스 외에도 폭우가 할퀴고 간 산업 현장과, 지하실 물 찬 빌딩들의 복구가 하루 이틀에 끝나지 않고 있다.

공조시설, 엘리베이터, 자가 발전시설 등이 완전 복구되기까지는 아직도 한 달이 소요된다는 예측이다. 많은 복구 비용이 들어감에도 전문 기술 인력이 부족하다는 이야기다. 전국 곳곳 급한 곳이 많다 보니 기술 인력에 웃돈을 얹어줘도 급하게 구할 수 없다. 매일 사용하는 엘리베이터도 아직 임시 조치로 가동하고 있는 경우도 있다.

더구나 국제 원자잿값 상승에 달러 환율 인상까지 겹쳐, 원료를 수입해서 반제품을 만들어 납품하는 하청업체는 코스트푸시 인플레이션 압력으로 울상이다. 한마디로 "현재 납품단가로는 원

청업체에 납품을 안 하는 게 돈 버는 것"이라는 이야기다. 그렇다고 '을'의 입장에서 당장 손해 본다고 '갑'을 상대로 납품을 거부할 수도 없는 위치인지라 진퇴양난인 것이다.

농산물 공급 사정도 매 한 가지다. 대표적인 사례 하나만 들겠다. 평상시 천 원 미만하던 무 한 개 값이 오천 원에 근접하고 있다. 곧 다가오는 김장철이 걱정이다. 모두가 기후환경재난 탓이다.

이렇게 날로 강도를 더해서 반복되는 자연재해에 대하여 그때마다 내려지는 '재난지역 선포'만이 만능은 아니다. 같은 재난이 계속되기 때문이다.

기후변화에 따른 재난은 비단 우리나라만의 문제는 아니다. 지구촌 전체가 미증유의 참혹한 현실을 맞고 있다. 미국 중서부를 휩쓸고 간 홍수로 켄터키주 37명 등 미주리주 사망 소식이 보도된 바 있으나 그 피해는 더 늘어난다는 예측이다.

데스 밸리도 1년 내릴 비가 3시간 만에 쏟아져 본래 모습인 사막의 흔적은 보이지 않고 순식간에 강처럼 변했다. 천년 만에 올까 말까한 0.1%의 확률이 현실이 된 것이다. 필자가 쿠웨이트 주재원 근무 시절 하루 집중호우로 사막이 순식간에 강물처럼 변하는 현장을 목격한 바 있어, 이번 소식도 영화의 한 장면이 아니라 현실이라는 인식이 강하게 다가온다.

120년 만의 폭우는 지구촌 환경재난의 임계점

이번에 미국에서는 계속되는 자연재해로 기후변화에 대응하는 역대 최대규모인 480조 원을 투입하는 관련법안을 통과시킬 예정이다.

지구촌 기후재난은 홍수와 함께 그 반대 현상인 가뭄과 폭염, 대형 화재로도 이어지고 있다. 프랑스 남서부 지롱드주를 비롯한 8곳이 동시다발 대형산불로 소방대원 1,100명이 투입되었으나 속수무책이다. 불길이 자체적인 바람을 일으켜 진로 예측이 불가하다는 것이다.

스페인과 포르투갈 6개 주에도 대형 산불이 발생, 프랑스 지원 요청에 따라 그리스와 스웨덴에 있는 구조소방대에서 4대의 비행기를 파견했다. 영국도 예외는 아니다. 지속되는 가뭄으로 최고 수준의 위험경보가 발령됐다. '열돔 현상'으로 온 나라가 가마솥 너위로 몸살을 앓고 있다.

우리나라에 120년 만에 쏟아진 폭우는 먼 나라 이야기로만 들렸던 지구촌 환경재난이 임계점을 넘고 있다는 것을 우리가 목도하도록 하고 있다. 수년 전 타계한 법정 스님이 지구가 복원력을 잃게 되는 임계점이 다가올 것이라고 심각하게 경고한 메시지가 현실로 나타나고 있는 것이다.

금년도 상반기에만 전 세계 자연재해 사망자로 공식 집계된 것만 4,300명을 기록, 지난해에 두 배 수준을 나타내고 있다. 이 기간 자연재해 재산손실 85조 원 추정이다. 2011년부터 2022년까지 지구 온도는 1.09도 상승했다. 이산화탄소 농도는 391ppm에서 410ppm으로 늘어났다. 지구 온도 상승 1.5도가 넘으면 지구에서 살기가 힘들어질 것으로 예측했었다.

IPCC(Intergovernmental Panel on Climate Change: 유엔 산하 기후변화에 관한 정부 간 패널)는 지구 탄소배출이 줄어들지 않으면 빙하 유실 속도가 빨라지고 2050년에는 북극 빙하가 거의 녹아 없어져 전 세계 해수면이 7m 넘게 상승할 것이라고 경고한 바 있다. 그래서 2015년 파리협약에서 지구 온도 1.5도 상승을 한계선으로 제한해야 한다는 극단적인 선언을 하게 된 것이다.

이에 따라 우리나라도 탄소중립을 위해 금년 초 지속가능발전 기본법이 국회를 통과, 7월 4일부터 관련법이 발효되었다. 환경부 소속이던 지속가능발전 중앙위원회가 국무총리 산하로 들어갔다.

하지만 일선 지방 현장에서 체감되는 입법 취지는 전혀 느껴지지 않고 있다. 관련 행정기관에서는 말할 것도 없고, 이번 지방자치 선거기간 지방소멸을 해결하기 위하여 환경문제를 간과한 채, 일자리 창출 공약을 앞다투어 내걸었다. 지방자치마다 공장을 유치하겠다고 야단이다.

기후 환경문제의 우선순위를 분명히 해야

그러나 수도권에 있는 그럴듯한 공장이 지방으로 내려오게 하는 것이 말처럼 쉬운 일이 아니다. 필자가 현역 근무 시절 중견기업연합회 활동할 때 경험으로 미루어보아 더욱 그렇다. 기업은 자선단체가 아니다. 부가가치를 지속해서 창출하여 이익을 내지 않으면 기업의 생명은 끝나기 때문이다.

수많은 조건을 계산해서 지속적으로 이익이 나지 않으면 알찬 기업은 절대로 공장 이전을 쉽게 결정하지 않는다. 한두 가지 인프라만으로는 결정하지 않는다는 기업 논리다. 더구나 우리나라

윤석열 정부 지금

젊은이들의 인구가 급속도로 줄어드는 전체 판을 전제로 하지 않은 지엽적인 구상은 공약(公約)이 아니라 공약(空約)으로 그칠 공산이 크다.

뿐만 아니라 우선 당선되고 보자는 공약은 환경문제와 같은 요소들은 뒷전으로 밀리게 되어 있다. 설령 깊은 연구 검토가 되어 있다고 할지라도 당장 유권자들에게 실현 가능한 것처럼 보여야 하므로 현실로 다가올 장애 요소나 위험 요소들은 드러내지 않는다.

이에 더하여 지속가능 발전단체의 활동도 얼마나 실효성 있는 결과를 벌지 미지수다. 우선 백화점식으로 나열된 유엔 제시 17개 목표 가운데 애당초 핵심 아젠다인 기후 환경문제가 중심이 되지 않으면 일반 사회단체와 차별될 수 없다.

우선 순위를 분명히 해야 한다. 기존 유사 단체와 중복된 행사만으로는 본래 목적을 달성하기 어렵다. 그렇지 않아도 단체는 많으나 보여지는 핵심 인원은 맨날 한정된 그 사람들이라는 것이 지방의 현실이다. 한정된 활동 인구로 예산이 소요되는 수많은 단체가 운영되다 보니 그럴 수밖에 없다.

그러니 유사 단체들이 본래 설립목적 중 가장 핵심 되는 아젠다에 집중할 수 있어야 한다. 백화점식이 아니라 전문점식으로 운영되어야 한다는 이야기다. 명분과 핑계를 만들자면 산만한 목적과 관련 안 되는 일이 없다. 지엽적인 것에 돈과 에너지가 낭비되어서는 안 된다는 이야기다.

더구나 단체 목적 달성을 위해 인건비가 지급되는 상근인원은 핵심 아젠다의 일에 전념해야 한다. 전력을 다해 전전긍긍하며 연구하고 방책을 세워도 가시적인 성과지표를 보여주기 어려운 현실을 고려하면 부수적인 일에 한눈팔 겨를이 없다.

이러한 현실 인식에 기초하여 지방 행정기관이나 관련 단체에서는 다음번 선거 때, 표 계산만 하지 말고 실효적인 입법 활동과 우리가 당면한 환경재난 문제 해결에 발 벗고 나서야 한다. 더이상 남의 일이 아니라, 우리 가족과 사회와 국가의 생존 문제다. 기후 환경문제에 대하여 더욱 심각하게 고민해 줄 것을 관련된 단체와 구성원들에게 촉구한다.

〈2022년 9월, 윤영호〉

빈사 상태의 공적 연금, 회생 수술을

그 높던 공무원 경쟁률이 시들해졌다. 2021년 93.3대 1에 달했던 9급 국가직 공무원 경쟁률이 2022년 29.2대 1로 급감했다. 서울 노량진역 인근 학원가가 썰렁하다. 수강생이 줄면서 서점과 식당도 한산하다.

'철밥통'으로 불리며 한때 최고의 직장으로 군림했던 거에 비하면 실로 격세지감이다. 하위직 공무원 월급이 최저임금 수준에 불과하고 근무환경마저 열악한 데다 공무원연금 개혁이 임박한 것과 무관치 않다고 분석한다.

그도 그럴 것이 연금 재정이 빈사(瀕死) 상태에 빠졌다. 기획재정부 자료에 따르면 4대 공적 연금 중 공무원연금이 2022년 3조 730억 원 적자를 냈다. 2023년에도 4조 6,926억 원 적자가 난다. 군인연금 적자는 이 기간 2조 9,076억 원에서 3조 789억 원으로 불어난다. 사학연금은 정부 지원이 없으면 2025년부터, 국민연금은 이르면 2041년부터 적자 전환을 피할 수 없다.

가장 큰 고민거리는 공무원연금과 군인연금이다. 공무원연금은 1993년부터 적자가 생기기 시작해 2002년 기금이 고갈됐다. 그동안 몇 차례 개혁에도 적자 폭은 되레 커지고 있다. 군인연금은 공무원연금보다 빠른 1973년 바닥을 보였다. 군인은 나이·계급 정년제로 45~56세에 전역하는 사례가 많다. 이때부터 퇴역연금을 지급하는 바람에 적립금 소진이 빠르다. 2023년 군인연금에 대한 정부 지원은 3조 1,017억 원으로 적자 3조 789억 원과 맞먹는 수준이다.

국민연금을 뺀 공적 연금 적자가 갈수록 커지고 있다. 2022년 5조 6,013억 원에서 2023년 7조 5,507억 원으로 2조 원 가까이 늘어난다. 2026년에는 12조 4,820억 원까지 불어난다. 공적 연금에 투입하는 국가재정도 2022년 9조 8,513억 원에서 2026년 12조 314억 원으로 급증한다. 공적 연금에 대한 재정투입을 두고 '밑 빠진 독에 물 붓기', '세금 잡아먹는 하마', '재정 블랙홀' 등 비난이 쏟아지는 이유다.

바닥 보이는 공적 연금, 국민 세금 잡아먹는 하마

사학연금과 국민연금의 사정도 도긴개긴이다. 현재까지는 흑자이나 전망이 밝지 않다. 사학연금은 2022년 경우는 3조 7,796억 원의 기여금 수입으로 3조 4,077억 원의 급여를 지급한다. 2023년부턴 상황이 달라진다. 연금 기여금보다 급여 지출이 많아진다. 4조 1,083억 원을 지출해야 하나 기여금은 3조 9,690억 원만 걷힐 거로 예상된다. 2025년부터는 적자로 돌아설 전망이다.

국민연금도 아직은 흑자를 기록 중이다. 2021년 말 기준 948조 원 규모의 적립금이 쌓여있다. 그래봤자 잠시 잠깐이다. 앞으로는 흑자 규모가 시나브로 축소될 거라는 추정이다. 2023년 44조 1,350억 원에서 2024년 43조 6,040억 원, 2025년 42조 3,464억 원 등으로 줄어들 거라는 전망이다. 보건복지부는 2019년 전망에서 2042년부터 적자가 생길 것으로 예측했다. 기재부 또한 2041년께 적자가 발생할 것으로 내다봤다.

공적 연금 적자 보전용 재정투입이 큰 폭으로 늘고 있다. 연금 재정이 막대한 혈세를 삼키고 있다. 기획재정부 2022~2026년 국가재정 운용 계획에 따르면, 2023년 4대 공적 연금에 들어가는 정부 재정이 9조 8,513억 원으로 전년보다 11.6% 늘어난다. 공무원연금이 5조6,491억 원으로 15.2%, 군인연금이 3조 1,017억 원으로 5.8% 증가한다. 사학연금은 1조 899억 원, 국민연금은 105억 원 불어난다.

원인이야 다 아는 사실. 공적 연금 지출이 급증한 것은 연금 수급 자격이 생긴 사람이 늘어난 데다 평균수명 연장으로 지급 기간이 길어지기 때문이다. 반면 늘어나는 지출을 충당할 만큼 연금 수입은 들어오지 않고 있다. 저출산 고착화로 연금을 내야 하는 인구가 증가하지 않아서다. 적게 내고 많이 받는 잘못된 연금 구조 설계, 전문성 부족에 따른 투자 수익률 저하 등도 연금고갈의 또 다른 원인으로 지목된다.

연금개혁 하나만 잘해도 '성공한 정부'

연금개혁은 진즉 해야 했다. 늦어도 너무 늦었다. 적어도 베이비붐 세대가 은퇴하기 전에는 매듭을 지었어야 옳았다. 다 지난 얘기이긴 하나, 우물쭈물 미적미적한 지난 정부들이 원망스럽고 괘씸하다. 갖은 구실과 온갖 변명을 늘어놓으며 천금 같은 시간을 허비하고 말았다. 인제 와서는 입이 열 개라도 할 말이 없게 되고 말았다.

연금개혁은 필연이다. 시대적 소명이다. 그러니 제대로 해야 맞다. '모수 개혁'과 '구조 개혁'을 병행 추진해야 한다. 모수 개혁이란 현행 구조 아래서 연금 재정 안정이나 노후 빈곤 완화를 위해 부담-급여 관련 모수(parameter)를 변경하는 일이다. 국민연금 재정계산을 통해 보험료율 인상, 소득대체율 인하, 연금수령 시점 연장 등을 추진하는 내용 등이다.

구조 개혁은 연금제도의 구조를 개편하는 일이다. 기초연금, 국민연금, 퇴직연금 등의 부담-급여 구조를 변경하고 국민연금과 직역연금의 통합까지를 포함하는 내용이다. 기초연금의 최저보장소득 전환, 국민연금의 부담-급여 구조의 개편, 퇴직연금의 가입률과 연금화 제고를 위한 제도 개편, 국민연금과 공무원연금·군인연금·사학연금·별정우체국연금 등 4대 직역연금 통합 등을 말한다.

시간이 없다. 좌고우면했다간 연금제도가 이내 붕괴하고 말 것이다. 사회의 지속 가능성이 위협받을 게 분명하다. 연금개혁이 지금 당장 왜 필요한지를 심층적 연구 결과, 구체적 데이터, 상세한 설문조사 결과 등으로 국민에게 홍보하고 이해관계자를 설득해야 한다.

그래서 국민적 공감대를 이뤄내고 해법을 찾아내야 한다. 당장은 욕을 먹고 비난받더라도 주저해선 안 된다. 연금개혁 이거 하나만 잘해도 훗날 '성공한 정부'라는 말을 들을 수 있다.

〈2022년 9월, 권의종〉

백세 장수시대 '노년 불안' 해소책을

바야흐로 고령화 시대가 성큼 다가와 현실이 되었다. 따라서 무시할 수 없는 유권자의 대부분을 차지하는 노년의 문제가 민선 시대에 당연한 국정 정책 이슈가 되지 않을 수 없다.

과거 평균수명 60세 때는 사업이 인생이고 자리(직책)가 성공이었고, 성공이 삶의 가치였다. 그래서 명함이 존재였고 능력이고 삶의 가치였다. 한마디로 말해, 그 시절에는 사업과 성공으로써 삶의 가치를 삼았던 것이 분명했다.

그러나 60세 정년 혹은 50세 정년 이후에도 40년을 더 살아야 하는 작금의 장수 시대에는 사업과 자리가 더 이상 행복 기준의 필요충분조건이 될 수는 없다. 그것은 노년 생활에 필연적으로 따라오는 4가지 고통(4苦) 전부를 해결할 수 있는 현실적 방편이 될 수 없음을 의미한다.

노년의 행복을 막는 4가지 대표적인 장애물은 질병과 빈곤과

외로움(격리감)과 죽음에 대한 불안함이다.

더 이상 사업 성공 실적으로 만족한 삶이 되지 못한다. 그나마 상대적으로 성공했던 소수가 젊은 시절 성공 기억이나 성공 총량을 헤아리면서 과거를 회상하고 위로를 삼을 뿐이다.

그렇다면, 고령화 시대에 불안한 노후가 되지 않기 위해서는 무엇이 필요할까?

질병과 빈곤의 문제는 정부의 가시적인 정책으로 어느 정도 해결된다고 하지만, 외로움과 불안의 문제는 역부족이다. 그것에는 당연히 현실에 대해 자족(自足)하는 마음과 필연적으로 맞이할 죽음에 대해 의연할 수 있는 호연지기(浩然之氣)가 있어야 한다. 스스로 만족함을 체감하고 느낄 수 있어야 노년이 행복할 수 있다. 그러나 그것은 물리적으로 해결할 수 없는 난제다.

길어진 노년 생활과 당면한 죽음의 문제

그것은 한마디로, 현상(물질)에서만 의미를 느끼는 것이 아니라, 본질(정신)에서 의미를 느낄 때만이 자족할 수 있다. 이상과 현실 사이의 괴리가 불안과 불만으로 표출되고 있는 것이기에 이상(Idea)의 문제도 이제는 그 해석에 있어서 행복의 상수가 아니라 변수로 작용해야 하는 것이다.

플라톤이 이원론(Idea와 Copia)을 세상에 제시한 이후, 우리는 파도(현실)는 땅에, 바다(본향)는 하늘에 있는 것으로 전제하였기에 이상과 현실은 도저히 합일될 수 없는 그저 소망의 영역으로만 자리하고 있을 수밖에 없었다. 당연히 인간 자체가 스스로 위축되고 무력한 우주 고아처럼 불안할 수밖에 없다.

이렇게 불안정한 세계관이 만연한 상태에서 다양한 형태로 미혹하는 사이비 주술 형태의 신앙이 우후죽순처럼 생겨나고, 진화하고, 사라지기를 반복하고 있지만, 길어진 노년 생활과 당하는 죽음을 의연하게 맞이할 수 있도록 현실 생활에서 강하게 인도해주는 모습은 쉽게 발견할 수 없다.

신심이 깊은 종교인들조차도 생사를 알 수 없는 수술대에 들어가기 전, 불안해하는 통계수치가 그를 방증해주고 있다. 그동안 우리는 프래그머티즘(실용주의)라는 미명 아래, 돈 되는 학문만을 중시했다. 인간을 인간 되게 만들어줬던 역사 과목과 인문 과목을 도외시하는 커리큘럼을 의무교육 과정에서 운영해 왔다. 필수 수험과목에서 밀려나 있었다는 이야기다.

아이러니하게도 지금 돈을 벌어야 하는 기업에서조차 인문 심리 강연이 열풍을 띠고 있는 것은 무엇을 의미하는가? 그것이 바로 돈이 되기 때문이다. 간접비용을 줄여주고 생산성을 높여주기 때문이다. 보이지 않는 것의 힘이 증명되었기 때문이다. 물질만으로 인간의 행복을 담보할 수 없는 현실 인식에서 비롯된다고 봐야 할 것이다.

이제 굳이 양자역학을 들먹이지 않는다고 해도, 보이지 않는 영역이 보이는 영역에 지대하게 영향을 미치는 현실적 작용을 간과할 수 없는 시대가 도래했다.

작은 장사꾼은 돈 버는 테크닉에 집중하지만, 인류사회에 공헌하고 있는 대기업은 철학이 있어야 한다. 지향하는 선한 목적이 이끄는 기업은, 목적이 이끄는 인생처럼 그 가치가 기업을 이끌고 세상을 선도하고 인류의 행복을 구현한다. 날로 확장되는 제3의 인공지능(AI) 세상에서는 더더욱 인간 본연의 성정이 간과되어서는 안 된다.

사실(fact) 이면에 있는 진실(truth)

국회에서 정부를 평가할 때는 보이는 수치를 근거로 하지만, 그 수치 이면에서 작용하고 있는 심리나 역학관계는 말할 수 없다. 그러나 대다수 백성이 느끼는 안정감과 행복감은 쉽게 선동당하지 않는 표심으로 작용할 수 있다.

며칠 전, 싫든 좋든 우리 사회의 정신적 리더로 활약했던 김동길 교수가 세상을 떠났다. 그러나 그가 했던 어록과 정신은 죽지 않았다. 우리의 정신세계에서 상당한 변수로 작용한다는 이야기다. 산업화와 민주화로 가는 격동기에 어떤 형태로든 국민 정서에 영향을 미쳤고 앞으로도 일정부분 영향을 미칠 것이라는 확신 때문이다.

이면에 다양한 변수가 숨어있는 수치에만 획일적 해석을 붙여 평가하는 시대는 점차 수명을 다할 것이다. 점차 영악해지는 국민의 요구수준과 다양한 변수를 읽어내는 통찰 수준이 향상되기 때문이다.

따라서 교육 과정에도, 입법에도 상대적으로 소외되었던 사회 인문과학을 충분히 녹여내야 한다. 인생에서 가장 중요한 이벤트, 태어남과 죽음의 문제가 가변적인 물질 문제에 함몰되어서는 곤란하다. 그래야 외눈박이가 되지 않는다. 그래야 사실(fact) 이면에 있는 진실(truth)이 가려지지 않는다. 그래야 꼬투리만 잡히지 않으려는 과민증 장애에서 벗어나 소신껏 일하는 세상을 꿈꿀 수 있기 때문이다.

이제, 물질의 한계와 생사를 넘나드는 호연지기 기상을 담은 어느 현인의 계송시를 정치인과 독자들과 함께 공유하고 음미하면서 이 시대에 일그러지고 옹졸해진 우리들의 마음이 조금이나마 확장될 수 있기를 기대해 본다.

天今 地席 山爲枕, 月燭 雲屛 海作樽
大醉 居然 仍起舞, 却嫌 長袖 掛崑崙
하늘을 이불 삼고 땅을 자리 삼고 산을 베개 삼으니
달빛은 촛불 되고 구름은 병풍이며 바닷물은 술잔이라.
크게 취하고 일어나 한바탕 신명 나게 춤추고 나니
긴 소매 옷자락이 곤륜산자락에 걸릴까 저어하노라.
(하여, 세상이 이해할 수 있을 만큼만 춤추며 살리라)

〈2022년 10월, 윤영호〉

잇단 재난, 매뉴얼과 입법을

경북 봉화 아연 광산 190m 지하 갱도에 매몰되었다가 9일(221시간) 만에 기적적으로 생환하신 두 분 광부님 구조 소식에 순간적으로 기쁨과 환희를 느끼는 것은 어느 특정인만의 감정은 아닐 것이다.

이 사건을 보면서, 60대 나이에 들은 사람은 1967년 8월 22일 충남 청양군 구봉 광산 125m 지하에 매몰되었던 양창선(당시 35세) 씨가 극적으로 구조되는 장면이 생중계되면서 이를 시청하던 온 국민이 환호하는 만세 소리를 기억할 것이다.

매몰된 지 367시간 45분 45초 만에 사지(死地)에서 살아 돌아온 양창선 씨는 62kg 몸무게에서 45kg으로 수척해진 상태였지만 다행히도 건강은 양호한 상태였다. 그의 구출 소식에 온 국민이 환호했고, 갱도 입구에는 천여 명의 사람들이 모였다. 그가 병원으로 이송되는 길에 수많은 인파가 "양창선 만세"를 외쳤다. 너나 할 것 없이 생명의 소중함을 느끼는 것은 인간의 본능이며 천명이기 때문이었다.

"매뉴얼대로 했고, 경험이 많았기 때문에 그 깊은 지하 갱도 속에서도 살아 있을 수 있었다"라는 것이 이번 봉화 광산 매몰 현장에서 살아서 돌아오신 광부의 증언임을 우리는 눈여겨 볼 필요가 있다. 당사자에게는 경험과 익숙한 매뉴얼이 있었고, 그의 가족과 국민에게는 끝까지 포기하지 않고 생명을 살리겠다는 간절한 염원이 있었기에 꿈만 같은 그의 생환을 현실로 보게 된 것이다.

53년 전, 구봉 광산 매몰사건 때도 다행히 지상과 지하에 전화선이 연결되어 있었기에, 어떻게 행동해야 살아남을 수 있는지, 전문가의 방법을 유선으로 알려 주었기에 생환이 가능했었다. 먹을 물이 없는 상태에서 자신의 오줌을 받아먹으라는 조언까지 있었다.

그렇다. 이 사건들은 한 마디로 처음 당해보는 낯설은 상황 속에서도 어떻게 해야 할지를 알고, 그 행동에 익숙할 수 있다면 희망이 있다는 실증적 사례다. 군대에서 언제 일어날지도 모르는 전쟁에 대비해서 매뉴얼(SOP:Standard Operating Procedure)을 만들고 그것이 익숙하기 위한 훈련을 반복하는 것도 바로 이 원리를 적용하는 것이다.

사고에서 실효적 교훈을 얻고, 유사한 불행은 줄여가야

한두 번 훈련을 생략하면 훈련에 따른 비용도 절감하고, 피곤하지도 않은데 왜 불편한 훈련을 계속하면서 매뉴얼을 업데이트

윤석열 정부 지금

하고 그것에 익숙하게 되어야만 하는지? 그 이유가 분명해진 것이다.

'봉화 광산 생환 소식'이 '이태원 참사 소식'에 잇따른 법적 책임과 시끄러운 정치 공방에 가려서 매스컴에 조명을 상대적으로 적게 받았지만, 최근 '이태원 사태'나 과거 '세월호 침몰사고', '삼풍백화점 붕괴사고', '성수대교 붕괴사고', 더 거슬러 올라가서는 '이리역(현 익산) 열차 폭발 사고', '와우 아파트 붕괴사고'에 이르기까지 이와 유사한 크고 작은 반복된 사건 사고와 동일하게 우리에게 교훈을 요하는 사건임에는 분명하다.

문제는 어떤 사건 사고로부터 우리가 얼마나 실효적인 교훈을 얻고, 유사한 불행을 줄여가느냐 하는 것이다. 문제가 발생할 때마다 '근본적인 대책' 운운하면서 일벌백계(一罰百戒)를 위해 책임자처벌을 단행하고, 사람을 바꾸었는데 왜 유사한 참사가 반복되는가?

거기에는 문제를 바라보는 시각에 오류가 있고, 해결책에 대한 편견이 있기 때문이다. '법과 원칙에 따라 엄하게 다스리는 것'이 만능이 되기 위해서는, 그 법과 원칙이 완벽해야 하고, 그 법과 원칙과 매뉴얼이 변하는 시대 상황에 맞도록 버전업되어야 하며, 그 매뉴얼이 익숙한 일상처럼 경험되어 체화되어야 한다.

우리는 사건이 터진 후에야, 법과 매뉴얼과 제도의 허접함을 인식하면서도, 생물처럼 상시로 변화하는 시대 상황에 맞도록 주기적인 매뉴얼 모니터링하는 것과, 그 매뉴얼에 익숙하도록 훈련하는 것은 간과한 채, 그저 이번에는 누구를 책임지어 사건을 마무리하느냐? 하는 것에 초점을 맞춰왔다.

누가 죄인이냐에만 초점을 맞추면 지적과 핑계와 면피하는 방법과 알리바이 행정에 익숙하게 되지만, 무엇이 잘못되었는가? 시스템과 적용에 초점을 맞추면 해결책을 보다 원천적으로 접근하는 데 익숙해진다.

참사의 원인 제공자가 누구인가를 엄밀히 따진다면, 관계되지 않은 사람이 없을 것이다. 이 세상에 단독요인으로 일어나는 현상은 없다. 관계성이 얼마나 가시적이고, 직접적이냐 하는 것이지, 이 세상은 모두가 연결된 관계와 역학 속에서 변화가 일어나고 있다는 사실을 통찰해 볼 수 있어야 한다.

재난 대비 매뉴얼을 현실에 맞도록

군이 불교의 연기설을 들먹이지 않는다 할지라도, 미세한 차이가 엄청난 결과를 가져온다는 '나비효과'를 생각해보자. 1930년대 대공황이 미국 어느 시골 은행의 부도로부터 시작되었다고 본다면, 이 세상의 현상은 어느 특정한 요인 하나만을 제물로 삼을 일은 아니다.

인간의 죄를 아사셀 양(희생제물)에게 안수하여 광야로 수없이 보낸다고 해서 인간의 근본적인 죄가 없어질 수 없었다는 구약시대의 교훈에서 볼 수 있듯이 말이다.

'재난 안전 통신망'이라는 인프라가 있는데 왜 비상시 부처 간 소통 도구로 작동될 수 없었는가? 보고의 복선 체계가 있는데 왜 공백 사태가 발생했는가? 평상시 재난 대비 국민 행동 요령이나, 응급구조 방법을 전 국민이 익숙하도록 TV 매체나, 인터넷매체

윤석열 정부 지금

가 효과적으로 교육할 수 있는데, 왜 응급 현장에서는 '여기 간호사 없으세요'라고 찾아야만 하는가?

국민이 안전불감증에 빠지고, 이성보다 감정이 이끄는 세상이 된 것은, 어느 특정 집단만의 책임이 전부라고 할 수 없다. 법이 없어서도, 매뉴얼이 없어서도 아니다. 있는 매뉴얼을 상황에 적용할 수 있느냐? 하는 것과, 적용하는 방법에 전 국민이 익숙해져 있느냐 하는 것이 관건이다.

특정인의 비합리적인 통치를 막는 방편으로 법치주의를 대안 삼아 국가와 국민의 행동 기준을 정하고 있지만, 그 유익함과 아울러 법치주의의 한계와 부작용도 인정해야만 한다. 우선 법을 집행하고 실행하는 측에서는 진실과 별도로 법이 방패막이고 책임 전가의 수단이다. "법 아래 행정이니 어쩌란 말이냐?" 하면서 법 핑계를 댄다.

그러나 이 세상에 전 국민에게 모든 시간과 모든 상황에 맞춤형으로 적용할 수 있는 마스터키 같은 법과 매뉴얼이 있을 수 있겠는가 하는 것이다. 다만 그렇게 수렴되도록 기준을 업데이트해 가고, 또 그것에 익숙하도록 훈련하는 방법밖에 없다.

희생된 사람이나 불행한 사건이 정쟁의 연장전에 불씨가 되는 것보다 중요한 것이 그것으로부터 교훈을 얻고 매뉴얼을 현실에 더 맞도록 업데이트하는 것이다. 그리고 당장 눈앞에 벌어지고 있는 사건 사고로부터 희생을 최소화하도록 불을 끄는 것이다.

골든 타임 놓치지 않고 재발방지책 찾는 것이 우선

산중에서 독뱀에게 물렸다면, 복수하려고 독뱀을 찾아 나서는 것보다, 상처를 치유하기 위해 병원을 찾는 것이 우선이다. 우선 현장의 상황은 현장에 있는 사람이 가장 잘 안다. 우왕좌왕, 갑론을박하고 책임 전가와 면피 거리를 찾느라 골든 타임을 놓치지 말고, 시급한 사태 해결과 재발방지책을 찾는 것이 우선이다.

그러기 위해서는 기왕에 벌어진 상황에서 최선을 다해 희생을 최소화하고 최적의 대안을 찾는 노력이 책임을 다하는 것이라는 인식을 가져야 한다. 자리에서 물러난다고 모든 것이 원상 복구되는 것이 아니기에, 그것만으로 책임을 다했다고 볼 수 없는 것이기 때문이다.

미국 대학에서 총기 난사 사건이 발생했을 때, 해당 책임기관장은 책임 전가나 면피 거리를 찾을 시간에, 희생자를 최소화하고, 범인을 색출하고, 사태를 해결하는 데 총력을 기울이는 것을 보았다. 또 그렇게 할 수 있도록 전 국민이 응원하며 지켜봐 주었다.

진정 정직하게, 최선을 다해서 희생을 최소화하고 대안을 마련하는 데 온 힘을 다했다면, 책임을 따지는 일에도 참고해 줄 필요가 있다. 이제 우리나라도 어떤 재난이 발생했을 때 해결하고 책임지는 절차조차 매뉴얼화 할 필요가 있다. 원망과 정쟁의 연장전을 만드는 것은 그 후의 일이다. 그것도 그것을 무기 삼아 이득을 취하는 집단의 일이다.

이번 사태를 교훈 삼아, 제도와 매뉴얼의 정규적인 모니터링과 업데이트, 그 실행이 익숙하게 하는 교육 훈련, 재난 방지 매뉴얼뿐만 아니라, 벌어진 사태의 해결 절차도 매뉴얼화하고 입법화하고 홍보 교육해서 골든 타임과 국력의 낭비를 줄여 나가야 할 것이다.

　인사만 만사가 아니다, 제도(system)도 만사이고 익숙한 경험(훈련)도 만사다.

〈2022년 11월, 윤영호〉

소상공인 보호, 창업 교육 법제화를

소상공인 창업이 활발하다. 창업기업 수가 증가세다. 통계청·중소벤처기업부 「소상공인 실태조사」에 따르면, 소상공인 창업 사업체 수가 2018년 1,036,092개, 2019년 1,069,167개, 2020년 1,084,963개다. 매년 조금씩 늘고 있다. 창업이 많으나 실패도 많다. '다산다사(多産多死)' 생태계다. 창업 1년 차 생존율이 68.1%, 셋 중 하나는 망한다. 2년 차 생존율은 52.8%, 절반이 문 닫는다. 5년 차 생존율은 29.2%, 살아남는 자체가 용하다.

업종별 생존율은 천양지차다. 전기, 가스, 수도(74.1%), 운수업(40.3%), 부동산 임대업(39.6%)은 평균 생존율을 웃돈다. 숙박, 음식점(17.3%), 금융, 보험(13.4%), 예술, 스포츠, 여가(14.7%)는 생존율이 떨어진다. 소상공인 창업의 대부분은 경기 불황과 시장 포화, 경쟁 심화 등으로 생존율이 저조한 업종에 속해있다.

창업 초기 생존율이 낮은 첫 번째 요인은 '창업자금 확보의 어러움(71.9%)'이다. 두 번째 요인은 '창업 실패·재기에 대한 두려움 (44.1%)', 세 번째 요인은 '창업 지식·능력·경험 부족(33.6%)'으로 조사됐다. 창업 청년 기업가정신재단의 조사 내용도 다르지 않다. '창업 활성화를 위해 가장 중요한 것' 1위는 창업자금 및 기업 성장자금 지원(36.8%)이다. 2위는 기업가 정신 및 창업 실무 교육지원(18.5%), 3위는 창업 인프라 구축 및 지원(14.2%)으로 나타났다.

뭐니 뭐니 해도 자금조달이 창업의 성패를 좌우하는 핵심 관건임을 방증한다. 아무리 좋은 창업 아이디어를 갖고 있어도 이를 사업화하려면 돈이 필요하다. 돈이 없으면 되는 일이 없다. 창업 초기에는 사업 세팅비 외에도 최소 6개월가량의 운전자금이 필요하다는 게 대체적인 시각이다. 하지만 그런 창업 사례는 찾아보기 어렵다.

생존율 낮은 첫째 요인, '창업자금 확보 어려움'

소상공인 창업자금 부족의 현실은 앞서 거론한 소상공인 실태조사를 통해서도 구체적인 수치로 확인되는 바다. 2020년 창업한 소상공인 사업체 1,084,963개 가운데 자금 사정이 어렵지 않은 업체는 98,001개, 전체의 9.0%에 불과했다. 나머지 986,962개, 91.0%는 자금 사정이 힘든 상태에서 '돈 없는 창업'에 나선다는 얘기다.

소상공인은 사업을 처음 해보는 신규 창업이 대부분이다. 사업 준비 기간이 짧고 아이템에 익숙지 못한 경우가 많다. 그런 불리함에도 '빠른 흑자'와 '빠른 성장'의 두 마리 토끼를 잡아야 한다. 둘 다 쉽지 않다. 매출이 궤도에 오르지 못한 상태에서 고 정비를 부담해야 해 적자 신세를 면하기 어렵다. 매출이 늘수록 자금은 더 필요하다. 자금이 제때 투입되지 못하면 실패로 내몰리고 만다.

소상공인 창업지원 시스템은 그런대로 잘 돼 있는 편이다. 제도는 풍성하나 운영이 허술하다. 사전 관리부터 제대로 안 되고 있다. 창업기업은 영업실적이 없다 보니 면밀한 사업성 검토가 어렵기 때문이다. 사업자등록일, 신용불량 확인 등 지원 대상 여부를 판단하는 수준의 간이(簡易) 심사가 불가피하다. 실패율이 높을 수밖에 없다. 창업 초기에 맞닥뜨리는 '죽음의 계곡(death valley)'을 넘기는 소상공인이 많지 않은 이유다.

사후관리도 부실하다. 지원하는 사업체가 많다 보니 충실한 관리가 어렵다. 인력이 태부족해 일단 지원하고 나면 사실상 업무 종료다. 그다음은 그저 사업이 잘되기를 바랄 뿐이다. 정상 영업 중인 곳은 돌아볼 겨를이 없다. 그러다 사업체가 도산하면 채권 관리 하기도 바쁘다. 그러니 축나는 건 나랏돈. 아까운 혈세가 줄줄 새고 있다. 이런 사회적, 국가적 낭비가 없다.

창업 지원제도 풍성하나 사전·사후관리 허술

창업 실패를 줄이려면 '자동차운전'을 참고할 필요가 있다. 운전면허를 취득하려면 교통안전교육, 신체검사, 학과시험, 기능시험, 연습 면허 발급, 도로 주행 시험을 거쳐야 한다. 사고 예방 등을 위해서다. 이런 절차가 없으면 폭발적 사고 증가를 멈출 수 없다. 기업경영도 이와 같다. 어느 하나만 삐끗해도 전체가 잘못되고 마는 '종합예술'에 해당한다. 사업 경험과 기술력, 경영 능력이 충분치 못한 소상공인 창업에서 교육의 중요성은 아무리 강조해도 지나치지 않다.

지금도 소상공인 교육이 없는 것은 아니다. 중소벤처기업부나 중소기업 지원기관에서 다양한 교육프로그램을 시행한다. 지원과 교육이 따로 노는 게 문제다. 소상공인시장진흥공단은 예외다. 창업자금 지원 시 중소벤처기업부 장관이 정한 교육 과정을 12시간 이상 이수토록 하고 있다. 소상공인 지식 배움터(edu.sbiz.or.kr) 교육 후 정책자금 지원 대상 확인서를 발급받아 소상공인 지역센터에 자금을 신청하면 최고 7천만 원까지 5년간 저리 대출받을 수 있다.

소진공의 교육 사례를 중소기업 지원기관 전체로 확대할 필요가 있다. 각종 창업지원 시 소정의 교육을 받도록 법제화하는 방안이다. 창업 초기 실패를 줄이는 최소의 제도적 장치가 될 수 있다는 점에 의의가 있다. 교육 운영도 전문기관 중심으로 내실 있게 해야 한다. 지원기관 자율에 맡겨 두면 고유 업무에 밀려 마지못해서 하는 부수(附隨) 업무로 전락할 수 있다.

소상공인 반발이 있을 수 있다. 교육을 성가시게 여기거나 불필요한 규제로 생각할 수 있다. 그럴수록 창업 교육은 소상공인을 돕기 위한 제도임을 적극 인식시켜야 한다. 사업 실패의 주요 원인 중 하나가 '창업 지식·능력·경험 부족'이며, 창업 활성화를 위해 필요한 사항 가운데 하나가 '창업 실무 교육지원'임을 널리

주지시켜야 한다. 아는 게 힘이라면 알리는 건 의무다.

〈2022년 11월, 권의종〉

인플레 태풍 속, 취약층 복지정책을

전 세계가 인플레이션으로 몸살을 앓고 있다. 코로나가 한 국가에서 발병한 지 얼마 안 되어 전 세계로 퍼져 나갔듯이 인플레이션 또한 전 세계로 퍼져나가 각국에서 어려움을 겪고 있다.

대표적인 어려움으로는 기록적인 물가 상승이다. 중국의 코로나 봉쇄, 기후변화로 인한 생산량 변화, 우크라이나와 러시아 전쟁으로 인한 유가 및 곡물 가격 급등, 미·중 전쟁 등의 다양한 요인 등이 물가 상승을 부추기고 있다.

현재 대부분 국가가 인플레이션으로 인해 금리 인상 정책을 시행하고 있다. 뜻밖의 인플레이션을 맞이한 주요국들은 경제위기를 극복하기 위해 각기 다른 양상을 보여주고 있다.

인플레이션이 언제까지 지속될지에 대해서는 전문가들 또한 의견이 분분하다. 따라서 인플레이션의 종료 시점에 대해서는 신이 아닌 이상 알기 어렵다는 우스갯소리가 전 세계 전문가들 사이에서 통용되고 있다.

미국인의 표심을 결정한 의제는 인플레이션

미국은 그동안 유례없는 자이언트스텝(0.75% 이상 금리 인상)을 4차례 연속 시행함과 동시에 내년까지 지속적인 금리 인상의 가능성을 내비쳤다. 이에 미국의 경제 역시도 물가 상승으로 몸살을 앓고 있다.

다른 나라와 마찬가지로 미국은 올 한해 국제유가와 곡물 가격이 급등했다. 이에 따라 미국인의 정치에 대한 민심에도 많은 변화가 나타났다. 8일(현지 시각) 실시한 중간 선거 투표 결과로는 민주당의 오랜 지지층인 흑인과 히스패닉의 민심이 경제 악화로 인해 공화당을 지지한 것으로 나타났다.

에머슨 리서치가 실시한 설문조사에 따르면 유권자들의 표심에 가장 큰 영향을 준 의제는 인플레이션이었다. 이에 대다수 미국인이 바이든 정권의 경제정책에 실망한 나머지 투표로 경제 심판을 보여주었다고 평가되고 있다. 다행인 것은 미국 노동부가 발표한 소비자 물가지수(CPI) 상승률이 7.7%로 지난 1월 이후 9개월 만에 최소 상승폭이자 8개월 만에 처음으로 8% 아래로 나타났다는 점이다.

따라서 앞으로는 또 다른 국면이 전개될 수 있겠지만 IT 중심의 고용 불안정 등 여전히 여러 분야에 걸쳐 경제위기의 그림자가 드리워져 있다.

윤석열 정부 지금

세 번이나 총리 바꾼 영국, '자이언트 스텝' 지속

영국은 올해 경제 총리를 세 명이나 맞이했다. 주목해야 할 것은 두 명의 총리를 교체한 시점이 지난 두 달 사이라는 점이다. 보리스 존슨, 리즈 트러스에 이어 이번에는 리시 수낵 신임 총리까지 두 달이라는 짧은 기간 동안 총리가 세 번이나 바뀌었다. 그만큼 영국은 현재 경제 상황이 절박하고 어려운 상황이다.

영국 중앙은행(BOE)은 물가 안정을 위해 금리 인상을 진행하였다. 그러나 이에 반대되는 정책으로 리즈 트러스 전 총리가 대규모 감세 정책을 내자 파운드화 가치가 폭락하는 등 시장 혼란이 가세함으로써 결국 리즈 트러스 전 총리는 사임하였다.

현재 영국은 지난 3일 자이언트 스텝을 밟음으로써 2008년인 세계 금융 위기 이후 최고 수준의 금리가 되었다. 영국의 소비자 물가 상승률은 9월 기준 10.1%로 40년 만에 최고 수준이며, 실업률 또한 3.5%로 50년 만에 최저상태이다. 앞으로 영국은 자이언트 스텝이 지속되는 등 경기 침체가 오랜 기간 이어질 것으로 예상된다.

일본은 대부분의 나라와는 달리 미국의 금리 인상에도 불구하고 -0.1%의 단기금리를 유지하였다. 그 이유에는 디플레이션 방어 등의 여러 가지 이유가 있지만 이로 인해 엔화 가치는 32년여 만에 최저치를 기록했다. 이러한 엔저 현상은 국제 원자재와 에너지 가격의 상승과 함께 8년 만에 일본의 경상수지 흑자 폭 최저치라는 결과를 가져오게 되었다.

'기시다 인플레이션' 신조어가 등장한 일본

일본 내에서도 다른 국가와 반대로 가고 있는 초저금리 정책이 물가 상승의 또 다른 원인이라고 반대하고 있다. 그럼에도 정부가 기존 정책을 바꾸지 않자 기시다 총리의 정책이 인플레이션을 가져온다는 의미로 '기시다 인플레이션'이라는 신조어가 등장하게 되었다.

일본은 임금이 오르지 않는 나라로 유명하다. 인플레이션으로 인해 일본의 수입 물가는 전년대비 40%로 오르고 밀가루값이 12.3% 오르는 등 전반적으로 물가가 상승했음에도 불구하고 임금은 그대로 유지되고 있다. 지난 10일 일본 중앙은행인 일본 은행(BOJ)은 단기적으로는 기준금리 인상 가능성이 없다고 발표하였다.

이러한 원인에는 일본이 과도하게 높은 민간 저축과 다른 나라보다 낮은 실업률 등으로 분석되고 있어 다른 나라와는 상이한 일본의 경제정책이 더욱 주목받고 있다.

혼돈 속의 우리나라 경제,
취약층 복지정책 다시 한 번 점검해야

우리나라 역시 고금리로 인해 여기저기서 위기의 신호가 나타났다. 금리 인상으로 인해 부동산 가격이 하락하면서 전세보증금 반환 등에 대한 어려움을 막고자 전세보증금 대출 규제를 완화하였다.

그러나 한편에서는 레고랜드 사태를 기점으로 채권시장의 불안이 가중되었다. 현재 기업의 자금조달은 쉽지 않아 기업들의 생산과 고용 부분에 적신호가 켜져 있는 상황이다. 미국 소비자지수 발표로 인해 우리나라의 증시는 살아났지만 미국 연방준비제도의 긴축 기조가 변할지는 아무도 알 수 없다.

이번 인플레이션을 잡지 못한다면 물가 안정은 점점 어려워질 것이다. 대다수 경제학자들은 기대 인플레이션을 잡기 위해서라도 금리 인상은 불가피하다고 이야기하였다. 다행히 미국의 소비자 물가 상승률이 예상치보다는 낮은 것으로 나타났으며, 중국 또한 코로나로 인한 폐쇄정책을 완화하는 것으로 전환하고 있다.

우크라이나 또한 헤르손 지역을 되찾았고 유럽연합(EU)은 평화유지군을 창설하기로 하여 러시아·우크라이나 전쟁 또한 변화가 예상된다. 앞으로도 각국의 중앙은행은 인플레이션을 잡기 위해 최선을 다할 것이다.

따라서 우리나라 역시 변화하는 국제정세에 발 빠르게 대응해야 할 점은 없는지, 경제 침체로 인해 취약층을 보호하기 위한 복지정책은 충분한지 다시 한번 점검해 보아야 한다.

〈2022년 11월, 백승희〉

지방자치, 각종 민간단체 지원예산 개선을

지방자치 단체 각종 예산에 대한 결산의 달, 12월이 도래했다. 동시에 내년도 의회 예산심의도 대부분 이달에 진행된다. 매년 똑같은 업무에 익숙한 실무진들은 절차나 방식과 형식에 대해서 이미 익숙한 기술자다. 전문가 수준의 지적이거나 특별히 문제 되어 관심이 집중된 사안이 아닌 한, 웬만한 사안은 문제점으로 부각되지 않고 대부분 통과되어 한 단락 마무리가 되는 모양새다.

문제는 지방행정의 규제가 중앙부처보다 더 허술할 수밖에 없는 구조라는 것이다. 중앙보다 미약해 보이지만 상대적으로 견제를 덜 받는 지방 권력의 사유화가 되기 쉽다. 국가 중앙행정은 국회를 비롯한 유력한 언론, 각종 사회단체의 부릅뜬 매눈의 중첩적인 감시망에 영향을 크게 받지만 지방행정은 상대적으로 찬 바람이 덜 분다고 할 수 있다.

특정 지역에서 발생한 메가톤급 사회 비리 문제도 발생 초기에 발견될 수 없었던 문제들이 어떤 계기가 되어 사후에 이목이 집중되고, 특별 감사나 조사가 이루어지면서 진면목이 드러난 이후에야 사후약방문격으로 문제를 수습하고 원인을 찾으며 책임자 처벌이 이루어지는 것이 우리가 통상 목격할 수 있는 현상이라는 점이 이를 뒷받침 해주고 있다.

이 가운데 각종 지원예산과 관련된 부분을 언급하고자 한다. 지방으로 내려갈수록, 행정의 현실은 한 마디로 견제 세력보다 민,관 이익 공유세력이 더 밀접한 관계로 작용하기 쉬울 뿐만 아니라, 해당 지방의회에 매서운 감사나 견제 기능을 기대하기도 여간 어려운 일이 아니다.

정규 행정감사를 한다고 해도 가려운 곳을 구체적으로 긁기보다는 격화소양(隔靴搔癢; 신을 신고 발바닥을 긁는다는 뜻에서, 필요한 것을 제대로 해결하지 못해 성에 차지 않음) 같은 업무감사나 모양새 갖추기 지적에 그칠 공산이 크다. 그것도 매년 똑같은 지적이 반복되는 것을 보면, 그 지적이 실질적으로 작용하는 힘은 그리 크다고 볼 수 없다.

'지방소멸' 위기에도 위원회와 지원단체 지속 증가

대치되는 반대정당 소속의 지방의회 의원도 당선 초기 정치 소신과 사명감이 발동되어 쓴 소리를 한다 할지라도, 그 스탠스를 지속해서 유지하기란 여간 어려운 것이 아니다. 크지 않은 지역, 몇 개 안 되는 학교의 학연이나 혈연관계로 이루어진 사회에서 계속해서 돌출행동을 하게 되면, '유난 떤다'는 곱지 않은 시선으로 차기 선거 악영향을 우려하지 않을 수 없다. 한 마디로 초심을 지속해서 유지하기가 어려운 현실이다.

의회 의원뿐 아니라, 민선으로 당선된 기초단체장도 마찬가지다. 당선 초기부터 차기 선거를 염두에 두고 행정을 펼칠 수밖에 없다. 각종 민원이나 토착 세력의 입김에서 자유롭기가 쉽지 않다. 소신과 법 원칙에 정면으로 대치되는 민원이나 압력도 드러내 놓고, 아니라고 말할 수 없다. 그러다 보니 각종 사회단체 지원 예산의 누수 현상이 생길 수밖에 없다.

우선 지방인구 자체가 감소하여 '지방소멸'이라는 위기에 직면하고 있음은 주지의 사실이다. 그런데도 각종 위원회나 지원단체는 매년 늘어나고 있다. 이 가운데 필수적인 법적 근거가 희박한 단체도 포함된다. 그러다 보니 한 사람이 각종 지원단체에 중첩적으로 가입되어 참여하는 경우가 많다.

어느 지방의회 의원이 행정감사 때 지적한 바에 따르면 한 사람이 5개 위원회에 중복 가입한 경우도 많으며 극단적인 사례로 한 사람이 무려 18개 위원회에 참여하는 경우도 있다. 물리적으로 그리고 시간상으로 충실한 참여가 불가능한 상태다. 지방인구는 줄어드는데 각종 지원단체는 늘어나고 있으니 어쩌면 당연한 현상일 수도 있다.

좀 더 구체적으로 보면 예산지원조례는 한 번 만들어지면 없애는 것은 쉽지 않다. 뿐만아니라 지원예산도 매년 증가한다고 볼 수 있다. 한 예로 복지지원예산을 필두로 해서 기초지방 자치단체의 각종 지원예산이 수백 억이 되는 일도 있다. 지원단체가 늘어나는 것뿐만 아니라, 지원 신청 액수가 매년 증가한다.

A 단체 상근직원이 B, C 단체의 핵심 활동가로

그러다 보니 한정된 예산에서 나눠서 분배해야 하므로, 신청액을 삭감 조정하게 되는데 결국 사업 건수나 사업내용을 줄이게 된다. 예산을 지원하는 형식을 보면 관리예산(인건비나 사무실 운영비 등)과 사업예산으로 나누어서 별도 계좌로 지급하게 되는데, 고정성 경비인 관리예산은 하향 경직성 예산인지라 매년 늘어만 간다.

그러므로 고정성 경비 증액에 비례해서 사업예산에서 칼질할 수밖에 없는 구조다. 따라서 하는 일은 상대적으로 줄어드는데 인건비는 늘어만 간다. 변동비는 줄어드는데 고정비는 늘어만 가는 형국이다. 한 마디로 일을 기준으로 예산이 증가하는 비율보다 사람 수와 연급을 기준으로 지급되는 예산의 증가율이 더 크다는 이야기다. 그러기에 '세금 사용액의 가성비(투자 대비 효과)를 생각한다면, 그 예산으로 주민 전체에게 1/n으로 나눠주는 게 차라리 좋지 않겠느냐'고 하는 볼멘소리마저 들을 수 있다.

각종 단체나 위원회의 참여 인원 문제를 백번 양보한다고 치자. 하급 단체에서 선발된 인원이 같은 종류의 상급 단체에 가입되는 것도 인정할 수 있다. 또 유력한 전문 핵심 인력으로 능력만큼 각종 단체에서 활약해야 할 필요가 있을 수도 있다. 그러나 적어도 인건비가 지급되지 않는 평범한 참여자에 한정하여 부분적으로 인정되어야 한다.

문제의 심각성은 예산이 지원되는 단체나 위원회에서 울인해야 할 상근직원, 즉 고정성 급여(월급, 보너스, 보험료 등)를 받는 사람이 다른 단체에 핵심으로 활동하는 경우가 있다는 것이다. 인건비는 A 단체에서 받는데 활동은 사익을 찾아 B, C, D 단체에서 '눈 가리고 아웅'하는 식으로 활동하는 것은 용인되어서는 안된다.

그만큼 전력을 다해서 할 일이 없다면 그 조직을 유사조직과 통폐합해서 구조조정을 해야 할 일이다. 한마디로 동가식서가숙(東家食西家宿: 동쪽 집에서 밥은 먹고 잠은 엉뚱한 서쪽 집에서 잔다) 하는 행위는 있을 수 없는 사리사욕의 표본이 아닐 수 없다. 근무시간 중에 엉뚱한 일을 하는 것은 당연히 금해야 할 일일 뿐만 아니라, 근무시간 외에 자유 활동이라고 하는 명분도 한없이 인정할 수 없다. 거기에 쏟는 에너지만큼 본 업무에 소홀할 수밖에 없기 때문이다.

세력화한 유권자…
지자체나 지방의회서 조례로 해결할 수 없는 것은 상위 법률로 해결해야

일반 개인회사에서는 인사고과로 진급 시키거나 권고사직 시킬 때, 근무시간 외에 회사 밖의 생활 태도도 참고한다. 극단적인 예로 도박이나 불건전한 불륜에 빠져 있는 경우에는 반드시 회사 업무나 공금에 악영향을 미칠 수 있는 확률이 크기 때문이다. 그러기에 휴식도 업무의 연장이라 하지 않던가.

그런데 안타까운 것은 이러한 비생산적인 문제점을 지방자치단체 스스로 해결할 수 없다는 데 문제가 있다. 특정 단체나 특정 업무에 돌출된 문제라기보다 많은 위원회나 단체 전체에 드러나지 않게 젖어 있는 관행이라는 점, 그리고 앞에서 언급한 바와 같이 지방의 구조적인 특성에 기인한다.

문제점을 발견하기도 쉽지 않지만, 감독관청이 인지하고 있는 경우라 할지라도 무리 지어 세력화한 유권자라는 점에서 엄격한 잣대를 들이대기가 어렵기 때문이다.

지방자치단체나 지방의회에서 조례로 해결할 수 없는 것은 상위 법률로 해결해 주어야 한다. 각종 위원회나 보조단체의 통폐합과 예산지원에 대한 보다 구체적인 가이드 라인을 법률로 정해 주어야 한다. 상위 법률 근거를 제시할 수 있어야 행정당국이 원칙과 소신으로 일할 수 있기 때문이다.

불합리한 것에 대해 조치하고 싶어도 할 수 없었던 문제를, 눈치 보지 않고도 해결할 수 있도록 지방자치단체에 법률적 근거와 명분과 방패막이가 되어주는 것이다. 이러한 비생산적 재정투입의 관행을 상위 법률이 마련되어 보다 합리화할 수 있다면 전국적으로 엄청난 예산을 줄여 정작 필요한 부분에 요긴하게 쓰일 것이 분명하다.

〈2022년 12월, 윤영호〉

활개 치는 '빌라왕'의 전세 사기 대책을

프랑스 파리는 볼거리가 많다. 지하철 여행이 필수다. 파리 지하철은 수도 파리와 근교 도시에서 1~14호선과 3호 지선, 7호 지선 등 총 16개 노선이 운행된다. 15, 16, 17, 18호선이 2030년까지 추가된다. 최초 노선인 1호선은 1900년 파리 만국박람회와 하계 올림픽 때 건설됐다. 1863년 세계 최초로 영국 런던에서 지하철이 개통된 후 1896년 헝가리 부다페스트, 1898년 오스트리아 빈에 이어 4번째로 완공됐다.

123년의 유서 깊은 파리 지하철에서 한국어 방송이 나오기 시작했다. 소매치기 주의 방송이다. "관광객을 대상으로 소매치기가 많으니 각별히 주의하시기 바랍니다"는 메시지다. 열차와 역 내에서 프랑스어, 영어, 독일어 등에 이어 마지막으로 송출된다. 방송 녹음은 프랑스 한인회에서 선발한 프랑스 거주 한국인 40대 남성 1명과 40대 여성 1명이 맡았다.

주(駐)프랑스 한국대사관은 "한국인 방문이 많은 여름과 겨울 휴가철에 파리 지하철 1호선 모든 열차와 샹젤리제 거리, 루브르 박물관, 몽마르트르, 에펠탑 등 주요 명소 근처 지하철역에서 '한국어 안전 안내 방송'을 하게 됐다"며 "파리 지하철공사(RATP)에 한국인 관광객을 대상으로 소매치기가 자주 발생하는 점을 근거로 한국어 방송 추가를 요청했다"라고 밝혔다.

코로나19 방역 규제 완화로 한국 관광객이 늘어난 점도 고려된 듯하다. 파리 관광청에 따르면, 올여름 이후 파리를 방문한 한국, 중국, 일본 관광객 중 한국인 수가 가장 많은 것으로 잠정 집계됐다. 프랑스 내에서 대한민국의 높아진 위상을 드러내는 상징이라 할 수 있어 가슴 뿌듯하다. 한편으론 한국인이 소매치기의 표적이 되고 현지인을 도둑으로 의심해야 하는 현실이 왠지 씁쓸한 여운으로 남는다.

수천 채 소유 '빌라왕' 활개로 전세보증금 피해자 양산

우리나라 지하철에는 소매치기를 찾아보기 어렵다. 승객의 호주머니 잔돈푼이나 터는 좀도둑이 별로 없다. 대신 서민의 전세보증금을 등쳐먹은 큰 도둑이 득실댄다. 서울, 경기, 인천 등 수도권에 적게는 수십 채 많게는 3,000채가 넘는 빌라와 오피스텔을 가진 임대업자, '빌라왕'이 활개를 친다. 근자에 이런 빌라왕이 사망하며 전세보증금을 돌려받지 못하는 일이 꼬리를 문다.

전세보증금 반환보증보험에 가입한 사람까지도 전세보증금 반환에 어려움을 겪는다. 보증보험에 가입했어도 전세보증금 반환을 요청하려면 먼저 집주인과 계약을 해지해야 하기 때문이다. 그런데 임대인이 사망함으로써 계약을 해지할 당사자가 없어져 전세보증금 반환요청을 할 수 없게 된 것이다.

일반적으로는 집주인이 사망하면 상속을 통해 상속자가 집주인의 지위를 승계해 재산을 정리하고 전세보증금도 반환하는 순서를 밟는다. 하지만 임대인의 채무가 자산보다 많거나 체납 세금이 과다하면 법정상속인이 상속을 포기할 가능성이 커진다. 그렇다고 계약이 해지되지 않은 상태에서 임차인이 이사를 나가게 되면 대항력을 상실, 전세보증금이 후 순위로 밀려나 돈을 못 받을 수 있다.

주택도시보증공사(HUG)는 현행 규정상 집주인이 사망하고 상속인이 나오지 않으면 전세금을 먼저 돌려줄 의무가 없다. 상속인이 끝까지 결정되지 않으면 법원이 상속재산관리인을 지정한 뒤에 압류된 재산을 경매를 통해 정리하게 된다. 그러면 이래저래 시간만 소요된다. 더욱이 지금처럼 부동산 시황이 안 좋을 때는 경매가 하락으로 임차인의 전세보증금 회수가 어려워질 수 있다.

대출받은 전세보증금에 목숨을 저당 잡혀

전세 보증보험은 현실성이 떨어질뿐더러 가입 기준 또한 허술하기 짝이 없다. 보험 가입 시 HUG는 임대인의 보증금 반환 능력을 심사하지 않는다. 임대인이 주택을 총 몇 채 보유하고 있는지조차 파악하지 않는다. 한 사람이 자기 돈 없이 주택을 다량 매입해 전세 사기 범행을 저지르는 것을 사전에 감지해 막아내기

윤석열 정부 지금

힘든 구조다.

보증보험 가입도 대출금 심사하듯 엄격히 할 필요가 있다. 전세금이 매매가보다 높은 이른바 '깡통주택'인지, 임대인이 보증금 반환 능력이 있는지를 잘 따져 봐야 한다. 보증사고 전력이 있는 자들을 집중 관리, 이들이 내놓는 주택에 대해 전세 사기의 가능성을 하나하나 짚어봐야 한다. 정보의 비대칭성도 해소해야 한다. 임차인에게 임대인과 주택 관련 정보를 투명하게 공개하도록 정보 요구권이 강화돼야 마땅하다.

늦게나마 정부가 대책을 마련한다. 임차인이 보증금 회수 과정에서 위험 요소를 사전에 식별할 수 있도록 한다. 임대인에게 납세 증명서를 요구하고, 국세·지방세 미납 내용을 열람할 수 있게 하는 주택임대차보호법 개정안을 입법 예고했다. 국회도 거든다. 국가와 시·도지사가 주택임대차계약 피해 예방 활동과 관련 기구를 설치케 하는 주택임대차보호법 개정안, 전세 사기 연루 임대사업자와 공인중개사, 감정평가사의 처벌을 강화하는 법 개정안을 발의 중이다.

소는 이미 잃었으나 외양간은 이제라도 고쳐야 한다. 제도 보완, 상품 개선, 관리 감독 강화, 법률 뒷받침 등으로 전세 사기가 발붙이지 못하게 해야 한다. 대출까지 받아 힘들게 마련한 목숨 같은 전세보증금을 날리는 일이 생기지 않게 해야 맞다. "모든 국민의 재산권은 보장된다"는 헌법 제23조의 정신이 훼손되는 일은 없어야 옳다. 바늘 도둑이든 소도둑이든 도둑 걱정 없는 나라가 진짜 선진국이다.

〈2022년 12월, 권의종〉

국민연금 개혁, 근본적 치료방안을

윤석열 정부는 12월 8일 국민연금 개혁안을 내놓았다. 국민연금 개혁안을 보면 보험료율을 현행 9%에서 2036년까지 15%로 점진적으로 인상하는데 2025년부터 2036년까지 연 0.5%씩 12년간 인상하고 그 후 3년마다 1%, 그 후 5년마다 1%씩 인상한다는 내용이다.

동시에 연금을 받기 시작하는 나이를 현행 62세를 2033년까지 65세로 상향하고 그 후 5년마다 한 살씩 더 올려 2048년 최종 68세까지 높이자는 내용이다.

인구감소에 의한 사회적 현상으로 발생하는 국민연금 적자를 해소하기 위해서 국민연금 개혁은 결론적으로 '덜 내고 더 받는' 구조의 현재의 국민연금 구조를 '더 내고 덜 받는' 구조로 개편하자는 안이 대다수 전문가의 의견이다.

하지만 이번에 윤석열 정부가 내놓은 국민연금 개혁안은 "더 내고 더 늦게 받는다"라는 것이 핵심으로 기존 세대가 미래세대에게 모든 것을 전가 시키는 상황을 만들고 있다. 현재 효율적인 출산 장려 정책도 못 만들면서 출산하는 사람들만 손해 보는 구조로 개편하는 상황을 만들고 있어 2030세대에게 거부감만 증폭시켜 국민연금의 지속 가능성을 감소시키고 가면 갈수록 출산을 더 힘들게 만들 것이다.

해가 가면 갈수록 가입 기간은 늘어나고, 가입 금액도 많아지고 있는데, 국민연금 수령하는 시기는 늦어지는 상황에서는 국민연금 가입자들 불만은 더 많아질 것이고, 늦게 받는 사람들만 손해가 될 것 같아 오히려 조기 수령하는 가입자들이 증가할 것이다. 우리나라 실제 퇴직 연령은 60세 미만인데 국민연금 수급 연령이 더 늦어지면 '소득절벽'이 더 심화할 것이기 때문이다.

임금피크제 활성화를 통한 정년 연장, 실업 부조 확대 등을 먼저 해결하고 나서 국민연금 수급 연령을 늦추는 것이 현실적이라고 생각한다.

적게 내고 많이 받는 구조 자체를 바꿔야

아울러 현재 한국의 주된 일자리 퇴직 연령이 50세 또는 55세 내외로 법적 연령인 60세보다 낮고, 성별, 학력, 업종, 직무 등에 따라 그 차이가 큰 바 "더 내고 더 늦게 받는다"라는 개혁안을 실현하려면 모든 직장인의 정년 연령을 68세로 법제화하는 것이 필요하다.

국민연금의 지속 가능성이 위협받고 있는 것은 크게 두 가지 때문이다. 우선 저출산 고령화 여파로 내는 사람이 줄고 받아 가는 사람은 많이 늘어난다. 다음으론 받는 돈이 내는 돈에 비해 많다는 점이다. 한국의 저출산 고령화는 세계적으로 유례없이 빠르게 진행되고 있다.

합계출산율은 경제협력개발기구(OECD) 회원국 중 가장 낮은 0.8명대를 기록하고 있다. 출생아 수는 20만 명대로 내려섰고, 고령층 인구 비중은 빠르게 늘고 있다. 2055~2057년으로 예측된 고갈 시기마저 장밋빛 전망에 가깝다는 지적도 나온다.

최근 통계청이 장래인구추계를 업데이트하면서 인구감소 시기를 2021년부터로 앞당겼기 때문이다. 복지부가 예상한 국민연금 고갈 시기(2057년)는 2032년부터 인구가 감소한다는 가정에서 나온 것이다.

국민연금 수익비(낸 보험료 총액의 현재가치 대비 받는 연금의 현재가치)는 연령대별로 약간의 차이가 있지만 많게는 세 배에 육박한다. 제도 도입 초기 참여를 늘리기 위해 파격적인 조건을 내세운 것이 화근이었다. 이후 몇 차례 개혁하긴 했지만 수익비가 한 배 안팎인 사적연금에 비해 여전히 높은 상태다.

전문가들은 국민연금 개혁은 적게 내고 많이 받는 구조 자체를 바꾸는 것이어야 한다고 제시했다. 우선 보험료 인상이 필요하다는 지적이 많다. 국민연금 보험료는 25년째 9%로 고정돼 있다. 1988년 3%로 시작해 10년간 두 차례 3%포인트씩 인상된 뒤 변동이 없다.

국민연금 개혁엔 국민의 반발이 걸림돌

윤석열 정부 지금

영국(25.8%), 독일(18.7%), 일본(18.3%), 미국(13.0%) 등 외국과 비교해 현저히 낮다. 국민연금연구원 유호선 연구위원은 "현행 9%인 국민연금 보험료율을 15%까지 점진적으로 인상하면 2057년으로 예상된 기금 소진 시점을 최대 2073년까지 16년 늦출 수 있다"고 진단했다.

그러나 보험료 인상에 대한 국민의 거부감과 미래세대들의 국민연금 무용론이 개혁안을 가로막고 있다. 국민연금 개혁엔 국민의 거센 반발이 뒤따르기도 한다. 2019년 말 프랑스에선 에마뉘엘 마크롱 대통령이 추진하려던 연금개혁에 반발해 철도·운송 노조가 대규모 총파업을 벌이기도 했다.

지난 2018년 문재인 정부도 단일안을 마련하지도 못한 채 네 가지 방안을 국회에 제시하는 것으로 논의를 마무리했다. 네 가지 방안은 △현행 유지(소득대체율 40%, 보험료율 9%) △현행 유지하되 기초연금 40만 원으로 인상 △소득대체율 45%, 보험료율 12% △소득대체율 50%, 보험료율 13% 등 국민연금 개혁안을 제시했었으나 문재인 대통령이 '보험료율 인상이 국민 눈높이에 맞지 않는다'며 철회하였다. 주먹구구식 인상 방안에 대하여 국민의 불평, 불만이 커지면서 지지율이 급격히 떨어지자 백지화하였다.

선진국들의 연금개혁과정에서 개혁 실패의 사례를 보면 타협과 설득의 어려운 과정을 피하고 정부가 일방적으로 추진한 경우였다. (1995년 프랑스의 쥐페 내각, 1994년의 이탈리아 베를루스코니 내각 등)

하지만 성공 사례들을 보면 모두 오래 인내하면서 국민의 의견을 모으고, 다양한 타협점들을 만들고, 합의를 최대한 탈 정치화하는 등의 노력을 경주한 결과임을 알 수 있다. (1998년 스웨덴, 1986년 영국, 1995년 이탈리아 등).

아울러 일본의 경우 고이즈미 준이치로 일본 총리가 지지층 감소 우려에도 과감한 연금개혁을 강하게 추진한 것이 도움이 됐다는 것이다.

국민적 합의와 타협 이룬 '탈 정치' 치료방안을

우리도 선진국들의 실패와 성공 사례를 반면교사 삼아 국민적 합의와 타협을 이룬 탈 정치화된 근본적 치료방안을 내놓아야 한다.

국민연금 개혁 논의가 광범위한 사각지대 및 용돈 연금 등 노후 빈곤에 시달리는 국민의 목소리를 배제하고 재정문제에 집착한 일방적인 방향으로 진행된다면 극심한 반발에 부딪혀 좌초할 수밖에 없다.

우리나라 국민연금은 '적정 노후 소득 보장'과 '재정 안정화'를 균형 있게 추구해야 하는 이중의 어려운 과제를 함께 풀어야 한다.

예를 들어, 보험료를 올리더라도 저소득 근로자나 영세자영업자들 같은 보험료 납부가 어려운 분들이 사각지대로 내몰리지 않을 방안을 먼저 마련해야 한다. 그 위에 보험료를 올리는 등 신중하고 조심스럽게 접근하지 않으면 안 된다.

국민연금법을 개정하여 보험료를 매년 산정하는 시스템을 도입하여 정치적 부담을 줄이고, 월 소득 533만 원에 해당하는 월보험료 상한선을 폐지하여 고소득자는 보험료를 더 많이 내게 하는 방안, 국민연금 복권 개발, 택지개발 및 아파트 분양에 일정액의 '국민연금세' 부과, 부가가치세 증세 등 조세부담을 통한 재정지원 방안 등 국민연금 고갈을 근본적으로 막기 위한 새로운 방안도 모색되어야 한다.

국민의 상반된 시각과 다양한 요구를 어떻게 수렴하여 최적의 대안을 마련할 수 있는가 고민하고, 논의하고, 진지하게 타협해야 한다. 결코 결과에만 집착하거나 서둘러서는 안 된다. 오래 인내하면서 국민의 의견을 모으고, 다양한 타협점들을 만들고, 합의를 최대한 탈 정치화하는 노력을 경주해야 한다.

〈2022년 12월, 송인석〉

공공기관 '블라인드 채용' 개선책을

규제 개혁은 해묵은 과제다. 새 정부가 들어설 때마다 어김없이 내세워온 단골 국정 과제다. 강한 의지만큼이나 비유가 다양했고 표현도 구구했다. 김영삼 전 대통령은 관료의 복지부동을 질타하며 1993년 행정개혁쇄신위원회를 설치했다.

김대중 전 대통령은 "프랑스혁명 때 기요틴(guillotine), 죄인의 목을 베는 단두대처럼 규제를 없애겠다"라고 선언했다. 노무현 전 대통령도 "덩어리 규제를 모두 손볼 것"을 장담했다.

이명박 전 대통령은 "'전봇대'로 상징되는 대못 규제를 뿌리 뽑겠다"고 공표했다. 전봇대는 2008년 전라남도 영암군 대불산단에서 뽑힌 것으로 이명박 전 대통령 인수위 회의에서 규제 개혁의 대표 사례로 거론됐다. 박근혜 전 대통령은 규제를 암 덩어리에 비유하며 "손톱 밑 가시를 빼겠다"고 약속했다.

문재인 대통령은 "붉은 깃발을 치우겠다"고 호언장담했다. 붉은 깃발은 영국이 19세기 당시 신산업인 자동차로부터 마차업자를 보호하기 위해 차 속도를 통제한 '붉은 깃발법'에서 유래한 용어다. 각기 표현은 달랐으나 역대 대통령 모두 규제 완화의 필요성을 이구동성으로 외쳤다. 말은 무성했으나 결과는 공염불에 그쳤다. '도돌이표'처럼 실패를 반복했다. 오히려 규제는 갈수록 늘어나고 있음을 부인하기 어렵다.

윤석열 대통령도 "기업활동의 발목을 잡는 '모래주머니' 규제를 없애야 한다"고 말했다. 두고 볼 일이다. 대못 정도는 아니라도 국민과 기업을 은근히 괴롭히는 가시 같은 규제가 주변에 널려 있다. 블라인드 채용이 그 한 예다. 문재인 정부가 지원자의 출신 지역, 학력, 성적 등을 채용 과정에서 노출하지 않도록 공공부문에 전면 도입한 제도다. 2017년 시행돼 6년째를 맞는다. 현재 350개 중앙 공공기관과 지방공기업 410개에서 블라인드 채용을 운용한다.

새 정부마다 되풀이, 해묵은 국정 과제

찬반이 엇갈린다. 공정한 채용문화 확립을 장점으로 꼽는다. 국민권익위원회가 2020년 실시한 '채용 공정성 체감 인식도 조사'에서 취업준비생과 공공부문 근로자 5,938명 중 45.0%는 '채용 공정성 확립'의 효과적인 정책으로 블라인드 채용을 지목했다.

한국노동연구원이 255개 공공기관 채용담당자 대상으로 한 설문조사 결과도 엇비슷하다. 출신 지역·출신 학교·나이·성별·외모 등 인적 속성에서 블라인드 채용 후, 신입 직원의 다양성이 높아진 것으로 나타났다.

단점도 드러난다. 다양한 조직 특성이 고려되지 않은 채 일률적 도입에 따른 부작용이 속출한다. 2019년 한국원자력연구원은 중국 국적자를 연구원으로 선발했다가 뒤늦게 불합격 처리하는 소동을 벌였다. 블라인드 채용으로 지원자 출신을 알 수 없어 최고 등급의 국가보안 시설에 외국인을 채용하는 웃지 못할 촌극이 벌어진 것이다. 최근에도 어느 공공기관에서 40대 후반이 신입 직원으로 뽑히는 어이없는 일이 발생했다.

공정성과 투명성은 제도만으로는 달성되기 어렵다. 채용기관의 의지에 더 좌우된다. 절차적 공정성에 치우치다 보면 도리어 직무에 적합한 인재를 고르기 어려울 수 있다. 2020년 한국조세재정연구원의 '공공기관 채용정책에 대한 연구'에 따르면 블라인드 채용을 도입한 공공기관과 공기업에서 1년 내 퇴사율이 유의미하게 높아진 것으로 확인됐다.

실제로 블라인드 채용에서 차별적 요소로 꼽히는 학력·학점 같은 이른바 '스펙'을 고려해야 하는 연구기관과 지식산업 등은 우수 인재 확보에 큰 애로를 겪고 있다. 그런데도 이들 채용기관은 꿀 먹은 벙어리 행세다. 서슬 퍼런 정부에 잔뜩 주눅이 들어 말 한마디 못 건네고 속만 끙끙 앓고 있다.

우수 인재는 출신학교, 전공, 성적을 살펴야

만시지탄이나 윤석열 정부 들어 미세하나마 변화의 기미가 보인다. 우수 인재 유치가 필수적인 국책 연구기관 39곳이 2023년

윤석열 정부 지금

부터 블라인드 채용을 폐지하기로 했다. "최근 몇 년 동안 우수연구자 확보를 가로막았던 공공기관 블라인드 채용은 연구기관에 대해 우선하여 전면 폐지하겠다"는 윤 대통령의 언급이 있고 나서다.

과학기술정보통신부가 부랴부랴 연구개발목적기관에 적용할 새로운 채용 기준을 확정했다. 기관별 여건을 반영해 채용 대상별 구체적인 수집·활용 정보에 관한 세부 사항을 정하도록 했다. 기관마다 자율성을 부과해 상황에 맞는 채용을 진행하게 한 것이다. 하지만 고급 인재는 비단 연구기관에서만 필요한 게 아니다. 모든 공공기관이 우수한 인적 자원을 필요로 한다.

공기업도 기업이다. 성과를 내야 한다. 하지만 좋은 성과는 우수 인재에서 나온다. 정부가 공공기관 신입 직원 채용까지 시시콜콜 간섭해대면 양호한 실적을 거두기 어렵다. 공공기관의 현재 모습이 어떤가. 초라하기 짝이 없다. 일자리 늘리기로 몸집은 커졌으나 생산성은 바닥이고 부채는 천정부지다. 관치에 찌들어 자율성은 찾아보기 어렵다. 정부가 시키는 대로 따라 하기 바쁘고 공공기관 경영평가에만 목을 맨다. 공공기관이 '공공(空空)기관'화하고 있다.

인재를 고르려면 출신학교, 전공, 성적 정도는 살펴야 맞다. 지방 출신 우대는 지역인재 선발제를 활용하면 된다. 다만, 성별이나 출신 지역, 가족관계, 신체적 조건, 재산 등 지원자의 역량과 무관한 사항은 기존대로 블라인드를 적용해도 무방하다. 좋은 사람을 찾으려면 두 눈 부릅뜨고 봐도 시원찮을 판에 눈 가리고 아웅이라니 어불성설이다. 시야를 흐리는 블라인드의 가면은 벗어

던져야 한다. 인사가 만사이고 규제 개혁이 국가 개혁이다.

〈2023년 1월, 권의종〉

잠자는 '구하라법', 조속한 통과를

　며칠 전에, 자신의 신생아를 숲속에 유기한 20대 친모가 검거된 사건이 있었다. 매서운 한파가 몰아치는 날씨에 핏덩이를 내다 버린 엄마의 비정한 행위는 세상을 분노케 했다.

　이 엽기적인 뉴스를 접하면서, 많은 이들이 부모의 책임과 역할에 대하여 다시 한번 생각했을 것이다. 그런데 그와 유사한 사건들이 최근 들어 빈번하게 발생하고 있다. 우리 사회의 부끄러운 문제점을 드러내는 것 같아서 씁쓸하기 짝이 없다.

　재작년이던가, 조업 중이던 어선 한 척이 침몰했다. 구조인력이 동원되어 인근을 샅샅이 수색하였으나, 배에 타고 있던 어부 A씨는 끝내 발견되지 않았다.

　관계 당국은 그가 사망한 것으로 결론지었고, 소속 선박회사는 그 앞으로 행방불명 급여, 장례비, 유족급여 등의 명목으로 2억여 원을 지급하였다. 그런데 얼마 후에 놀라운 일이 벌어졌다. A씨의 친모가 가출한 지 무려 54년 만에 나타난 것이다.

그녀가 찾아온 목적은 아들의 사망 보상금을 차지하기 위함이었다. 어린 자식을 무정하게 버리고 떠난 뒤, 반세기 넘도록 한 번도 굽어본 적이 없던 인간이 아들의 목숨값을 탐내어 찾아들었다니! 듣고서도 믿기지 않는 참담한 이야기였다.

법(法) 취지에 어긋난 황당한 사례

그녀는 아이를 낳아서 2~3년 동안 키웠으니 당연히 보상받을 권리가 있다고 주장하며, A씨가 미혼인 만큼 친모인 자신이 보상 수령의 1순위라고 당당하게 말했다고 한다.

그녀의 뻔뻔함에 망자의 누나를 비롯한 가까운 친척들도 치를 떨었다고 한다. 아무 관련이 없는 남들의 입에서도 욕이 나올 지경인데, 당사자들의 심정은 어쨌을지 짐작이 가고도 남는다.

그런데 더욱 황당한 것은 법원의 결정이었다. 소송을 담당한 판사는 A씨의 친모에게 유족보상금을 지급해야 한다고 판시했다. 현행 선원법 시행령이 '선원의 사망 당시 그에 의해 부양되고 있지 아니한 배우자, 자녀, 부모 등도 유족에 해당한다'라고 규정했기 때문이다.

그 법의 조항에 따라서 친모는 보상 대상에 포함되었지만, A씨의 동거녀(실질적인 아내)는 한 푼의 보상금도 받을 수 없었다. 자식을 팽개치고 양육 의무를 다하지 않다가 뒤늦게 권리를 주장하는 부모의 몰염치를 빤히 바라볼 수밖에 없다니!

비도덕적인 부모가 자녀의 재산을 탐하는 것도 막지 못한다면 어찌 정의가 실현되는 사회라고 할 수 있겠는가? 그런 점에서, 이른바 '구하라법'이 지금까지도 국회 문턱을 넘지 못하는 것은 유감이 아닐 수 없다.

'구하라법' 통과를 미적대는 이유는

2019년 가수 구하라 씨 사망 후, 집 나간 지 12년 만에 나타난 친모가 상속권을 주장했다. 구 씨의 오빠가 부당함을 호소하며 소송을 제기했으나 법원은 구 씨의 친모에게 40%의 상속권을 인정했다.

구 씨의 오빠는 '어린 자녀를 버리고 가출한 친모가 상속 재산의 절반을 받아 가려 한다'라며 입법을 청원했다. 그 사건을 계기로, 국회에서는 자녀를 제대로 돌보지 않은 부모의 상속을 제한하는 민법 개정안이 발의됐다. 우리가 익히 알고 있는 '구하라법'이다.

그렇다면 그 법이 지금껏 통과되지 않는 이유는 무엇일까? 헌법재판소는 상속권과 관련해 "부양의무 이행의 개념은 상대적"이라며 "이를 상속결격 사유로 규정하게 되면 상속결격 여부를 판단하기가 곤란하고 상속을 둘러싼 법적 분쟁이 빈번하게 돼 법적 안정성이 심각하게 저해된다"라고 결론을 내렸다.

최고법원의 해석에 관해서 토를 달고 싶은 생각은 없다. 하지만 현실을 제대로 반영하지 못하는 법률적 미비(未備)는 반드시 보완되어야 할 것이다.

앞에서 언급한 한두 가지 사례만을 염두에 두고 법률을 개정하기는 쉽지 않을 것이다. 다른 사건들에 예기치 못한 영향을 끼칠 수 있기 때문이다.

하지만 그 점을 이해한다고 하더라도, 양육 의무를 저버린 부모에게 자녀의 유산이 돌아가는 불합리한 실태는 반드시 개선해야 한다. 아무것도 모르는 영아를 무책임하게 유기한 엄마의 몰인정한 행위를 지켜보며, 언제까지 그같이 부정의한 일들이 반복되는 현실을 지켜봐야 할지 안타까운 심정을 금할 수 없다.

부정의(不正義)한 법 현실 바로잡아야

사람이 사는 사회는 어디라 할 것 없이 갈등이 존재한다. 다양한 생각과 행동 방식을 가진 구성원들이 모여 살기 때문이다. 그런 사회의 복잡한 문제들을 조정하고 해결하는 기준이 되는 것이 사회규범이다. 그중에서도 강제력이 있는 것은 법률뿐이다.

법이 없다면 사회는 온통 혼란의 도가니일 것이다. 그렇게 중요한 역할을 하는 법률을 제대로 만들라고 국민이 뽑아준 사람들이 국회의원이고 그들이 모여있는 곳이 국회다.

알다시피 '구하라법'은 수년 전에 국회에 상정되었다. 하지만 무슨 이유인지 아직도 통과되지 않고 있다. 국회의 본분이 무엇인가? 정의에 반하는 현상이 횡행할 때, 이를 바로잡기 위한 법을 만드는 것도 그들의 역할이다. 사람 사이의 갈등 조정을 도덕심에만 기댈 수 없기 때문이다. 그런 의미에서라도 국회는 무책임한 부모의 터무니없는 욕심을 막아낼 '구하라법'을 조속히 통과시켜야 할 것이다.

윤석열 정부 지금

물론 개개인의 도덕성에 관하여 과도하게 법률로 관여하는 것은 바람직하지 못하다. 하지만 사회 통념상 분명히 잘못된 현상에 대해서 아무런 조치도 취하지 못한다면 그 또한 그냥 넘어갈 일이 아니다. 현대사회를 지탱하고 유지하기 위해서는 시대정신에 맞고 정의에 부합하는 법률이 필요하다. 당리당략에 쏟아붓는 노력의 반의반만 투자해도 민의를 제대로 반영한 법률을 지금껏 만들지 못할 이유가 없다.

　　올겨울은 유달리 춥다. 급등한 난방비 고지서를 받아 든 서민들의 한숨 소리가 깊다. 백성들의 삶이 팍팍해질수록 그들을 위로하고 다독이는 게 지도층의 몫이다. 정치권에 몸담은 이들은 밤낮으로 밥그릇 싸움에만 매달리지 말고 진정으로 민생을 위하는 정치가 무엇인지 숙고해야 할 것이다.

〈2023년 1월, 나병문〉

선심성 지방예산지원 민간단체 개혁을

지방 교육기관 폐교와 함께 지방소멸의 위기 속에서 곳곳이 다양한 이름의 특별자치도, 특별행정시 등 저마다 자기과시용 플래카드가 곳곳에 걸려있다. 지방자치 단체장이나 지역 국회의원의 치적 홍보 효과가 있으니 없는 공도 만들고 작은 실적도 침소봉대하는 것이 정치 현실인 마당에 이런 광고를 누가 마다하고 자제하겠는가?

이제 기존의 평범했던 광역지방 자치도는 제주도가 특별도가 되었던 것처럼, 몇 개의 도를 제외하고는 대부분이 이런저런 이름을 붙여 특별도로 탈바꿈되어가고 있고, 지방 시들도 다양한 이름의 특별행정시가 되었다고 마치 진급이라도 한 듯 우후죽순처럼 이름이 생겨나고 있다.

지방자치단체장이나 국회의원들 입장에서도 다른 곳이 모두 특별행정도시라는 진급을 하는데 자기 지역만 평범한 기존 이름

윤석열 정부 지금

이 지속되는 것은 마치 무능해서 진급에 누락한 기분이 들 것이다. 그러니 행정요건과 스펙에 맞춰서 신청하면 일정 형식의 통과 절차를 거쳐서 '누이 좋고 매부 좋은 식'으로 지방 행정기구의 승격이 인플레되는 것이다.

한마디로 모두가 특별하면 특별한 의미가 없다. 마치 돈을 마구 찍어내면 낼수록 실물경제에서 화폐가치가 떨어지는 것과 같다. 이것이 인플레다. 특별자치도나 시가 되어 특별예산지원을 한다고 해도 결국 한정된 예산 속에서 나눠줄 수밖에 없어서 특별 지원받을 예산이 늘어나는 만큼 국가 전체 예산 중에서 다른 곳에 쓰일 예산이 줄어들어 결국 풍선 효과가 생겨날 수밖에 없다. 조삼모사(朝三暮四) 같은 착시 효과가 패션처럼 유행할 것이다.

뿐만 아니라 특별행정도나 시가 되면 자치단체장이 지역의 형질변경 등 행정행위의 재량권이 늘어나는 만큼, 기준지가가 인플레될 것은 자명하다. 저출산 고령화로 지방인구는 줄어드는데 땅값만 인플레 된다고 도시인구가 비싼 땅값을 투자하며 지방으로 이전하는 효과가 늘어날지 아니면 부익부 빈익빈 현상으로 지방소멸이 가속화될지 하는 점도 깊이 고려해 볼 일이다.

기본적으로 소비인구와 가처분 소득 규모가 줄어드는 지방에서는 소상공인 매출 감소를 만회하기 위한 전략을 짠다고 해도 조족지혈(鳥足之血)에 불과하여, 백약이 무효일 수밖에 없다. 문 닫는 가게가 늘고, 점포 공실률이 증가하는 것을 근본적으로 막을 수 없다는 것이다. 전체 판, 즉 거시경제의 구조를 모른 채 미시경제정책을 아무리 만든다 해도 우물 속의 물결과 같을 수밖에 없다.

예산지원 수혜단체, 공적 예산 확보 능력 과시

설상가상으로 이러한 지방 도시의 열악한 경제 현실 속에서 실물경제의 부가가치 증대에 별 소득도 없는 예산지원 수혜단체의 현실을 들여다보면 볼수록 그 심각성은 끝을 보기 어려울 정도다.

우선, 지방인구는 줄어드는데 직간접으로 지방자치단체 예산을 지원받을 민간단체는 이런저런 명목으로 계속 늘어만 간다. 지원예산으로 수백억대의 예산을 세워도 쪼개서 나눠주는 선심성 예산 성격을 벗어날 수 없다. 부가가치를 창출하거나 소비구조를 생산적으로 만들어 내며 실물경제를 고양하는 신규 지원단체의 출현은 눈을 씻고 봐도 찾기 힘들 정도다.

한마디로 돈벌이 기회가 적다 보니 임자 없는 공적 예산을 그럴듯한 명분과 미명하에 많이 뜯어내는 것이 마치 능력처럼 과시되고 실현되는 모양새가 현실이다. 돈벌이 사업을 주목적으로 하는 학술컨설팅을 이용한다고 해도, 새롭게 제안되는 미명 이면에는 반드시 개인 사욕의 의도가 숨어있는 경우가 대부분이다.

이러한 지방예산 지원단체의 운영형태나 예산지원시스템을 보면 어디서부터 정화하고 개혁해야 할지 막막할 정도다. 이름을 특정할 수는 없지만 소신 있는 애국자가 조금만 신경 써서 모니터링하면 금세 파악될 수 있어도, 문제는 고양이 목에 누가 방울을 다느냐 하는 것이 관건이다. 그렇다고 언제까지 관행 타파를 미룰 것인가 하는 문제는 국가 전체의 철학이요 개혁 대상이라는 점을 부정할 수가 없다.

개혁해야 할 사례, 10가지

첫째, 거액의 예산이 지원되는 단체의 실질적인 활동 인구는 보여지는 단체 규모에 비해 소수에 불과하다. 단체의 정식 회원 자체가 전체 인구의 5~10% 미만으로 추정되며, 더구나 핵심 상근인원은 1% 미만으로 추정할 수 있다. 저출산 고령화 시대에 실질적 경제, 사회활동이 가능한 인구 자체가 미미할 뿐만 아니라, 참여 가능 능력이 있어도, 특별한 관심과 이해관계가 없는 사람의 실질적 참여를 기대하는 것은 현실성이 없다. 한마디로 소수의 인원이 거액의 지원금을 실질적으로 핸들링하는 형태다.

둘째, 늘어나는 단체에 한정된 인원이 겹치기 출현하여 마치 많은 인구가 참여하는 행사나 사업인 것처럼 착각하게 되며, 또 그런 효과를 위해 증빙 사진 찍기에 바쁜 구조다.

**지원받는 단체는 다음 회기 때 지원예산을 확보하기 위해,
많은 일을 하는 것처럼 과장할 수 밖에 없어**

셋째, 그나마 사람 동원하거나 단체조직 급조하는 전문 선수들의 겹치기, 베끼기는 선거철 철새 정치조직이 생산되는 것을 방불케 할 정도다.

넷째, 참여하는 일반회원들의 겹치기 출연에 그치는 정도가 아니라, 급여를 받는 상근인원마저 사익 확장을 위해 암암리에 또 다른 단체의 핵심 요원으로 활동하여 이중 직장(Side Jop), 마치 프

리랜서처럼 활동하면서도 안정된 고정급여를 받는 변칙이 무방비 상태로 존재하는 것은 가히 놀랄 만한 일이다.

다섯째, 제출된 연간 사업과 지원예산은 연 1회 승인만 되면 1년 살림은 거뜬히 확보되는 모양새다. 사업별 또는 분기별로 시차를 두고 나누어서 예산을 지원하는 것이 아니라, 고정비예산과 변동비 예산 1년치가 한꺼번에 단체 계좌에 자동 이체되고 난 이후에는, 중간에 성과분석이나 실행 모니터링에 따른 환수나 지급 중지 같은 감사 행정조치는 거의 전무한 것이 현실이다.

여섯째, 한정된 예산에 지원해야 할 단체가 늘어남에 따라 신청된 예산을 삭감 조정해야 하는데, 단체 자체나 인건비 자체를 줄일 수 없으니 프로젝트(사업) 예산을 줄인다. 따라서 하는 일은 적은데 인건비와 사무실 운영비 등 고정비는 늘어나는 반기업적인 형태가 지속되는 것이다. 예컨대 1천만 원 불우이웃을 돕는 사업을 위해 5천만 원 인건비가 들어가는 구조라면 이게 말이 되는 소리인가?

일곱째, 지원받는 단체는 다음 회기 때 지원예산을 확보하기 위해, 많은 일을 하는 것처럼 과장할 수밖에 없고, 허수의 참여 인원을 인근 단체가 서로 꾸어주기식 증명에 협업한다.

여덟째, 이런 비합리적인 일을 하면서도, 행정지원 보조 인원을 주무 관청에 요청하면 해당 단체 예산에 없는 별도의 일자리 예산에서, 일거리 규모와 적합성의 검증 없이 새롭게 모집해서 지원하니 옥상옥의 형태는 가속화된다.

아홉째, 예산지원 민간단체의 핵심 상근인원의 이력과 능력검증 시스템이 없다 보니 조직을 위하기보다는 개인을 위하고, 일을 위해 예산을 지원하는 것이라기보다 개인과 단체 지원 명분을 위해 일을 만들어야 하는 웃지 못할 주객전도의 모양새다.

지방행정이 개혁되려면 민선이 아니라
관선으로 돌아가야 한다는 뜻있는 백성들의 볼멘소리도 나와

열 번째, 이러한 비생산적이고 변칙적인 활동에 능숙해진 주류 세력이 힘이 생기면 새로운 정치 세력으로 자리매김하면서 각종 이권에 개입하게 될 가능성이 있다.

그렇다면 이러한 토착 비리나 토착 마피아 행태의 비합리인 현실을, 칼자루를 쥐고 있는 지방자치단체의 장이나 공무수행 인원은 알고 있을까? 아니면 알고도 모르는 체하는 것일까? 당사자만이 아는 일이다.

민선 자치단체장은 차기 당선을 위해 당선 초기부터 표를 위한 눈치 행정을 할 수밖에 없으니 그들의 입장도 나름으로 이해는 간다. 위로는 공천자 눈치 보고, 아래로는 유권자 눈치 보고…….

그러니 오죽하면 지방행정이 개혁되려면 민선이 아니라 관선으로 돌아가야 한다는 뜻 있는 볼멘소리가 점점 더 커지고 있겠는가?

스스로 할 수 없는 개혁은 외부에서 도와줘야 한다. 지방자치단체 자력으로 할 수 없는 한계는 국가적 차원에서 법률로 지원해줘야 한다. 지방자치 하위조례는 중앙정부의 시행령이나 국회의 법률에 대항할 수 없기 때문이다.

윤석열 정부에서 인기 없는 일, 개혁을 기치로 세웠다. 금기시

되었던 관행이나 신성불가침의 영역에 손을 대었다. 개혁이 실질적인 효과를 보기 위해서는 디테일을 무시해서는 안 된다. 디테일은 디테일한 전략이 필요하다는 점을 강조하며 일깨우는 바이다.

〈2023년 2월, 윤영호〉

다문화 사회 대비 공존정책 설계를

저출산은 분야를 가리지 않고 영향을 미치고 있다. 우리나라의 출산율이 1명도 되지 않는다. 이에 따른 여파는 대학에도 고스란히 영향을 미치고 있다. 학령인구가 사라진 대학은 서울, 지방 할 것 없이 폐교 위기에 처해 있다. 지방 도시에 있는 학교들은 국립대임에도 불구하고 학교 간에 통합을 추진하는 사례도 허다하다.

서울대는 저출산의 여파로 2030년이 되면 내국인 대학원생은 학교에 입학하지 않을 것으로 예상했다. 이에 줄어드는 인구의 문제를 해결하고자 베트남 호찌민대와 공동 대학을 설립, 학부때부터 베트남에서 한국식 교육 과정으로 학생을 가르친 후 우수한 학생은 서울 본교 대학원으로 대학원생을 유치하겠다는 계획을 추진하고 있다.

한국과학기술원(KAIST)은 아랍에미리트(UAE) 칼리파대학과 함께 아랍 현지에서 캠퍼스를 설립하는 방안을 검토 중이다. 이들 학교 외에도 많은 국내 대학들이 해외에 캠퍼스를 열어 외국 학생들을 유치하고 있다.

요즘 서울에 있는 국내 대학들도 캠퍼스에 가면 한국어보다 중국어가 들리는 등 학생들의 국적 또한 다양해졌다. 지방 또한 일부 도시의 대학가에는 한국인보다 제3 세계 국가의 학생들로 도시가 다시금 생기를 되찾았다고 한다.

이에 '존경받는 나라만들기 국민운동본부'는 지방대학에 입학할 의사가 있는 외국 학생에게 한국어 공부 후 입학할 수 있도록 입시 제도를 개선해 줄 것과 지방대학의 외국 학생 부모에게 취업비자를 주자는 캠페인을 벌이고 있다.

우리나라의 인구절벽이라는 구조적인 현상으로 인해 내국인 입학생은 일찌감치 포기하고 한국을 찾는 젊은 외국인 학생으로 신입생 유치 대상을 변경한 것이다.

필자 역시 서울 강남 소재지 대학에서 강의하고 있지만 한국인 학생보다는 외국인 학생들의 수가 훨씬 더 많고 국적 또한 24개국으로 매우 다양하다. 매 학기 신입생 면접을 보며 느끼는 것은 해가 지날수록 우수한 학생들이 지원한다는 점이다.

머나먼 타국에서 한국식 리더십을 배우고 싶다고 찾아온 학생들이 때로는 기특하기도 하고 많은 나라 중에 왜 한국을 찾아왔을까 궁금하기도 했는데 한국을 선택한 이유는 매우 다양했다.

전 세계가 주목하는 한국의 'K-브랜드'

학생들이 한국을 알게 된 건 대부분 한류 문화를 통해서였다.

K-팝, K-드라마, K-푸드 등이 전 세계에 명성을 얻으면서 한국의 위상은 자연스럽게 높아지게 되었다. 2021년 미국 여행 잡지에서는 미국인이 살기 가장 좋은 나라 10개국 중에 한국이 3위에 꼽혔다.

기사에는 한국인은 그 어떤 민족보다 열심히 일하면서도 열심히 노는 특성이 있어 K-팝과 K-뷰티뿐만 아니라 24시간 여는 찜질방이 있다고 안내하며 한국의 다채로운 여가문화를 소개하고 있다.

이 밖에도 외국인들은 한국의 도시가 세련되면서도 깨끗하고, 교통이 매우 발달하여 서울의 경우 차가 없어도 어디든 한 시간 거리로 편하게 이동할 수 있으며, 식당에서 노트북과 같은 고가의 물건을 두어도 아무도 훔쳐 가지 않는다는 점을 가장 높이 평가하고 있다.

또한 한국인들의 높은 영어 교육 수준 덕분에 한국어를 하지 못해도 영어만 할 줄 알면 어디서든 편하게 의사소통을 할 수 있다는 점이 한국으로 발길을 돌리게 했다. 이러한 요소들은 한국의 이미지를 긍정적으로 만들었다. 외국인들은 한국을 편안한 관광도시이자 최첨단 기술을 창조해내는 우수한 교육이 이루어지는 나라로 인식해가고 있다.

특히 개발도상국에서 유학을 오는 외국인 학생들은 가난한 나라였던 한국이 단기간에 원조 국가가 된 비결을 알고 싶어 '새마을 운동'이나 '한국형 리더십'을 배우고자 한다. 또한 졸업 후에도 본국과 비교해 임금 수준이 2~3배 높은 일자리를 얻을 수 있어 우리나라에서의 장기체류를 희망하고 있다.

이들은 한국이 안전하면서도 경제적으로 풍요로워서 본국에 돌아가기를 원치 않는 경우가 대부분이다. 따라서 유학생들은 노동력 부족이라는 문제를 해소해주는 또 하나의 중요한 노동 인력이자 불법체류에 대한 또 다른 사회문제를 만들 수 있는 이중적인 상황을 두고 있다.

비자 트랙을 다양하게 준비하고 있는 법무부

현재 한국에 체류 중인 외국인은 230만 명으로 법무부는 최근 노동시장 문제 해소와 다문화 사회를 반영하고자 비자 유형을 다양화하고 있다.

현재 유학생이 보유하고 있는 비자는 D-2 비자(유학비자)로 외국인들은 대학 입학 허가서를 기반으로 다른 여건들을 고려하여 비자를 받을 수 있다. 유학생들은 졸업 후 취업 활동을 할 수 있는 D-10 비자(구직 비자)로 변경할 수가 있다. 구직활동을 위한 체류 비자로 기준점수에 따라 최대 2년까지 체류할 수 있다.

D-10 비자를 발급받기 위해서는 국내, 국외 학사 이상의 학력 수준과 한국어능력시험인 토픽(TOPIK)을 3급 이상 받아야 한다. 이기간 동안 취업에 성공한 외국인들은 E-7 비자(전문 취업비자) 또는 E-9 비자(비전문 취업비자)로 변경할 수 있다.

전문적인 직종으로 발급되는 비자는 E-7 비자(전문 취업비자)로 유학생들이 졸업 후 이 비자를 받기 위해서는 도입 직종과 연관성이 있는 학사 또는 석사학위를 소지해야 한다. 또한 사업장 역시도 기본적인 매출, 세금 체납 여부 등 비자 발급이 가능한 요건을 충족해야 한다. 한국인 근로자의 20% 범위에 해당하는 수에 대해서만 비자 발급이 가능하다.

그러나 학생들이 E-7 비자를 발급받기 힘든 것은 대부분 사업장이 이러한 제도에 대해 구체적으로 알지 못하는 경우가 많다. 영세한 사업장일수록 외국인 노동자를 쓰는 경우가 많다. 오히려 기준이 높아 제도권 안에서 외국인을 고용하기가 어려운 것도 또 하나의 이유이다.

따라서 대부분 유학생은 취업 후 E-9 비자(비전문 취업 비자)로 연장하는 경우가 많다. 이에 따라 우리나라는 현재 학생으로 유학을 왔다가 오랫동안 한국에 거주하는 외국인들이 점점 늘어나고 있다. 일부는 한국으로 국적을 변경하고 한국인으로서 살아가는 사례도 점점 늘어나는 추세이다.

'백의민족' 의식을 넘어 진정한 다문화 수용할 때

최근에는 외국인들이 한국에서 취업 또는 창업하기 위한 네트워크 모임과 협회도 생겼다. 다문화 가정도 늘어나고 있는 가운데 우리나라는 이제 미국이나 캐나다 등과 같이 다양한 인종과 문화, 종교에 대해 생각해봐야 한다.

과거에는 이태원이 외국인들이 모여있는 대표적인 곳이었지만 요즘에는 수원, 평택, 파주, 일산, 부산 등 전국 곳곳에 외국인들이 모여 살고 있다. 이들은 한국 생활은 만족하지만 한국인과의 교류에 대해서는 아쉬움을 느낀다.

따라서 우리 정부는 향후 늘어날 외국인 거주자들을 위해 이민자와 함께 사는 문화나 정책에 대해서도 구상하는 것이 필요하다. 이 상태로 가면 10년 후 대한민국은 외국인 이웃을 쉽게 마주할 수 있을 것이다.

캐나다는 대표적인 이민 국가로 서양과 동양 문화 모두 공존하도록 문화가 조성되어 있으며, 미국은 미국의 문화를 상징적으로 하되 다양성을 인정하는 형태로 나아가고 있다. 이처럼 우리 정부도 한국문화를 기반으로 다문화를 흡수할지 다양한 문화를 공존하도록 내버려 둘지 등에 대한 정책과 대비가 필요하다.

〈2023년 2월, 백승희〉

풍전등화 목전의 지방소멸 대책을

역설적인 말 같지만, 기업은 망할 수 있기 때문에 강하다. 사기업은 부도에 대해서 스스로 무한 책임을 진다. 기업을 지켜주는 수호신이 따로 없기 때문이다. 그래서 망하지 않으려고 몸부림친다. 그 처절한 몸부림이 생산성을 높이고 경쟁력을 강화하며 자신을 강하게 만든다.

전쟁의 폐허 속에서도 우리가 단기간에 세계적인 경제 대국으로 도약할 수 있었던 저변에는 기업들의 이러한 처절한 몸부림이 있었기 때문이다. 이것은 현재 자본주의가 사회주의보다 부강해진 원리와도 일맥상통한다. 물고기를 장거리 이동할 때, 천적인 메기를 함께 넣어야 그 물고기들이 생명력을 잃지 않는다는 이른바, '메기 효과'와도 맥을 같이 한다.

반면 주인 없는 공공기관이나 정부, 지자체는 그 조직 구성원들이 무한 책임을 지지 않는다. 절박성이 상대적으로 약할 수밖에 없다. 사생결단하며 몸부림칠 이유가 없기 때문이다.

예컨대 사기업은 마케팅에 꼭 필요한 일시적인 영업비용은 과감하게 쓰지만, 한번 결정되면 계속 지출될 수밖에 없는 증원이나 조직 확대는 신중에 신중을 기한다. 지속해서 지출될 수밖에 없는 비용, 즉 영업실적에 따라 유연하게 줄이고 늘일 수 없는 통제 불능의 의무적 비용을 감수해야 하는 모험이기 때문이다.

이에 비해, 공기관은 명분이 있으면 조직을 늘리고 자리를 만드는데 기업만큼 주저하며 고민하지 않는다. 부실하거나 망하는데 무한 책임이 없기 때문이다.

지금, 우리나라 약 300개 지자체는 지방소멸의 위기의식 속에서 살아남기 위해서 경쟁이 치열하다. 저마다 저출산 고령화 문제, 상주인구 감소 문제를 해결하기 위해서 일자리의 원천인 기업을 유치하고, 유입인구를 늘리기 위한 마케팅 전략이 지자체 홈페이지마다 화려하게 장식되는 모습을 보지만 대부분 화려한 총론, 진부한 개론은 있지만 크리티칼한 각론이 없다. 처절한 몸부림이 없다는 방증이고 거시적 안목이 없다는 증거다.

대부분의 지자체는 재정자립도가 열악하다. 그래서 매년 국비, 도비 등 중앙정부 또는 상급 지자체의 예산지원이 없으면 군 단위 지자체는 굴러갈 수 없다. 매년 국비, 도비 등 지원예산을 얼마나 많이 따 오느냐 하는 것이 지자체장과 그 지역 국회의원의 능력과 역량으로 평가받는다. 국비가 되었던 도비가 되었던 이 모두가 국민이 내는 세금인데 말이다.

민간단체, 고정비 무서운 줄 모르는 게 큰 문제

효과가 불투명한 프로젝트라 할지라도 중앙정부에서 지원되는 예산이라면 무조건 따고 보자는 공짜 의식은 예나 지금이나 변함이 없다. 이 대목에서 정책에 반영할 수치지만, 현재 지자체 통계 수치에 나타나지 않는 분석 수치의 의미를 제시한다.

결론부터 말하자면, 지자체 예산의 재적 인구 일 인당 고정 비용지출 비율이다. 외형적 총량으로 보면, 인구가 집중된 수도권이 그렇지 못한 지방보다, 공무원 인건비, 공공 인프라 운영비, 기타 복지비용이 많다. 그러나 일 인당 환산 비용으로 볼 때는 전혀 다른 현상을 볼 수 있다. 예컨대 태백 지자체의 일 인당 고정비용이 춘천의 일 인당 지출보다 크고, 춘천의 일 인당 고정비용이 서울의 그것보다 크다.

한마디로 인구 3만인 군 단위 공무원 수를 인구 300만인 도시 공무원의 백분지 일로 줄일 수는 없다는 것이다. 공무원 인원수뿐만 아니라, 도로나 수도 등 설비 운영비용도 같은 원리로 작용하고 있다. 일정 규모의 고정비는 변동비와 달리, 인구수나 경제 규모와 비례해서 유연할 수 없는 하향 경직성 비용이기 때문이다.

부익부 빈익빈처럼 보이지만 이는 경제학에서 말하는 '규모의 경제'에 해당하는 구조적 악순환의 모습이다. 투자 대비 백성에게 파급되는 효과는 지방으로 갈수록 더 작아진다는 의미다. 투자의 효율성을 볼 때, '지방 균형발전'이라는 명분만 없다면 이러한 재정정책은 적자 생존할 수밖에 없는 기업 논리와는 정반대로 가고 있다. 인구 급감 지역 한 사람에게 쓰이는 돈이 수도권 인구 한 사람에게 쓰이는 돈보다 많다는 이야기다.

그렇다면, 비효율적인 재정정책에도 불구하고 왜 지방소멸의 위기는 점점 더 심화하는 것일 것일까? 모든 문제는 현장에 답이 있다. 문제 속에 답이 숨겨져 있다. 진단이 정확해야 효과적인 처방이 나온다. 처방이 훌륭해도 투약이 제대로 이행되지 않으면 모두가 헛수고다. 진단도 처방도 결국은 최종 투약하기 위한 사전 작업에 불과하기 때문이다.

우리나라는 어떤 문제가 생기고 나면, '사후 약방문' 격으로 하는 상투적인 말이 있다. "특단의 조치를 강구 하겠다." "문제를 근본적으로 재검토하겠다"는 것이다.

허구한 날, 이 같은 '특단의 조치', '근본적 해결'을 어느 때까지 책임회피용 멘트로 써먹을 것인가? 한마디로 변화하는 현장 각론에 취약하다는 방증이다. 문제에는 단기적으로 해결할 수 있는 것도 있고, 중장기적으로도 도저히 해결할 수 없는 것도 분명히 있음을 인정해야 한다. 구조적인 함수에 함몰된 것은 구조를 바꾸기 전까지는 헛발질일 수밖에 없기 때문이다.

우선, 지자체나 지자체 예산지원을 받는 민간단체가 고정비 무서운 줄 모른다는 점이 현장에서 가장 먼저 눈에 띄는 문제 가운데 하나다. 기업을 망하게 하는 것은 매출 감소 때, 변동비 때문이 아니라 고정비 때문이라는 기업 마인드가 전혀 없다는 것이 우선 지적할 수 있는 근본 문제다.

구체적-실효적 대안 갖춘 지자체에 선택과 집중을

그다음으로 보이는 문제점은 여러 부처에서 복합적으로 고민하면서 해결해도 어려운 문제를 책임부서 하나에 집중한다는 것이다. 예컨대 지방소멸 방지책으로 일자리를 위한 기업 유치를 위한 조치로 '일자리 과'라는 과장 자리와 조직을 만들면 다 될 줄로 믿고 또 그렇게 치적처럼 홍보한다.

한마디로 이슈 해결을 위한 전담 조직이 아니라, 이슈에 내재한 문제들 해결을 위한 관련 부처들의 협업 운영체계가 더 중요하다.

그보다 우선, 앞서 언급한 '규모의 경제'와 '실효성 있는 재정정책'을 위해서는, 천편일률적인 지자체 지원을 지양하고, 지리적으로 또는 지역 특성상 회생가능성 있는 지방을 진단 선정하고, 또 스스로 몸부림치며 구체적이고 실효적인 대안을 운영하는 지자체와 자리만 유지하는 지자체를 차별하여, 살릴 곳에 선택과 집중하는 정책을 펼 것을 제안한다.

망할 기업은 빨리 망해야 한다. 그래야 그 에너지와 역량으로 살아날 기업을 빨리 살릴 수 있다. 지자체도 마찬가지다. 채무유예를 통해 기업을 회생시키는 법적 제도의 취지도 살릴 수 있는 기업을 도와 회생하자는 것이지 죽는 기업을 늦게 죽도록 하자는 게 아니다.

어차피, 스스로 굴러갈 수 있는 자립 규모, 즉 권역별 경제블록을 구축하는 것이 지방소멸을 막는 큰 대안적 그림이 될 수밖에 없다. 그렇다면 지자체들끼리도 절박한 경쟁 논리가 적용되어야 한다. 기업처럼 망할까봐서 죽기 살기로 살길을 찾지 않기 때문이다.

결국, 국가재정도 나라가 살기 위해서 장기적으로 효율성을 찾아갈 것이다. 그때에, 앞서 언급한, 예산의 재적 인구 일 인당 고정비용 지출량이 효율을 재는 척도가 될 것이다. 지자체마다 인건비나 기본 설비 유지비 등 고정비가 차지하는 비중이 크기 때문이다.

필요한 것과 시급한 것은 조직 운영의 두 축이다. 두 축을 운영할 때 우선순위와 균형감각을 잃은 운전자에게 운전을 맡길 수는 없다. 그 안에 탄 전원이 공멸할 수 있다. 이제 지자체들도 지방균형발전을 외치는 것만으로는 살아남을 수 없다. 모두가 절박한 상황에서는 회생 가능성 있는 곳만이 지원 대상이 될 수밖에 없다.

결국 지자체 운전자를 잘 선택하고, 또 함께 감시하고 협조하는 가운데서 만이 회생의 기회를 맞게 될 것이다. 하늘은 스스로 돕는 자를 돕는다고 했다.

〈2023년 3월, 윤영호〉

획일적 지자체 평가항목 개선을

지방자치단체 예산 확정 및 집행과 관련하여 그동안 지적되고 있는 현실적 문제점과 그에 따른 폐단이, 빅데이터를 근거로 하는 인공지능, ChatGPT의 답변과 놀라울 정도로 일치하고 있다. 그 내용은 다음과 같다.

"예산안 수립 시 부족한 정보 수집 및 분석: 지방자치단체 예산안 수립 시 예산집행을 위한 충분한 정보 수집 및 분석이 이루어지지 않을 경우, 예산안의 합리성과 효율성이 저하될 수 있다."

"예산안 수립 시 불충분한 예산안 검토: 지방자치단체 예산안 수립 시 이를 검토하는 절차에서 불충분한 검토가 이루어질 경우, 예산안의 불필요한 지출이나 부적절한 예산 배분 등의 문제가 발생할 수 있다."

"예산안 수립 시 정치적 요인의 개입: 지방자치단체 예산안 수립 시 정치적 요인의 개입으로 예산안의 합리성과 공정성이 저하

될 수 있다."

"예산집행의 투명성 부족: 지방자치단체 예산집행 시 예산집행의 내용과 과정이 투명하지 않을 경우, 예산집행의 효율성과 공정성에 대한 신뢰성이 떨어질 수 있다."

"예산집행의 부실한 모니터링: 지방자치단체 예산집행 시 모니터링이 불충분하거나 부실할 경우, 예산집행의 효율성과 공정성을 보장하기 어렵다."

"예산집행의 선 결제 문제: 지방자치단체 예산집행 시 선 결제 문제가 발생할 경우, 예산집행의 효율성과 공정성에 대한 신뢰성이 떨어질 수 있다."

고령화와 저출산, 인구감소로 인해 지방소멸이 우려되는 상황에서는 지방자치단체가 지역 경제와 국민의 삶의 질을 향상하기 위해 예산을 적절하게 집행하는 것이 너무도 중요하다.

그러나 아직도 그에 대한 개선과 개혁의 속도는 소걸음이다. '예산의 투명성과 공정성을 보장하기 위한 체계와 모니터링 시스템의 강화 필요성', '지방자치단체 재정 건전성 강화', '지방자치단체 직원들의 능력개발', '중앙정부와의 협력 강화'는 고쳐야 할 어젠다의 단골 메뉴가 된 지 오래다.

편의주의 행정, 지자체 예산집행 괴리 초래

그렇다면 이러한 실상을 주무 행정당국과 담당자가 전혀 모르고 있는 것일까? 알면서도 모른 척하는 것일까? 양쪽 모두가 영향을 미친다고 볼 수 있지만 스스로 해결할 수 없는 외부요인이 있음을 지적한다.

복지부동이나 무사안일 타성에 쉽게 빠질 수밖에 없는 지방 공직 환경도 지적할 수 있지만, 이에 대한 핑계거리로 작용하고 있는 것 중의 하나가 바로 지방자치단체에 대한 중앙부처의 평가항목이다.

한마디로 말해 중앙정부의 행정편의주의의 폐단이다. 지방마다 면적 대비, 성별 대비, 연령 대비, 학력 대비, 인구밀도와 분포가 다르고, 부가가치 창출 수단이 다르며, 기후나 지형 등 자연조건과 문화적 정서가 상이한 현지 사정을 고려하지 않은 채, 전국 지방자치단체에 일괄적으로 적용하는 각 장관 산하 행정 부처의 평가항목이 문제다.

예컨대 '어떤 단체가 있느냐?', "어떤 일을 하는 조직이 있느냐?" 등 정량적으로 쉽게 평가할 수 있는 항목 위주로 지자체를 획일적으로 평가한다는 것이다. 현지 사정을 고려한 정성적 평가가 어렵다면 적어도 정량적 평가항목을 권역별 또는 지방별로 차등 적용할 수 있어야 한다.

이렇게 현실과 괴리된 평가항목이라 할지라도, 그 평가에 따라서 중앙의 지원이 영향을 받거나, 감사나 인사에 불이익이 따른다는 것을 아는 지자체로서는 불합리한 항목이라도 거기에 맞출 수밖에 없다. 점수가 높아야 우수 지자체 평가도 받고 매년 정례적으로 쏟아지는 표창도 받을 수 있다. 그러니 예산 낭비가 따르거나 불합리하게 예산이 집행되는 것은 그다음의 문제인 것이다.

이러한 편의주의 행정이 만연되는 한, 지방자치단체 예산집행 괴리현상은 개선될 수 없다. 괴리와 모순의 틈새에서 불합리한 예산을 지원받을 명분은 생기고 그 명분을 이용하는 현지 전문꾼(?)들의 압력은 커질 수밖에 없기 때문이다. 심한 경우 선거철에는, 자신들의 기득권을 확보하기 위해서 선거 직전 후보자들에게 각서 성격의 MOU 문서도 서슴없이 강요할 수 있는 개연성은 얼마든지 있는 것이다.

선출직 지자체장이나 지역 의회 의원들의 입장은, 위로는 공천자의 눈치를, 아래로는 유권자의 눈치를 보지 않을 수 없기 때문에, 합리성보다는 목소리 큰 이해관계자 유권자의 네거티브 영향을 우려하여 끌려갈 수밖에 없는 구조다.

당선 초기부터 다음 선거를 염두에 두고 표밭 다지는 각종 지역행사에 참여해 눈도장 찍기에 바쁘고 친분 쌓기에 분주할 수밖에 없는 것이 지방자치단체와 지역정서의 현실이기에 더욱 그렇다.

구색갖추기 보조단체 허용은 지양해야

이전에 언급했듯이, 지방인구는 줄어들고 경제는 회복탄력성이 줄어드는 비가역적인 내리막길로 가고 있다. 그런데도 오히려 예산이 지원되는 민간단체는 늘어난다. 당장 먹고살기 위한 것도, 당장 긴박하거나 즉시 효과가 나타나는 사업이나 단체가 아니어도 제동이 어렵다.

활동 인구는 줄어드는데 단체는 늘어나는 구조 속에서, 일반 참여자가 중복 출연하는 것은 그래도 봐줄 만하다. 일정한 단체에서 고정급을 받는 상근인원이 정규직인지 프리랜서인지 헷갈릴 정도로 사적 이해관계에 따라 여러 단체에 관여하고 주 업무

윤석열 정부 지금

에 소홀해도 감독이나 제재받을 확률은 희박하다.

서로 다른 단체 유사 행사에 참여 인원 빌려주기식으로 촬영된 증명사진이 결산의 메인 증빙 첨부 서류가 되어도 지금까지 문제점으로 대두된 사례를 찾아보기 어렵다.

더 나아가서는, 지원단체에 강의료를 받고 행사나 교육에 참여하는 강사들도 특정 단체의 이해관계나 편의성을 위해 운영위원 같은 포지션에 위치한다. 서로의 이해관계가 맞아떨어지는 것이니 마다할 이유가 없다.

전국적으로 권위 있고 영향력 있는 강사는 섭외하기도 어렵거니와 지자체 한정 예산으로 진행해야 하니 그저 손쉽게 섭외할 수 있는 차선의 강사를 전용 강사처럼 활용하여 구색을 갖추고, 심지어는 한발 더 나아가, 그들을 해당 민간단체의 핵심 구성 멤버로 등재하면, 지원받은 예산을 그들만의 리그에 활용할 수도 있는 구조다. 이것이 가능한 이유는 임의단체 정관은 그들 입맛에 맞도록 얼마든지 변경 가능하며 지자체나 일반인이 그 속내와 실체를 그때마다 알 수도 없고 알려 하지도 않기 때문이다.

따라서 지자체에서 민간단체에 예산을 지원할 때는 필수적으로 해당 조례는 물론, 정관이나 내부규정, 상근인원의 자격, 예산이 지원되는 강사의 구성과 자격에 관해서도 중심을 잡고 모니터링해야 할 필요가 있다. 내용이 부실할수록 과대 포장된 결산보고 서류를 꾸밀 가능성은 더 커진다.

표피적인 보고와 기만적인 결산에서 허상의 실체를 찾아낼 수 있는 주인의식과 사명감으로, 치밀하게 검증하고, 다음 예산 책정에 머뭇거림 없이 적용하는 전통을 세워간다면, 상습적이고 구조적인 폐단은 막을 수 있을 것이다. 원천적으로 구색 갖추기 보조단체 허용은 지양되어야 한다. 한 번 만들어진 보조단체를 정리한다는 것은 민선 체제에서는 혁명에 가까울 정도로 어렵기 때문이다.

　예산이 지원되는 민간단체는 화려한 조직보다도, 예산지원목적에 상응하여 축적되는 효과가 더 중요하다. 효과가 지속되지 않는 일회성 행사의 나열은 자격증 취득이나 학점취득과정에서나 필요한 것이기 때문이다. 꿩 잡지 못하는 매는 매가 아니다. 종이호랑이는 호랑이가 아니다. 실질적인 기능과 효능이 분명치 않은 조직에 혈세를 낭비할 이유는 없다.

〈2023년 3월, 윤영호〉

적극적 이민정책으로 인구문제 해결을

지난해 우리나라 출산율이 드디어 암울한 기록을 더 경신했다. 출산율 0.78%는 OECD 38개 국가 중 최하위다. 여성 1명이 평생 낳을 것으로 예상되는 평균 출산아가 1명에도 못 미치는 것이니, 남자 인구까지 합치면 남녀 2명이 1명도 낳지 않는다는 수치다.

이는 30년 전과 비교할 때 절반 수준으로, 과거 15년 동안 저출산 해결을 위한 정책으로 무려 280조나 되는 천문학적 예산이 투여되었지만, 백약이 무효였음이 드러났다.

최근, 7개 부처 장·차관과 17명의 민간 전문가와 함께 대통령이 위원장으로서 직접 회의를 주재하는 등, 흔하게 볼 수 없던 모습을 보였다는 것은 저출산이 사회, 경제, 국방 등 전반에 걸쳐서 얼마나 심각한 국가 장래 문제인지 알게 하는 시그널이다.

전 정부 정책 '개인 삶의 질 제고'라는 추상적 목표를 더 구체화한 핵심 분야, 즉 '촘촘하고 질 높은 돌봄과 교육', '일하는 부모에게 아이와의 시간을', '가족 친화적 주거 서비스', '양육비용 부담 경감', '건강한 아이 행복한 부모' 등 5대 핵심 분야를 어젠다로 제시했지만 지난 15년의 사례로 볼 때, 과연 얼마나 실효적인 효과를 거둘 수 있을는지는 어느 누구도 장담할 수 없다.

아이돌봄서비스 지원을 확대하고, 육아휴직을 실효적으로 사용할 수 있도록 제도와 행정적으로 뒷받침하는 일, 맞춤형 시간 사용을 위해 탄력근무제를 채택하는 일, 세금을 깎아주고 병원비 등 양육 부담을 줄여주는 일, 출산 부모에게 장려금을 지급하는 등 갖가지 유인책이 제시되고 있지만, 어느 정도의 효과를 넘어서는, 획기적인 출산율 반등은 쉽지 않을 것이라는 우울한 전망을 한다.

인구문제는 전반적인 삶에 있어서 조족지혈(鳥足之血)에 불과할 정도의 돈으로 해결되는 것도 아니고 시간 부여라는 당근으로만 해결되는 것도 아니기 때문이다. 이런 여건들이 선진화된 독일에서도 출산율이 저하되는 것을 보면 미루어 짐작할 수 있다. 어떤 면에서는 젊은 세대들의 문화이고 흐름이며 전통 가치의 단절 내지는 변혁으로 볼 수 있기 때문이다.

물론 어느 정도 인구절벽에 이르는 시간을 지연시킬 수 있겠지만, 이 상태로 저출산 고령화 사회가 지속된다면, 노동인구 1명이 옆집 아저씨 1명까지 부양책임을 져야 하는 세상이 도래하지 않는다고 장담할 수 없는 것이다.

문명국가로 갈수록 자녀 양육보다 개인의 삶을 더 중요시하는 세상 풍조 속에서 이슬람 종교문화권의 종교적 신념이나 다산을 미덕으로 여기는 전통이 유지되는 지역을 제외하고는 저출산 고령화 문제가 보편화된 지구촌의 문제가 된 것이다. 그러기에 맬서스

윤석열 정부 지금

의 '인구론'이 시대에 따라 맞기도 하고 틀리기도 하면서 양론으로 갈라져 오늘날까지 이어오는 것이다.

지금 외국인 노동자가 빠져나가면 굴러갈 수 없는 현실

'연애는 필수, 결혼은 선택'이라는 대중가요가 이 시대를 예언이라도 하듯, 젊은 청년들이 결혼하겠다는 의사가 50%, 결혼해도 자녀를 낳겠다는 의사가 50%이고 보면, 출산 연령 4명의 인구가 1명을 낳는다는 결론을 유추할 수 있다.

세상의 풍조와 국내 현실이 이쯤 되고 보면, 이제부터 이민정책을 밀도 있게 고민하고 연구해 볼 것을 제안한다. 이민청을 신설하고 이민을 받아들이는 데 따른 순기능과 부작용을 면밀히 연구 검토하여 국가 백년대계 정책에 반영하자는 것이다.

주지하는 바와 같이, 지금 국내 음식업계나 중소기업에서 외국인 노동자가 빠져나가면 굴러갈 수 없는 현실이다. 농촌 지역 일손도 예외가 아니다. 농사철에 필요한 계절 근로자들을 제때 확보하는 일이 농촌 지역 행정에 빼놓을 수 없는 중요한 과제가 되었다.

문제는 수요 대비 부족한 외국 근로자들이 개인적으로 들어와 중구난방이 된 상태에서는 그들 간의 정보 교환을 통해 임금을 더 받을 수 있는 곳으로 쉽게 이탈하여 근로 현장에서는 애를 먹는 경우가 많다. 물론 일당도 과거 10만 원 미만에서 지금은 15만 원 이상이다. 그렇다고 그들의 여권을 압수하거나 행동을 강제하는 불법을 저지를 수도 없는 노릇이다.

이탈률이 적으며 안정적으로 외국 근로자를 적기 공급하고 있는 지자체의 모범사례도 있다. 홍천군의 경우 필리핀 특정 도시와 자매결연을 하고, 한국어 현지학당을 개설하여 그 과정을 이수한 사람들을 계절 근로자로 받아들이는 것이다.

현지 지자체장과 우리 지자체장과 서로 교차 방문하면서 신뢰를 쌓아가면, 현지 외국인들도 안심하고 출국할 수 있고, 일정 교육 과정을 이수하는 동안 자부심도 느끼게 되면서 원원하는 것이다. 또 자연스럽게 필요한 조건을 붙여 계약을 할 수도 있는 것이다.

그 결과 외국 근로자 이탈률이 현저하게 줄어들었다. 물론 예전에 문제가 되었던 외국 근로자들에 대한 비인격적 대우나 욕설, 폭행 등 안전에 관한 것도 관할 지자체가 챙겨야 할 몫이다.

이러한 순기능의 현장을 보면서, 국내에 들어오고 싶어 하는 외국 근로자들을 대상으로 문호를 더 개방하는 방법이 있음을 제시한다.

외국 근로자들이 오게 되면 우선 농촌 지역에서는 거주 주택이 열악하다. 여러 명이 개인주택을 빌려서 생활하기도 하고, 근로 현장 임시 건물에서 기거하기도 한다. 이러한 문제를 해결하기 위해서 매년 녹슬어가는 폐교를 이용하자는 것이다. 안정적 노동력 공급을 위해서 실비로 단체 합숙하며 교육할 수 있는 장소로 활용하자는 것이다.

우리와 비슷한 외양·DNA 가진 외국인, 우선으로 받아들여야

관리도 용이하고 또 장기 계약기간 동안, 원하는 사람들을 대상으로 인성, 건강, 기능 등 필요한 요건을 통과하는 시험제도를 통해, 선택적으로 이민의 문을 넓혀주고, 검증된 현지인끼리 또는 결혼 못한 한국인과 결혼도 주선할 수 있다. 쿠웨이트의 경우 외국인이 10년간 근로하고 세금 납부를 하면 선별하여 이민으로 받아 시민권을 주는 제도가 있다.

고령화 시대에 요양병원에서 시간제로 근무하는 돌봄 근로자들도 현재 외국인이 담당하는 사례가 늘고 있다. 그들 임금 수준은 상당이 높을 뿐만 아니라 환자 가족들에게 그들은 '갑'의 위치에 있어서 정상 임금 외에 별도로 챙겨주지 않으면 불안하다는 이야기다.

수요공급 원리에 따라 근로자 공급을 늘리면 '갑'의 위치는 한국인으로 돌아올 수도 있는 것이다. 그런 측면에서도 이민을 전제로 한 외국 근로자를 국가별로 선택하여 더 받아들일 수 있도록 하자는 것이다.

특정 국가 외국 여성과 결혼하여 효부상까지 타는 모범사례도 있다. 그들의 자녀가 고등학생이니 이제는 완전한 한국인이 된 것이다. 외양도 한국인과 구분이 되지 않을 정도다. 이민정책에서 문화와 외양과 인성을 고려하여 차분히 준비하고 치밀하게 시행한다면, 출산율 저하에 따른 인구절벽에서 연착륙할 수 있지 않겠는가?

문호를 걸어 잠그고 통상수교 거부 정책을 오래도록 유지한 탓에 우리나라가 일본보다 약소국이 된 사례를 역사적 교훈으로 삼을 필요가 있다. 혈통적 단일민족만 고집하다 보면 어느 순간 이질적인 외국인들 속에 소수민족으로 전락하게 될 수도 있다. 인구가 이대로 가면 당연히 그럴 수밖에 없을 것이다. 노동력, 경제력, 국방력에서 열세일 수밖에 없기 때문이다.

종교단체나 이념단체나 국가를 불문하고 스스로 실력이 부족하고 자신이 없으면 담을 높이 쌓고 단절을 강요한다. 지구촌이 한 마당이 된 지금, 비현실적인 일이다. 어차피 세계인구가 섞이고 어울려서 살 수밖에 없는 형편이라면, 우리 민족과 비슷한 외양과 DNA를 가진 외국인을 우선으로 받아들이는 것이 낯설지 않은 이민정책이 되지 않을까 싶다.

여러 가지 상황이 복합적으로 작용하여 발생하는 인구문제라면 그 처방도 여러 상황이 합쳐져야 효과가 있다. 이민청을 신설한다고 해도, 관련된 여러 부처가 같은 시각(視角)에서 하나하나 치밀하게 협업해야 할 것이다.

문제가 코앞에 닥쳐서 복잡한 문제를 단순하게 쾌도난마(快刀亂麻)식으로 해결하려는 무모함에 이르기 전에, 보다 전향적이고 일찍부터 차분히 준비하는 장기계획이 국가 차원의 주요 어젠다로 설정되기를 촉구한다.

〈2023년 4월, 윤영호〉